普通高等教育"十一五"国家级规划教材
2007年度普通高等教育精品教材
（高职高专教育）

企业人力资源开发与管理

QIYE RENLI ZIYUAN KAIFA YU GUANLI

（第三版）

新世纪高职高专教材编审委员会 组编
主 编 杨东辉 金英伟
副主编 王贵军 李焕然 孙 欣
主 审 薄赋徭

大连理工大学出版社
DALIAN UNIVERSITY OF TECHNOLOGY PRESS

图书在版编目(CIP)数据

企业人力资源开发与管理/杨东辉,金英伟主编. —3版. —大连:大连理工大学出版社,2010.4(2011.12重印)
普通高等教育"十一五"国家级规划教材
ISBN 978-7-5611-3058-2

Ⅰ. 企… Ⅱ. ①杨…②金… Ⅲ. ①劳动力资源—资源开发—高等学校:技术学校—教材 ②劳动力资源—资源管理—高等学校:技术学校—教材 Ⅳ. F241

中国版本图书馆CIP数据核字(2005)第131118号

大连理工大学出版社出版
地址:大连市软件园路80号 邮政编码:116023
发行:0411-84708842 邮购:0411-84703636 传真:0411-84701466
E-mail:dutp@dutp.cn URL:http://www.dutp.cn
大连美跃彩色印刷有限公司印刷 大连理工大学出版社发行

幅面尺寸:185mm×260mm 印张:15 字数:347千字
印数:53001～56000
2006年2月第1版 2010年4月第3版
2011年12月第12次印刷

责任编辑:张剑宇 责任校对:张雅玲
封面设计:张 莹

ISBN 978-7-5611-3058-2 定 价:28.80元

总 序

我们已经进入了一个新的充满机遇与挑战的时代，我们已经跨入了21世纪的门槛。

20世纪与21世纪之交的中国，高等教育体制正经历着一场缓慢而深刻的革命，我们正在对传统的普通高等教育的培养目标与社会发展的现实需要不相适应的现状作历史性的反思与变革的尝试。

20世纪最后的几年里，高等职业教育的迅速崛起，是影响高等教育体制变革的一件大事。在短短的几年时间里，普通中专教育、普通高专教育全面转轨，以高等职业教育为主导的各种形式的培养应用型人才的教育发展到与普通高等教育等量齐观的地步，其来势之迅猛，发人深思。

无论是正在缓慢变革着的普通高等教育，还是迅速推进着的培养应用型人才的高等职业教育，都向我们提出了一个同样的严肃问题：中国的高等教育为谁服务，是为教育发展自身，还是为包括教育在内的大千社会？答案肯定而且惟一，那就是教育也置身其中的现实社会。

由此又引发出高等教育的目的问题。既然教育必须服务于社会，它就必须按照不同领域的社会需要来完成自己的教育过程。换言之，教育资源必须按照社会划分的各个专业（行业）领域（岗位群）的需要实施配置，这就是我们长期以来明乎其理而疏于力行的学以致用问题，这就是我们长期以来未能给予足够关注的教育目的问题。

如所周知，整个社会由其发展所需要的不同部门构成，包括公共管理部门如国家机构、基础建设部门如教育研究机构和各种实业部门如工业部门、商业部门，等等。每一个部门又可作更为具体的划分，直至同它所需要的各种专门人才相对应。教育如果不能按照实际需要完成各种专门人才培养的目标，就不能很好地完成社会分工所赋予它的使命，而教育作为社会分工的一种独立存在就应受到质疑（在市场经济条件下尤其如此）。可以断言，按照社会的各种不同需要培养各种直接有用人才，是教育体制变革的终极目的。

随着教育体制变革的进一步深入，高等院校的设置是否会同社会对人才类型的不同需要一一对应，我们姑且不论。但高等教育走应用型人才培养的道路和走研究型（也是一种特殊应用）人才培养的道路，学生们根据自己的偏好各取所需，始终是一个理性运行的社会状态下高等教育正常发展的途径。

高等职业教育的崛起，既是高等教育体制变革的结果，也是高等教育体制变革的一个阶段性表征。它的进一步发展，必将极大地推进中国教育体制变革的进程。作为一种应用型人才培养的教育，它从专科层次起步，进而应用本科教育、应用硕士教育、应用博士教育……当应用型人才培养的渠道贯通之时，也许就是我们迎接中国教育体制变革的成功之日。从这一意义上说，高等职业教育的崛起，正是在为必然会取得最后成功的教育体制变革奠基。

高等职业教育还刚刚开始自己发展道路的探索过程，它要全面达到应用型人才培养的正常理性发展状态，直至可以和现存的（同时也正处在变革分化过程中的）研究型人才培养的教育并驾齐驱，还需要假以时日；还需要政府教育主管部门的大力推进，需要人才需求市场的进一步完善发育，尤其需要高职高专教学单位及其直接相关部门肯于做长期的坚忍不拔的努力。新世纪高职高专教材编审委员会就是由全国100余所高职高专院校和出版单位组成的旨在以推动高职高专教材建设来推进高等职业教育这一变革过程的联盟共同体。

在宏观层面上，这个联盟始终会以推动高职高专教材的特色建设为己任，始终会从高职高专教学单位的实际教学需要出发，以其对高等职业教育发展的前瞻性的总体把握，以其纵览全国高职高专教材市场需求的广阔视野，以其创新的理念与创新的运作模式，通过不断深化的教材建设过程，总结高职高专教学成果，探索高职高专教材建设规律。

在微观层面上，我们将充分依托众多高职高专院校联盟的互补优势和丰裕的人才资源优势，从每一个专业领域、每一种教材入手，突破传统的片面追求理论体系严整性的意识限制，努力凸现高等职业教育职业能力培养的本质特征，在不断构建特色教材建设体系的过程中，逐步形成自己的品牌优势。

新世纪高职高专教材编审委员会在推进高职高专教材建设事业的过程中，始终得到了各级教育主管部门以及各相关院校相关部门的热忱支持和积极参与，对此我们谨致深深谢意，也希望一切关注、参与高职教育发展的同道朋友，在共同推动高职教育发展、进而推动高等教育体制变革的进程中，和我们携手并肩，共同担负起这一具有开拓性挑战意义的历史重任。

新世纪高职高专教材编审委员会

2001年8月18日

前言

《企业人力资源开发与管理》(第三版)是普通高等教育"十一五"国家级规划教材,也是新世纪高职高专教材编审委员会组编的基础类课程规划教材之一,是2007年度普通高等教育精品教材。

人才是企业的命脉所在,企业之间的竞争,归根结底是人才与智慧的竞争。在当今世界经济一体化、国际范围内的企业竞争日益加剧的环境下,人才已成为决定一个企业前途的关键因素。因而,人力资源开发与管理也就成为现代企业管理内容的重中之重。伴随着时代的发展,我国人力资源开发与管理的理论和实践也有了进一步发展,为了更好地适应这一变化,我们对《企业人力资源开发与管理》进行了修订。

修订后的《企业人力资源开发与管理》一书,从高职高专院校的教学需要出发,着眼于企业的实际情况,在介绍理论的同时尤其注重实践,既保持了上版的风格和优势,同时又有了一些创新:

一是知识内容随时代更新,反映了当今的发展趋势。如我们更新了许多典型案例,在劳动关系中加入了近年的一些新的法规内容,在多数章节中考虑了近年人力资源管理中对专业人员的持证上岗要求。同时,面对信息技术的迅猛发展,我们又增加了企业人力资源管理信息系统等章节。

二是重视实践。本书新增了"实训设计",对于教师指导学生实践、提高学生的实践能力会有一定的帮助,这也是我们为了突出高职高专教学特色和便于读者更好地掌握人力资源管理实务所做的一点尝试和努力。

三是内容更丰富、结构安排更合理。本书增加了大量的阅读案例，提供了作为知识拓展的“相关链接”，许多章节的内容都进行了更为合理的调整。

本书共有十一章，全面、系统地介绍了企业人力资源开发与管理的理论方法和实践技术，按照学习要点、引导案例、基本内容、本章小结、复习思考、实训设计、案例分析的模式进行编排，而且在每一章都穿插了“相关链接”和“微型案例”两个板块。

《企业人力资源开发与管理》(第三版)由杨东辉、金英伟任主编，王贵军、李焕然、孙欣任副主编。具体编写分工是：杨东辉编写第七、九、十章，王贵军编写第五章，李焕然编写第六章，孙欣编写第一、三章，王伟编写第二章，刘珊珊编写第四章，孙旭编写第十一章，李超宇编写第八章，大连理工大学管理学院金英伟老师进行了大量修改工作。全书由杨东辉、金英伟负责统稿工作。此外，安徽工业大学职业技术学院薄赋徭老师审阅了全部书稿，并提出了许多宝贵的建议，在此表示衷心的感谢！

由于时间仓促以及编者理论与经验有限，书中难免出现错漏之处，敬请各位专家和读者不吝赐教。

所有意见和建议请发往：dutpgz@163.com

欢迎访问我们的网站：http://www.dutpgz.cn

联系电话：0411-84707492　84706104

编　者

2010 年 4 月

目录

第一章

人力资源管理概述

学习目标

知识目标

☞ 掌握人力资源的含义、特征，明确人力资源与其他资源的关系。
☞ 认识人力资源管理在现代管理中的重要意义。
☞ 了解人力资源管理的发展历史及其演变过程。
☞ 了解人力资源管理的基本内容体系。
☞ 了解环境的变革和人力资源管理发展的新趋势。

技能目标

☞逐步掌握人力资源管理者的技能要求。

引导案例 >>>

卓越的人力资源管理

德克萨斯州仪器公司（以下简称“德州仪器”）是一家全球化的半导体制造商。公司总部设在美国德克萨斯州的达拉斯市，共有 36 000 名员工，分别在全球 129 个不同地区的设计中心、制造厂和销售代理办工作。公司的经营目标是：实行以价值增长、财务稳定性为核心的战略，努力成为位居全球第一的电子公司。

德州仪器一直把人力资源看成是企业的一项巨大资产，被公认为是人力资源管理领域的“带头人”。但公司人力资源管理副总裁认为，其人力资源管理部门才刚刚实现战略转变，即由一个仅为企业经营提供重大支持的部门，转变为直线职能部门的“伙伴”并开始理解企业战略的部门。尤其是从对企业经营战略方面产生的影响来看，人力资源管理职能已经开始处于领导地位。公司人力资源部门所处的地位，从人力资源副总裁在公司领导中的位置（他与公司的首席运营官和首席执行官一起组成德州仪器战略领导小组）就能体现出来。人力资源副总裁帮助公司认识到：对员工技术能力的开发是确保企业长期战略成功的关键，同时，公司的各项经营活动都要接受三个维度的评价：经营成功与否、财务是否改善、人是否适应。

公司的三大主导目标之一就是加强员工开发。为确保人力资源能在企业战略中作出贡献，公司采取了一系列措施：为了满足企业适时的人才需求，就必须提前进行雇员开发。为推进人才开发的实施，公司的每一位员工都必须与其直接上级一起共同制订个人开发计划，个人开发计划以员工希望达到的未来职位要求和当前职业要求为依据。为满足员工职业发展的需要,公司鼓励员工主动参加某些课程学习,鼓励员工在公司内部进行部门间、产品领域间的流动。个人开发计划不仅提高了员工对公司的满意度,为公司发展储备了管理人才(这种过程通常被称为接班计划),而且满足了高绩效员工的晋升期望或为其提供了获得具有发展潜力职位的机会。

除此以外,公司十分重视通过对员工的招募来吸引适合公司经营的新员工。为此,公司花费了大量的资源,在国际互联网上创建了一个专门的招募网页,以便吸引顶尖人才。在网页中,公司不仅提供一些对求职者有帮助的求职建议,如:怎样编写简历,如何书写简历封面的文字以及公司内部的职业信息等,而且还提供需要求职者完成的测验(适应性测验),这有助于公司了解求职者的价值取向与组织文化的匹配或融合情况,帮助求职者确定德州仪器是否是其期望中的雇主。公司认为,求职者准备得越充分,公司的招募工作也就越容易完成。

为了确保公司具有一支多元化的劳动力队伍,公司对人力资源管理中的多元化问题和道德伦理问题进行了研究。为此,公司建立了一个多元化的网络,并制订了相应的监督计划;鼓励决策的道德化,并保持与公司三大价值观(团结、创新和敬业)的一致性。在与员工的信息沟通上,人力资源管理部门也积极帮助员工理解公司对伦理道德的要求。比如,公司最近的电子新闻谈论的主题就包括:恰当使用国际互联网的问题;兼职工作与正式工作之间可能存在冲突的问题;公司在提供以及接受商业礼品方面的政策等。

(资料来源:《人力资源管理:赢得竞争优势》,刘昕译,中国人民大学出版社)

德州仪器公司所取得的成功证明:人力资源管理在决定企业的竞争力方面起到了关键性作用。竞争力就是企业在其所属行业中维持和夺取市场份额的能力。德州仪器公司的人力资源管理实践帮助其在与对手的较量中赢得了竞争优势,这也预示着一种趋势:人力资源将成为企业的战略性资源,企业对人力资源管理工作也越来越重视。究其原因,在于社会经济时代改变了,赖以推动社会经济发展的基础改变了,从而人们的思想和管理观念也随之改变了。

人力资源管理是一个思想体系,一个企业的政策、原则和制度体系,一个严谨的组织和管理体系以及一个方法和操作体系。

第一节　人力资源管理的基本概念

一、人力资源的概念及特征

(一)人力资源的概念

现代管理科学普遍认为,经营好企业需要四大资源:人力资源、经济资源、物质资源和信息资源。在这四大资源中,人力资源是最重要的资源,它是生产活动中最活跃的因素,被经济学家称为第一资源。

我们通常认为,所谓人力资源是指一定范围内人口总体所具有的劳动能力的总和。这个群体包括具有为社会创造物质和精神财富、从事体力劳动和智力劳动的人们的总称。人力资源能够推动整个经济和社会的发展,是最活跃最积极的主动性生产要素,是积累和创造物质资本、开发和利用自然资源的主要力量。

(二)人口资源、劳动力资源、人力资源和人才资源的关系

1. 人口资源:一定范围内的人口的总和。人口资源重在数量。

2. 劳动力资源:一定范围内符合法定规定年限的有劳动能力的人口的总和。

3. 人力资源:一定范围内具有劳动能力的人口的总量。

4. 人才资源:一个国家或地区具有较强的管理能力、研究能力、创造能力和专门技术能力的人口的总称。人才资源重在质量。

人口资源、劳动力资源、人力资源和人才资源的关系如图 1-1 所示。

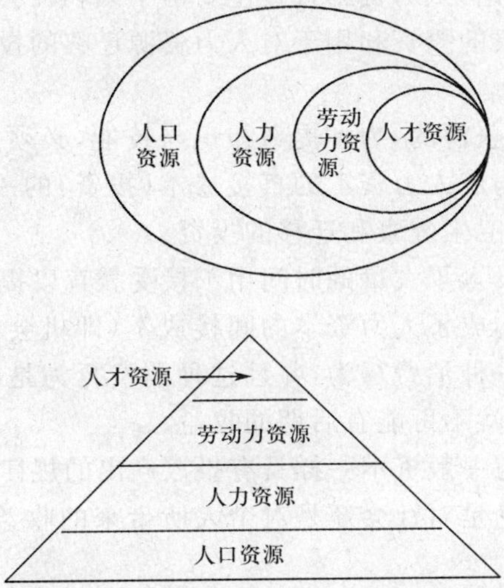

图 1-1　人口资源、劳动力资源、人力资源和人才资源的关系

(三)人力资源的特征

人力资源是进行社会生产最基本最重要的资源,与其他资源相比较,它具有如下特征:

第一,人力资源具有能动性。

这是人力资源区别于其他资源的最根本的区别。

人力资源具有思想、情感和思维,具有主观能动性,能有目的、有意识地主动利用其他资源去推动社会和经济的发展,因而它在经济建设和社会发展中起到了积极和主导的作用,其他资源则处于被动使用的地位。

另外,人力资源还是唯一能起到创造作用的因素。由于人具有创造性思维的潜能,这种潜能可在两个方面发挥作用:

一是人在社会和经济发展过程中往往能创造性地提出一些全新的方法,加速社会的进步和经济的发展;

二是人能适应环境的变化和要求担负起应变、进取、创新发展的任务,从而使组织更加充满活力。

人力资源的能动性体现在三个方面:

① 自我强化:通过接受教育或主动学习,使得自己的素质(如知识、技能、意志、体魄等)得到提高。

②选择职业：在人力资源市场中具有择业的自主权力，即每个人均可按自己的爱好与特长自由地选择职业。

③积极劳动：人在劳动过程中，会产生敬业、爱业精神，能够积极主动地利用自己的知识与能力、思想与思维、意识与品格，有效地利用自然资源、资本资源和信息资源，为社会和经济的发展创造性地工作。

第二，人力资源具有两重性。

人力资源既是投资的结果，同时又能创造财富，或者说，它既是生产者，又是消费者。根据舒尔茨人力资本的理论，人力资本投资主要由个人和社会双方，对人力资源用于对教育的投资、用于对卫生健康的投资和用于对人力资源迁移的投资，人力资本投资的程度决定了人力资源质量的高低。

由于人的知识是后天获得的，为了提高知识与技能，必须接受教育和培训，必须投入财富和时间，投入的财富构成人力资本的直接成本（投资）的一部分。人力资本的直接成本（投资）的另一部分是对卫生健康和迁移的投资。

另外，由于人力资源投入了大量的时间用于接受教育以提高知识和技能，从而失去了许多就业机会和收入，这构成了人力资本的间接成本（即机会成本）。从生产与消费的角度来看，人力资本投资是一种消费行为，并且这种消费行为是必需的、先于人力资本收益的，没有这种先前的投资，就不可能有后期的收益。

另一方面，人力资源与一般资本一样具有投入产出的规律，并具有高增值性。研究证明，对人力资源的投资无论是对社会还是对个人所带来的收益要远远大于对其他资源投资所产生的收益。

舒尔茨用投资收益率法研究了美国 1929 年到 1957 年的经济增长贡献，结果表明，教育投资对经济增长率的贡献为 33%。根据挪威 1900 年到 1995 年统计测算：对于固定资产、普通劳动者和智力投资的额度分别每增加 1%，则与其相对应的社会生产量分别增加 0.2%、0.76%和 1.8%。

第三，人力资源具有时效性。

人力资源是存在于人的生命之中的一种具有生命的资源，它的形成、开发和利用都要受到时间的限制。

作为生物有机体的人有其生命的周期，每个人均要经过幼稚年期、青壮年期、老年期，由于每个时期人的体能和智能的不同，其各个时期的劳动能力各不相同，因而这种资源在各个时期的可利用程度也不相同。从个人成长的角度来看，人才的培养也有幼稚期、成长期、成熟期和退化期的过程，相应地，人才的使用则要经历培训期、试用期、最佳使用期和淘汰期的过程，这是由于随着时间的推移，社会将不断进步，科学技术也将不断发展，这使得人的知识和技能相对老化而产生的结果。

人力资源的开发与管理也必须尊重人力资源的时效特征。

第四，人力资源具有再生性。

与物质资源相似，人力资源在使用过程中也会出现有形磨损和无形磨损。

有形磨损是指人自身的疲劳和衰老，这是一个不可避免的、无法抗拒的损耗。

无形磨损是指个人的知识和技能与科学技术发展相比的相对老化，我们可以通过一定的方式与方法减少这种损耗。

物质资源在形成产品、投入使用并磨损以后，一般予以折旧，不存在继续开发问题。人力资源在使用过程中，有一个可持续开发，丰富再生的独特过程，使用过程也是开发过程。人在工作以后，可以通过不断地学习更新自己的知识，提高技能；而且，通过工作可以积累经验、充实提高。

所以，人力资源能够实现自我补偿、自我更新、自我丰富、持续开发。这就要求人力资源的开发与管理要注重终生教育，加强后期培训与开发，不断提高其德才水平。

第五，人力资源具有社会性。

每一个民族（团体）都有其自身的文化特征，每一种文化都是一个民族（团体）的共同的价值取向，但是这种文化特征是通过人这个载体而表现出来的，由于每个人受自身民族文化和社会环境影响的不同，其个人的价值观也不相同，他们在生产经营活动、人与人交往等社会性活动中，其行为可能与民族（团体）文化所倡导的行为准则发生矛盾、可能与他人的行为准则发生矛盾，这就要求人力资源管理注重团队的建设，注重人与人、人与群体、人与社会的关系及利益的协调与整合，倡导团队精神和民族精神。

二、人力资源管理的概念

（一）人力资源管理的含义

人力资源管理是指一个组织对人力资源的获取、维护、激励、运用与发展的全部管理过程与活动。具体来说，就是组织（企业）根据自己的战略目标制订相应的人力资源战略规划，并对人力资源的获取、使用、保持、开发、评价与激励等进行的全过程管理活动，从而达到人力资源价值的充分发挥，以实现组织目标。人力资源管理包括对人力资源进行量的管理和质的管理两方面。前者是指根据人力和物力及其变化，对人力资源进行培训、组织和协调，使两者经常保持最佳比例和有机结合，使人和物都充分发挥出最佳效益。后者是指对人的思想、心理和行为进行有效的管理，充分发挥人的主观能动性，以达到组织目标。

（二）人力资源管理的基本任务

1.求才。获取人力资源，吸收、寻求优秀人才和组织适用的人力资源。

2.用才。恰当使用组织的人力资源，唯才是举、人尽其才、才尽其用，发挥人力资源对经济发展的促进作用。

3.育才。即通过培训、教育、开发，提高人力资源质量，激发员工潜力。

4.激才。通过激励机制和措施，调动员工的工作积极性，发挥人力资源的能动性。

5.护才。通过卫生保健、劳动安全、平等就业等措施保护劳动者合法权益，养护人力资源的持续劳动能力。

6.留才。尊重人才、爱惜人才，保持员工队伍的稳定，留住组织所需要的各类人才。

（三）人力资源管理的基本职能

1.获取。人力资源管理工作的第一步是获取人力资源。它主要包括人力资源规划、职务分析、员工招聘和录用。

2.保持。主要指建立并维持有效的工作关系。它包括组织同化、组织文化传播、信息沟通、人际关系和谐、矛盾冲突的处理和化解。

3.开发。开发是提高员工能力的重要手段。它包括组织和个人开发计划的制订、新员工的工作引导和业务培训、员工职业生涯的设计、继续教育、员工的有效使用以及工作丰富化等。

4. 报偿。报偿或报酬是人力资源管理的核心。它主要包括制订公平合理的薪酬方案、提供福利与服务、经济性和非经济性报酬分配、各种物质和精神激励的运用等。

三、人力资源管理的意义

(一)人力资源管理有利于提高劳动生产率

人力资源管理主要通过对人和事的计划、组织、指挥、协调和控制,有效地配置企业内部的人力资源,做到既不人浮于事,也不因人设岗,这就大大地节约了劳动成本。通过激励,充分发挥员工的工作积极性和创造性。同时,工作丰富化在一定程度上也可以提高企业的生产效率。

(二)人力资源管理有利于提高整个组织的经营管理水平

人力资源管理的各个环节能有效整合企业的资源优势,调动员工的工作积极性和主动性。对核心员工的开发和使用是人力资源管理实践的重要课题,如给他们创造就业的安全感、提供公平而具有竞争力的报酬和福利、决策和信息的分享与授权、完善的培训与开发计划、为他们营造良好的职业生涯发展环境等。这些措施和方法不仅能有效发挥员工的潜在能力,而且也可以从各个方面提高企业的经营管理水平,从而使整个组织受益,获得竞争优势。

(三)人力资源管理有利于企业持续保持和增强竞争优势

人力资源管理一般不易被人模仿或抄袭。照搬照抄别人的人力资源管理的具体实践,其结果会适得其反。因为人力资源管理的对象是人,人是有个别差异的,一个组织的人力资源与另一组织的人力资源肯定是有差别的,有时这种差别很大。此外,人力资源管理是个复杂的系统,某项措施或做法之所以成功,是因为子系统配合的结果。人力资源管理的这种特点可以使得那些从管理中获得竞争优势的企业得以持久地保持其优势。

第二节　人力资源管理的发展历史

一、人力资源管理的产生和发展

在西方学者看来,人力资源管理的产生和发展大致可以划分为五个阶段。

(一)手工艺制作阶段(19 世纪中叶以前)

这一时期生产的形式主要以手工作坊为主,并开始向机器化大工业转化。为了保证具有合格技能的工人有充足的供给,对工人技能的培训是以有组织的方式进行的。师傅与徒弟的生活和工作关系,非常适合家庭工业生产的要求。由于管理主要是经验式的管理,因而各种管理理论只是初步提出尚未系统化。

(二)科学管理阶段(19 世纪末至 20 世纪初期)

在 19 世纪末,由于人口和市场需求的迅速膨胀,对产品的需求有力地促进了生产的发展。当时,用机器取代人力和寻找更高效率的工作方法,成为管理的首要问题。从管理角度看,科学管理运动导致了对人力资源管理的研究。

弗雷德里克·泰勒作为科学管理之父，其秒表便是他的“圣经”。泰勒受雇于伯利恒钢铁公司期间，进行了著名的“搬运生铁块试验”和“铁锹试验”。这些研究的结果是非常出色的，堆料场的劳动力从400～600人减少为140人，平均每人每天的操作量从16吨提高到59吨，每个工人的日工资从1.15美元提高到1.88美元。

这一时期，人力资源管理的特点是：把人视为“经济人”，以金钱作为衡量一切的标准；人力资源管理主要是雇用管理，主要职责是招录、雇用工人；劳动方法标准化，以泰勒的“劳动定额”、“劳动定时工作制”为主要管理方式，开始对劳动效果进行科学合理的计算；有目的地培训员工；明确划分了管理职能和作业职能，劳动人事管理部门开始出现，主要职能是监工，还负责招工、协调和配置人员；建立起各等级的指挥体系，职务和职位按照职权等级原则加以组织，建立了下级服从上级的严格的等级观念。

总体说来，科学管理的原则就是通过科学的工作方法来提高人的劳动效率，它把人当作一种纯粹的生产工具。尽管所采用的科学管理手段剥夺了人性的尊严，但是劳动效率提高了百分之三百，创造了辉煌的产业革命历史。

(三)人际关系运动阶段(20世纪20年代至第二次世界大战结束)

这一时期，是人力资源管理思想最活跃的时期，是从“经济人”的管理思想至“社会人”的管理思想的转折期。泰勒旨在使生产率大幅度提高的同时，也使工人的劳动变得异常紧张、单调和劳累，因而引起了工人的强烈不满，并导致工人的怠工、罢工以及劳资关系日益紧张等事件的出现；另一方面，随着经济的发展和科学的进步，有着较高文化水平和技术水平的工人逐渐占据了主导地位，体力劳动也逐渐让位于脑力劳动，也使得西方的资产阶级感到单纯用古典管理理论和方法已不能有效控制工人以达到提高生产率和利润的目的，这使得对新的管理思想、管理理论和管理方法的寻求和探索成为必然。

与此同时，人的积极性对提高劳动生产率的影响和作用逐渐在生产实践中显示出来，并引起了许多企业管理学者和实业家的重视，但是对其进行专门的、系统的研究，进而形成一种较为完整的全新的管理理论则始于20世纪20年代，美国哈佛大学心理学家梅奥等人所进行的著名的霍桑试验。梅奥得出结论：生产效率不仅受物理的、生理的因素影响，而且还受社会环境、社会心理的影响。他提出工人不是“经济人”，而是“社会人”，是复杂的社会系统的成员，具有包括心理与社会方面的各种需求。另外，他还提出了企业中除正式组织外还存在非正式组织的见解。这些研究结果导致了人际关系的产生。人际关系学说强调管理者要重视人性，重视人的心理需求和社会需求；重视非正式组织的作用；领导方法上强调以人为核心改善管理质量。

(四)行为科学阶段(20世纪50年代后期至80年代末)

行为科学是在人际关系学说的基础上形成的，它是人际关系研究的成果之一。但是行为科学以更广泛的理论学科和应用学科为理论，涉及更多的问题。它重视对个体心理和行为、群体心理和行为的研究和应用，侧重于对人的需要和动机的研究，探讨了对人的激励研究，分析了与企业有关的“人性”问题。其代表人物是马斯洛和麦格雷戈。这一阶段在理论上，已经从过去只重视对具体工作和组织的研究，转向重视人的因素的研究，这是从重视“物”转向重视“人”的一种观念和理论上的飞跃。这一阶段的理论创新，都与人力资源管理有直接关系，从而也为人力资源管理奠定了理论基础。

(五)学习型组织阶段(20世纪90年代初至今)

学习型组织是指在发展中形成的具有持续适应外界变化和变革能力的组织。在一个学习型组织中,人们可以抛开原有的思考模式,能彼此开诚布公地去理解组织真正的运作方式,去构造一个大家能一致同意的愿景,然后齐心协力地实现这个目标。"以人为本"的管理理念得到了进一步发展,具体表现为:组织领导者既要掌握管理的理论和理念,更要注重管理的方法、操作和技能等的实践;重视组织文化和团队精神的作用,培育和发掘人力资源的创造力和企业的凝聚力;注重多文化时代多元化的管理模式。企业投资、经营和竞争的多元化,要求人力资源管理活动要不断创新。

二、人力资源管理与传统人事管理的区别

(一)产生的时代背景不同

人事管理是随着社会工业化的出现与发展而产生的。而人力资源管理是在社会工业化迅猛发展,科学技术高度发展,人文精神日益高涨,竞争与合作不断加强,特别是社会经济有了质的飞跃的历史条件下产生和发展起来的。

(二)对人的认识不同

人事管理将人的劳动看做一种在组织生产过程中的消耗或成本。也就是说,生产的成本不仅包括物质成本,还包括人的成本,在观念上将人等同于物质资源,把人力当作一种工具,注重的是投入使用和控制。人事管理主要关注于如何降低人力成本,正确地选拔人,提高人员的使用效率和生产率,避免人力成本的增加。

人力资源管理将人力视为组织的第一资源,将人看作"人力资本"。这种资本通过有效的管理和开发可以创造更高的价值,它能够为组织带来长期的利益,即人力资本是能够增值的资本。因此,人力资源管理更注重对人力的保护和开发,因而更具有主动性。人力资源管理对人力资源的培训与持续教育越来越重视,许多世界著名企业投资成立了自己的培训教育学院,通过对员工的培训,实现基于组织发展的员工个人成长。

(三)基本职能不同

人事管理职能是具体的、技术性的事务管理职能,而人力资源管理的职能具有较强的系统性、战略性和时间的长远性,其管理的视野比人事管理要广阔得多。

综上所述,人力资源管理与传统人事管理各有不同的特点。表1-1详细地列出了人力资源管理与传统人事管理两者的区别。

表1-1 人力资源管理与传统人事管理的区别

比较项目	人力资源管理	传统人事管理
管理视角	广阔的、长期的、未来的	狭窄的、短期的
管理观念	视员工为"社会人" 实施人本化、人格化管理 视人力为组织第一资源 重视人力资源的能动性	视员工为"经济人" 视员工为成本 忽视人力资源的能动性

（续表）

比较项目	人力资源管理	传统人事管理
工作目的	满足员工自身发展的需要，保障组织的长远发展	保障组织短期目标的实现
管理模式	以人为中心	以事为中心
工作性质	战略性、策略性	战术性、业务性
工作功能	系统、整合	单一、分散
工作效率	主动、重视人力资源的培训与开发	被动、注重管好、忽视人力资源的开发
工作内容	丰富、复杂	简单
工作地位	管理决策层	工作执行层
工作部门性质	生产与效益部门，获得竞争优势的部门	非生产、非效益部门
与员工的关系	和谐、合作	对立、抵触
与其他部门的管理	帮助、服务、咨询	管理、控制

总之，人力资源管理较传统人事管理更具有主动性、战略性与未来性，更适合当今全球经济一体化的组织管理模式与发展趋势。

三、人力资源管理者的技能要求

人力资源管理者既要了解专业知识，进行人力资源战略上的规划和人力资源管理具体工作的操作，又要学会沟通，把人力资源的产品和服务推销给各层管理者以及员工。人力资源管理者的技能要求应包括以下几个方面：

（一）专业技术知识

人力资源管理者应当成为企业人力资源管理的权威与专家。为此，需要不断学习先进的人力资源管理理论与技能，学习人力资源管理活动的新方法和新技术，如甄选技术、360 度测评法及期权激励方法等，并结合企业自身情况，实施科学的、能给企业带来效益的人力资源管理方法。

（二）管理能力

企业的变革，即使是微小的变革都会带来组织在工作流程、人员分工等方面的变化。变革所产生的新的制度和方法往往造成员工困惑、冲突、抵触等情况。人力资源管理者必须具备进行组织变革、协调沟通的能力，以确保变革的成功。

微型案例 >>>

林肯的用人之道

1860 年美国大选刚刚结束，一位大银行家看到一个参议员从林肯总统的办公室走出来，就对林肯说：“此人不可靠，万万不可选他入阁。”林肯问：“为什么？”银行家说：“他与我谈过，说他比你伟大！”林肯说：“我现在最头痛的就是找不到比我强的人，我要把比我强的人都纳入内阁。”

后来，银行家所说的那位议员被林肯委任为财政部部长，并十分器重他。尽管此人很狂妄，但工作尽职尽责，特别有能力。有一次，这位银行家又提醒林肯说那位参议员有野心。林肯没有直接回答，只讲了自己幼年时的一个故事："年幼时，我在家乡农场犁地，那匹马很懒，走得很慢，可是后来，它走得飞快。等到地头，我才发现这匹马走得快的原因：原来是一只大马蝇叮在它的屁股上。"

古人说，有容乃大。林肯之所以成为美国历史上一位杰出总统，这缘于他的善于用人，特别是善于使用比自己强的人。一个企业经理人，只有容纳并鼓励那些在品格能力上强于自己的人，才能达到企业管理的最高境界。企业经理人要强于下属的，一是心胸，二是驭人之功。这里的驭人之功，实际上就是人力资源管理的能力。

(三)经营能力

人力资源管理者必须对企业经营情况有深入、全面的了解，尽可能获得准确、详尽的信息，做出理性决策以支持企业总体战略规划；要具备一定的财务知识，能衡量每项人力资源决策的成本与收益的货币价值，并估计其无形价值，还必须充分认识到每一种人力资源实践所引起的外部环境的反应；必须具备系统的协调能力，把各项职能有效地匹配在一起。

第三节　人力资源管理的基本内容体系

人力资源管理的基本内容体系如图 1-1 所示。

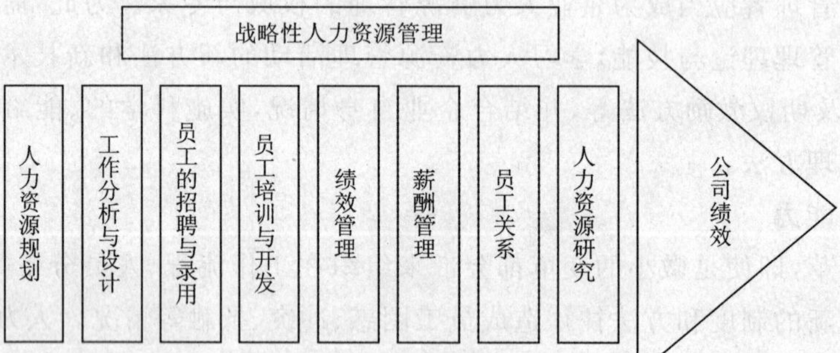

图 1-1　人力资源管理活动

一、人力资源规划

根据公司的总体战略目标，分析公司经营环境的变化对人力资源供给和需求的影响，利用科学的预测方法，制定必要的政策和措施以确保公司在需要的时间和需要的岗位上获得各种所需的人力资源(包括数量和质量两个方面)，并且使公司和员工个体得到长期的利益。

二、工作分析与设计

为了实现组织的战略目标，人力资源管理部门要根据组织结构确定各职务说明书与员工素质要求，并结合组织、员工及工作的要求，为员工设计激励性的工作。

三、员工的招聘与录用

根据人力资源规划或供需计划而开展的招聘与选拔、录用与配置等工作是人力资源管理的重要活动之一。要完成组织的目标，公司用招聘来定位和吸引申请具体职位的人，可以从内部（即晋升或变换工作）或从外部招聘候选人。招聘的目标在于迅速、合法和有效地找到公司需要的合适求职者。

四、员工培训与开发

员工培训与开发是教导雇员如何完成其目前或未来的有计划的学习，为将来的工作做好准备。培训重在目前的工作技能，而开发则是对员工未来的工作技能以及员工职业进行开发。培训与开发的主要目的在于通过提高员工们的知识和技能水平去改进组织的绩效。

五、绩效管理

组织通过绩效管理工作衡量其员工的工作绩效，并把这些评价传达给他们。其目的在于激励员工们继续恰当的行为并改正不恰当的行为。绩效评价结果可以给管理部门提供决策的依据，如晋级、降级、解职和提薪等。

六、薪酬管理

薪酬包括工资、福利及奖金等。工资是员工所得的薪水；福利是提供给员工的、在工资以外的某种报酬形式，如健康保险等；奖金是奖励员工的恰当工作行为与超出劳动定额以外的工作结果。

七、员工关系

为使员工努力工作，组织应创造一种积极的工作环境，即良好的员工关系。公司必须保证员工健康和安全的法律性、社会性等。例如，通过建立有效的预防方案以保证员工身体健康和心理健康；在公司中建立员工与组织的有效沟通渠道。

八、人力资源研究

企业要做好人力资源管理工作，管理者必须重视人力资源的研究工作，即通过对企业人力资源管理诸环节运行和实施的实际状况、制度建设和管理效果进行调查评估，分析、了解企业人力资管理工作的性质、特点和存在的问题，提出合理化的改革方案，使企业人力资源管理工作能充分调动员工的积极性和创造性。

第四节 环境的变革和人力资源管理发展的新趋势

一、环境的变革

(一)劳动力队伍的变化

1. 文化程度的提高。教育水平的提高,使员工的价值观发生变化,使人们更倾向于工作的自主权和独立性,更关注上下级之间的平等关系,更着力于追求自我价值的实现。同时,文化程度的提高将使员工不安于单调重复的机械式劳动,事实上,他们更容易进行创造性劳动,拥有更高的潜在生产率。这些变化将使人力资源管理面临许多新的课题,例如,如何适应员工因受教育程度提高而带来的需求层次的提高,如何开发员工的潜在生产率及创造性等等。

2. 老龄化趋势。这在一些发达国家尤为明显。例如,美国在 1979 年劳动力的平均年龄是 34.7 岁,1997 年是 37.8 岁,而 2005 年则变为 40.5 岁。我国由于人口总量庞大,这一趋势目前尚未完全显现。但是随着人民健康水平的提高,寿命的延长,它必将对人力资源管理产生影响。例如,增加健康保险金和退休保险金的压力会越来越大。又由于教育年限的延长,25 岁以下的年轻劳动力会显得短缺,而 30 岁～45 岁之间员工的职业生涯发展将可能由于经验问题而受到较大年龄员工(例如 46 岁～55 岁之间)的限制。

3. 劳动力构成的多样化。这主要是指劳动力队伍的国际流动、外籍员工比例增加、教育与工作求职间的频繁变动,以及妇女在劳动力队伍中的比例继续增长。劳动力队伍的国际流动与经济的全球化密切相关。改革开放以来,在我国独资、合资企业中,外籍管理人员和技术人员的人数大幅度增加,如何调动这些外籍员工的积极性,已成为企业必须解决的问题。

在"妇女解放"、"男女平等"的思想及政策的影响下,我国工人队伍中,妇女一直占有很高的比例。随着贫困地区的现代化以及农村的城镇化,将有更多的妇女加入到企业的员工队伍中来,因而双职工家庭的总数将还会增加。由于剥离企业的社会功能而被逐渐淡化的"双职工"问题(如幼儿教育、生育等)经过一轮"历史循环"迟早又会提到企业人力资源管理者面前。同时在安排员工的假期、旅游等活动时也必须考虑双职工这一因素。

(二)技术变革

技术变革是决定企业变化的一个最基本因素,这种技术变革的速度在日益加快。美国一家销售生活用品的公司经理说:"20 世纪 70 年代我们公司的客户订单是靠员工每天到邮局去取回的,80 年代初是靠电话订货,80 年代后期则靠传真机,到 90 年代初则开始使用电子数据交换技术,又过了仅仅两年,公司一半以上的订单是通过计算机网络拿到的。"

技术变革使得劳动力越来越多地从劳动密集型产业转移到技术密集型及新兴的服务产业部门。由于大量采用机器人,以及计算机辅助材料设计(CAD)和计算机辅助制造系统(CAMS)的广泛应用,使得蓝领工人的工作岗位不断减少,因而对受过高等教育、拥有高技能的人才的需求急剧增加。

(三)经济的全球化趋势

经济的日益全球化是世界发展的一个基本趋势。经济全球化使所有企业无一幸免地面对着日益激烈的国际竞争,包括产品竞争、市场竞争以及日趋白热化的人才竞争。传统的国际投资理论认为,企业海外扩张的基本动因之一是为寻求相对的比较优势,如较便宜的劳动力和原材料等。但是在当代,这一动因发生了根本的变化,跨国公司到国外投资是为了在世界范围搜罗高技术的人力资源、各种专业人才和工程师。

经济的全球化对企业经营管理的严重挑战主要表现在:如何适应与母国截然不同的经济、文化、政治、法律环境;不同民族、不同语言的员工和管理人员如何融洽地在一起工作,创造出高生产率并共同为企业目标而努力。这就涉及人力资源管理的方面,从而成为人力资源管理和实践迅速发展的一个新领域。

(四)职业性质的变化

1. 服务业的兴起。在西欧和北美呈现出一种明显的趋势,即大量的人力资源由制造业向服务业转移,如今美国有 2/3 的劳动力提供服务而不是生产产品。20 世纪 80 年代期间,美国制造工人数量下降了 12%,到 90 年代中期,美国经济创造了上万个新的职业岗位,这些职业岗位绝大部分都是在服务行业,如快餐、零售、咨询、教育和法律工作等。这些新的职业岗位要求新型的知识工人以及相应的人力资源管理的新方法。

2. 知识工人和人力资本。人力资本在企业发展中的作用越来越大,管理学家彼德·杜拉克指出,现代公司的经营管理方式将很少再会与 30 年前的制造业企业有相似的地方,他预言"一个典型的现代化企业将以知识为基础,其大部分员工由专家组成"。

二、人力资源管理发展的新趋势

(一)人力资源管理将更注重以人为本

知识经济时代是一个人才主权时代,人才主权时代就是人才具有更多的就业选择权与工作的自主决定权,人才不是被动地适应企业或工作的要求。善于吸纳、留住、开发、激励一流人才的企业才能成为市场竞争的真正赢家。企业要"以人为中心",尊重人才的选择权和工作的自主权,为人才提供人力资源的产品与服务,并以此赢得人才的满意与忠诚。人才不是简单地通过劳动获得工资性收入,而是要与资本所有者共享价值创造成果。越是高素质、越是稀缺的人才,越容易获得选择工作的机会,其报酬也越高;人才资源优势越大的企业越具有市场竞争力,也就越容易吸纳和留住一流人才。人力资源管理部门要围绕开发员工能力、调动员工积极性、提高员工满意度来开展各项工作,实现人力资本价值的最大化。

(二)人力资源管理将更注重服务

员工是客户,企业人力资源管理的新职能就是向员工持续提供客户化的人力资源产品与服务。从某种意义来说,人力资源管理也是一种营销工作,即企业要站在员工需求的角度,通过提供令员工满意的人力资源产品与服务来吸纳、留住、激励、开发企业所需要的人才。企业要赢得顾客的满意与忠诚,必须赢得员工的满意与忠诚;企业要把客户资源与人力资源结合起来,致力于提升客户资本价值与人力资本价值。21 世纪人力资源管理者要扮演工程师兼销售员兼客户经理的角色。一方面人力资源管理者要具有专业的知识与技能;另一方面要具有向管理者及员工推销人力资源的产品与服务方案的技能。人力资源管理的服务包括:建立共同愿景,使员工期望与企业发展目标一致;提供持续的人力资源开发与培训,提升员工的人力资本价值;通过富有竞争性的薪酬体系及信息、知识、经验等的分享来满足员工多样化的需要;让员工参与管理,授予员工自主工作的权利与责任;建立支持与求助系统,为员工提高工作绩效、完成工作目标提供条件。

(三)人力资源管理的重心转向知识型员工

21 世纪,国家的核心是企业,企业的核心是人才,人才的核心是知识创新者与企业家。人力资源管理面临新三角:知识型员工、知识工作设计、知识工作系统。人力资源管理要关注知识型员工的特点,其重点是如何开发一个与知识型员工管理相互匹配的人力资源管理体系。

(四)人力资源管理在组织中上升到战略地位

人力资源真正成为企业的战略性资源,人力资源管理要为企业战略目标的实现承担责任。人力资源管理在组织中上升到战略地位,并在组织形式上得到体现,如很多企业成立人力资源委员会,使高层管理者关注并参与企业人力资源管理活动。人力资源管理不仅仅是人力资源职能部门的责任,更是全体员工及全体管理者的责任。

(五)人力资源管理的全球化、信息化、虚拟化

组织的全球化必然要求人力资源管理策略的全球化。组织要通过人力资源的开发与培训,使管理人才和员工具有全球化的概念,要以全球化的视野来选拔人才,看待人才的流动。国际化的人才交流市场与人才交流将出现,并成为一种主要形式。人才的价值(价格)将不仅仅是在一个区域市场内体现,更多的是要按照国际市场的要求来看待,跨文化的人力资源管理成为重要内容。同时随着信息技术的发展和专业化分工的日益完善,人力资源管理部门的各项业务存在虚拟化管理的趋势。一些企业已逐渐将一些相对固化和趋同性较大的人力资源管理职能外包给专营公司或专业咨询公司,以集中企业优势资源发展核心竞争力。

(六)人力资源管理逐渐柔性化、扁平化和复杂化

随着知识经济时代的到来,劳资双方的关系将发生革命性变化,原来的强制命令越来越难以奏效,劳资双方的"契约关系"越来越变得更像"盟约关系"。在人力资源管理柔性化之后,管理者更加看重员工的积极性和创造性,更加看重员工的自主精神和自我约束。

从信息学的角度来分析,原来的信息传递是逐层进行、逐级传递的。这种组织形式在信息高速传递时代很容易反应滞后。因此,精简中层、使组织扁平化将成为一种潮流。人事协调复杂化是由办公分散化等引起的,互联网使分散化办公成为可能。"即时通信"使全体员工能够很好地联系在一起,协同作战,分散化办公将是未来社会的一种不可避免的发展趋势。分散化办公增加了人力资源管理的难度,这无疑是对人力资源管理者的一种挑战。

(七)人力资源管理的角色多重化、职业化

人力资源管理的核心任务是构建智力资本优势,21 世纪企业的核心优势取决于智力资本的独特性及其优势。智力资本包括三个方面:人力资本、客户资本和组织结构资本。

人力资源管理的核心任务是通过人力资源的有效开发与管理，提升客户关系价值。要实现这种价值的提升，需要致力于深化两种关系：维持、深化、发展与客户的关系，提升客户的关系价值，以赢得客户的终身价值；维持、深化、发展与员工的战略合作伙伴关系。

在21世纪，企业与员工之间、管理者与被管理者之间、同事之间将按新的规则来处理各种关系，即如何在沟通的基础上达成共识；如何在信任的基础上达成承诺；尊重员工的个性，如何在自主的基础上达到有效的管理，尤其是如何对创新型团队提供一种支持和服务。企业应当注重于构建适合企业管理实践的人力资源管理体系以适应管理环境的发展与变化。

本章小结

人力资源是指一定范围内人口总体所具有的劳动能力的总和，是指一定范围内具有为社会创造物质和精神财富、从事体力劳动和智力劳动的人们的总称。人力资源能够推动整个经济和社会的发展，是最活跃最积极的主动性生产要素，是积累和创造物质资本、开发和利用自然资源的主要力量，被经济学家称为第一资源。人力资源具有能动性、时效性、开发的持续性、智力性等特征。

人力资源管理是指一个组织对人力资源的获取、维护、激励、运用与发展的全部管理过程与活动。具体来说，就是组织（企业）根据自己的战略目标制订相应的人力资源战略规划，并对人力资源的获取、使用、保持、开发、评价与激励等进行的全过程管理活动，从而达到人力资源价值的充分发挥，以实现组织目标。在西方学者看来，人力资源管理的产生和发展大致可以划分为五个阶段：手工艺制作阶段、科学管理阶段、人际关系运动阶段、行为科学阶段、学习型组织阶段。

人力资源管理的基本内容包括：人力资源规划，工作分析与设计，员工的招聘与录用，员工培训与开发，绩效管理，薪酬管理，员工关系，人力资源研究等。但是随着环境的变革，人力资源管理的发展也呈现出一些新的趋势。

复习思考

1. 什么是人力资源？它与人口资源、劳动力资源、人才资源之间有什么样的联系与区别？

2. 人力资源管理与传统人事管理的显著区别在哪里？

3. 人力资源管理活动包括哪些具体内容？

4、结合你的体会，谈谈人力资源管理理论与实践的未来。

实训设计

1. 实训项目：调查访问一位企业人力资源经理。

2. 实训目的：通过实训操作，了解企业人力资源管理工作的主要内容及胜任该职位所需的技能和素质。培养学生对人力资源管理的感性认识。

3. 实训内容：由同学自愿组成小组，每组4～6人，分组完成，准备调查问卷或访问提纲，实地调查访问，写出调查或访问报告。

4. 实训考核：每组选出代表陈述访问心得，由其他小组进行评议，最后由老师总结并核定成绩。

案例分析

贾厂长的管理模式

贾炳灿同志是1984年调任上海液压件三厂厂长的。他原是上海高压油泵厂厂长，治厂有方，使该厂连获“行业排头兵”与“优秀企业”称号，已是颇有名望的管理干部了。这次是他主动向局里请求，调到这问题较多的液压件三厂来的。局里对他能迅速改变该厂的落后面貌寄予厚望。

贾厂长到任不久，就发现原有厂规厂纪中确有不少不尽合理之处，需要改革。但他觉得先要找到一个能引起震动的突破口，并改得公平合理，才能令人信服。

他终于选中了一条厂规。原来厂里规定，本厂干部和职工，凡上班迟到者一律扣当月奖金1元。他觉得这规定貌似公平，其实不然。因为干部们发现自己可能来不及了，便先去局里或公司兜一圈再来厂，有个堂而皇之的因公晚来借口免于受罚，工人则无借口可依。厂里400多人，近半数是女工，尤其是孩子妈妈，家务事多，早上还要送孩子上学或入幼儿园，有的甚至得抱孩子来厂入托。本厂未建家属宿舍，职工散住全市各地，远的途中要换乘一两趟车；还有人住在浦东，要摆渡上班。碰上塞车、停渡，尤其雨、雪、大雾，尽管提前很早出门，仍难免迟到。他们想迁来工厂附近，但无处可迁；要调往住处附近工厂，也很难成功，女工更难办。所有这些原因导致的迟到不能责怪工人自己。贾厂长认为应当从取消这条厂规下手改革。

有的干部提醒他，莫轻举妄动，此禁一开，纪律松弛，不可收拾；又说别的厂还设有考勤钟，迟到一次扣10元，而且是累进式罚款，第二次罚20元，三次罚30元。我厂才扣1元，算个啥？

但贾厂长斟酌再三认为，这条厂规一定得改，因为1元钱虽少，工人觉得不公、不服，气不顺，就影响到工作积极性。于是在3月末召开的全厂职工会上，他正式宣布，从4月1日起，工人迟到不再扣奖金，并说明了理由。这项政策的确引起了全厂的轰动，职工们报以热烈的掌声。

不过贾厂长又补充道：“迟到不扣奖金，是因为常有客观原因。但早退则不可原谅，因为责在自己，理应重罚；所以凡未到点而提前洗手、洗澡、吃饭者，要扣半年奖金！”这半年奖金有时等于几个月的工资啊。贾厂长觉得这条补充规定跟前面取消原规定同样公平合理，但工人们却反应冷淡。

新厂规颁布不久，发现有7名女工提前2分钟至3分钟不等去洗澡。人事科请示怎么办，贾厂长断然说道：“照厂规扣她们半年奖金，这才能令行禁止嘛。”于是处分的告示贴了出来。次日中午，贾厂长偶过厂门，遇上了受罚女工之一的小郭，问她道：“罚了你，服气不？”小郭不理而疾走，贾厂长追上几步，又问。小郭悻悻然扭头道：“有什么服不服？还不是你厂长说了算！”她一边离去一边喃喃地说：“你厂长大人可曾上女澡堂去看过那像啥样子？”

贾厂长默然。他想：我是男的，怎么会去过女澡堂？但当天下午趁澡堂还没开放，跟总务科长老陈和工会主席老梁一块去看了一趟女澡堂。原来这澡堂低矮狭小、破旧阴暗，一共才设有12个淋浴喷头，其中还有3个不太好使。贾厂长想，全厂194名女工，分两班也每班有近百人，淋一次浴要排多久队？下了小夜班洗完澡，到家该几点了？她们对早退受重罚不服，是有道理的。看来这条厂规制定时，对这些有关情况欠调查了解了……

下一步怎么办？处分布告已经公布了，难道又收回不成？厂长新到任定的厂规，马上又取消或更改，不就等于厂长公开认错，以后还有啥威信？私下悄悄撤消对她们的处分，以后这一条厂规就此不了了之……

贾厂长皱起了眉头。

案例思考

1. 贾厂长是以一种什么样的人性观来对待员工的？

2. 如果你是贾厂长，你准备怎样来对待员工？你想采用什么样的激励手段和管理方式？

第二章

人力资源规划

学习目标

知识目标

☞ 了解人力资源规划的概念、作用。

☞ 掌握人力资源需求预测的方法。

☞ 掌握人力资源供给预测的方法。

☞ 熟悉人力资源规划的流程。

技能目标

☞ 能够编写简单的组织人力资源规划。

引导案例 >>>

东祥电器公司的人力资源规划

东祥电器公司成立于1991年，在过去10年里，该公司取得了迅速的发展，由最初总资产几百万元发展成为现在总资产为200多个亿的大型电器公司。

但最近东祥电器公司遇到了比较麻烦的问题。该公司在进一步技术改造和扩大生产时面临人员短缺且经常出现熟练工人短缺的问题。在过去，当需要熟练工人时，公司总是很容易地在人才市场招聘到所需要的工人。这些招聘进来的员工只需经过简单的培训就能上任，有的甚至可以直接上任，公司根本不用考虑熟练工人短缺问题。但现在不同了，公司从国外引进了世界上最先进的生产设备，而且生产的产品品种也比以前更多，这些变化要求生产工人掌握更为先进的技术。由于这套生产设备是国内唯一的设备，所以从人才市场上招聘的员工很难在短期内符合公司的需要。同样，公司也经常出现管理人员短缺问题。由于公司处于迅速发展阶段，为了满足不断扩大的生产需求，公司从基层提拔员工作为管理人员，但新提拔的员工很少能胜任新的工作岗位。当公司从外面招聘管理人员时，又发现这些管理人员难以在短期内了解公司的情况、适应公司的环境。公司总经理于是要求人事部经理写出一个计划，以满足公司发展时对人力资源的需要。人事部经理是原来由技术处提拔上来的人事管理者，对人事管理也是刚刚接触。他该怎么办呢？

第一节　人力资源规划概述

在市场经济条件下，人才是组织参与市场竞争的根本优势。在组织的人力资源管理过程中，已经不能假定需要人才时就能招聘到合适的人才，有些关键岗位甚至长期招聘不到合适的人才；也不能再假定优秀的人才一定会长期坚守岗位不外流。市场竞争的实质就是人才的竞争，谁能在稀缺人才的竞争中获胜，谁就能在市场竞争中占有优势。因此，组织必须强化内部人力资源管理的计划性，根据自己竞争战略的调整来制订详细、系统、合理的人力资源规划。

一、人力资源规划的概念

(一)人力资源规划的定义

人力资源规划是指为了实现组织的战略发展目标，根据组织目前的人力发展资源状况，对组织人力资源的需求和供给状况进行合理的分析和预测，并据此制订出相应的计划和方案，确保组织在适当的时间能够获得适当的人员，实现组织人力资源的最佳配置，从而满足组织与个人发展的需要。具体而言，包括以下 6 个方面含义：

1. 一个组织的环境是变化的。企业制定人力资源规划的主要原因是环境的不断变化。企业外部的政治、经济、法律、技术、文化等一系列环境因素一直处于动态的变化中，相应地就会引起企业内部的战略目标不断地变化，从而又会导致人力资源供求随之变化。人力资源规划就是要对这些动态变化进行科学地预测和分析，以确保组织近期、中期和长期对人力资源的需求得到满足。

2. 一个组织应制定必要的有关人力资源的政策和措施以确保组织对人力资源需求的如期实现。政策要正确、明晰，如涉及内部人员的调动补缺、晋升或降职。外部招聘和培训以及奖惩等都要有切实可行的措施保证。

3. 人力资源规划要使组织和个体都得到长期的利益。这是指组织的人力资源规划还要创造良好的条件，充分发挥组织中每个人的主动性和创造性，从而提高工作效率、组织效益，使组织的目标得以实现。与此同时，也要切实关心组织中每个人的物质、精神和业务发展等方面的需求，帮助其在实现组织目标的同时实现个人的目标。

4. 制定人力资源规划的目的是为了实现企业的战略目标，保证企业长期持续地发展。在现代社会中，人力资源是企业最宝贵的资源，拥有充足数量和良好素质的人力资源是企业取得成功的关键。人力资源规划就是对企业的人力资源管理进行统筹安排，从而为企业的发展提供人力保证。

5. 明确企业现有的人力资源状况是制定人力资源规划的基础。为实现企业的战略目标，首先要立足于开发和利用现有的人力资源。因此，企业要从人力资源的数量、质量和结构等各个方面出发，对人力资源现状进行盘点，并运用科学的方法，找出现有人力资源与企业发展的差距，为人力资源规划的制定提供依据。

6. 制定必要的人力资源政策和措施是人力资源规划的主要环节。人力资源规划的制定实质上就是在人力资源供求预测的基础上制定相应的政策和措施，以实现人力资源的供求平衡，确保企业对人力资源需求的顺利实现。

(二)人力资源规划的目标

组织的人力资源规划是能够为组织人事管理工作提供有效指导的一种人事政策，人力资源规划的实质在于通过对组织人力资源的调整和确定，保证组织战略目标的实现。人力资源规划的目标是保证人力资源与未来组织发展各阶段的动态相适应，尽可能有效地配置组织内部的人力资源，使组织在适当的时候得到适当数量、质量和种类的人力资源供应。

1. 在充分利用现有人力资源的情况下，组织要获得和保持一定数量的具备特定技能、知识结构和能力的人员。组织中现有的人力资源在组织中具有不可替代的作用，对这些人员进行规划，使之能够跟上组织不断创新的步伐是人力资源规划的主要工作内容。而具备特定技能、知识结构和能力的人员在组织中更是起到中流砥柱的作用，因此，人力资源规划的工作目标就是要根据组织的需要及时补充与岗位相匹配的人员，为组织进行人才的储备。

2. 预测组织中潜在的过剩人员或人力不足现象。组织拥有的员工过多，并不必然导致经济效益也会越多。相反，人员过多会使组织的管理成本过高，从而减少经营利润。但是如果员工过少，又会由于工作效率不高而满足不了市场工作的需要，就会导致经营收入降低。

德国人力资源专家马克斯在研究中发现：假设一个人有一份业绩，那么并不是人数越多，业绩就会成倍增加。实践中可能会出现的结果是：一个人有一份业绩，两个人的业绩会小于一份业绩，四个人的业绩又会小于三份业绩，到八个人时，这个团队的业绩竟然会小于四份！这似乎也印证了中国那句俗话：一个和尚挑水喝，两个和尚抬水喝，三个和尚没水喝。因此，人力资源规划要对组织中潜在的人员过剩或不足进行合理的预测，避免人员过剩或短缺而造成的损失，既可以降低组织用人成本，又会有助于组织提高经营效益。

3. 建设一支训练有素、运作灵活的劳动力队伍，增强组织适应未知环境的能力。社会环境是动态的，国内经济的增长、停滞或收缩，政府对市场经济宏观调控措施的严厉或放松，都会影响行业的发展；行业的发展态势是继续保持现状还是出现趋缓，或者是竞争更加激烈，会对组织的人力资源供给产生重要的影响，这种影响主要是来自市场对组织产品的需求状况的变化和劳动力市场对组织人力资源供给状况的变化。人力资源规划要求全面考虑相关领域里的各种情形以及可能出现的各种变化，培育一支训练有素、运作灵活的人员队伍，提早做好准备，应对未来环境的变化，使组织在变化中立于不败之地。

4. 减少组织在关键技术环节对外招聘的依赖性。一般来说，组织的技术核心工作环节对掌握关键技术的员工依赖性比较大。科学技术的发展要求员工不断地更新知识、创新技术，组织的人力资源管理部门应当对他们进行不断的、充分的培训，让员工能够掌握最前沿的信息技术，为组织创造最高的工作绩效，而不必依赖于对外招聘获得关键的技术人才。

二、人力资源规划的作用

(一)人力资源规划是组织适应动态发展需要,提高市场竞争力的重要保证

人力资源规划是组织战略规划的核心,必须与企业的经营战略保持一致,为企业的整体战略规划服务。由于组织外部环境的不断变化,组织的战略也会进行相应的调整,从而使企业对人力资源的需求发生变化,这种需求的变化必然导致人力资源供需之间的失衡。因此人力资源规划要求规划主体根据组织的长远发展目标和战略规划的阶段性调整,对人力资源进行动态的统筹规划,预测人力资源的供求差异,努力平衡人力资源的需求与供给,及早制定出应对变化的调整措施,增强企业对环境的适应能力,使企业更富有市场竞争力,及早实现企业的战略目标。人力资源规划对组织战略规划的重要作用如图 2-1 所示。

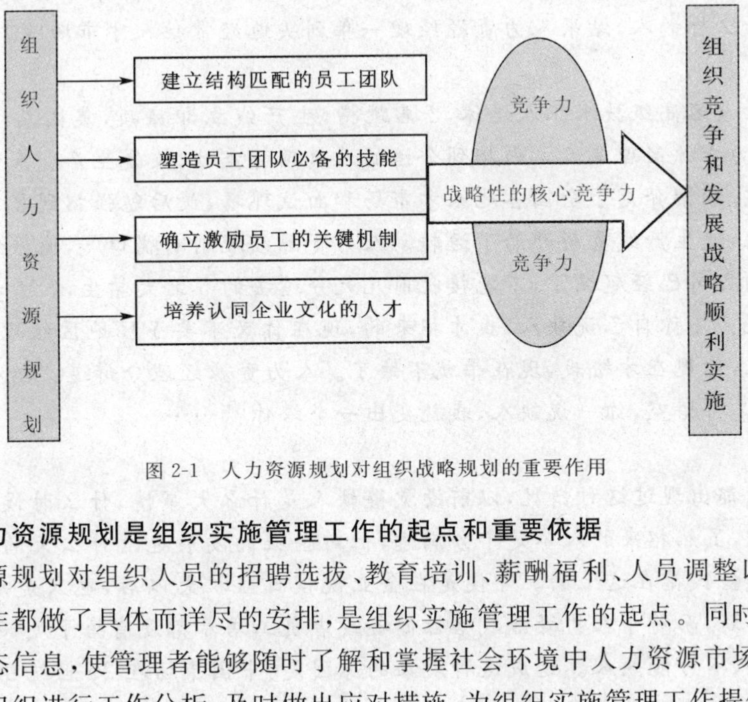

图 2-1　人力资源规划对组织战略规划的重要作用

(二)人力资源规划是组织实施管理工作的起点和重要依据

人力资源规划对组织人员的招聘选拔、教育培训、薪酬福利、人员调整以及人工成本的控制等工作都做了具体而详尽的安排,是组织实施管理工作的起点。同时,还能提供大量的市场动态信息,使管理者能够随时了解和掌握社会环境中人力资源市场的变化状况,有效地帮助组织进行工作分析,及时做出应对措施,为组织实施管理工作提供重要依据。

(三)人力资源规划能够帮助组织科学地控制人工成本

工资是组织人工成本中最大的支出部分。组织不断发展壮大,员工职位不断提升,会使工资越来越高,造成组织的人工成本不断增加。人力资源规划能够科学地预测组织的员工在数量、结构方面的未来变化,并改善组织的人力资源结构,减少不必要的人力资源成本支出,使之更加合理化,达到帮助组织科学地控制人工成本的目的。

(四)人力资源规划有助于调动员工的积极性

组织的员工通过人力资源规划可以了解到组织对各个层次人力资源的未来需求,可以有更多的机会参加培训,提高自身素质和工作胜任力,从而充分调动起员工的工作热情,为自己设计有利于个人发展的道路,能够增加对工作的满意度,在岗位上发挥能动性

和创造性,提高工作质量。

微型案例 >>>

手忙脚乱的人力资源经理

1. 背景

D集团在短短5年之内由一家手工作坊发展成为国内著名的食品制造商,企业最初从来不制订什么计划,缺人了,就跑到人才市场招聘。企业日益正规后,开始每年年初制订计划:收入多少,利润多少,产量多少,员工定编人数多少等,人数少的可以新招聘,人数超编的就要求减人,一般在年初招聘新员工。可是,因为一年中不时地有人升职、有人平调、有人降职、有人辞职,年初又有编制限制不能多招,而且人力资源部也不知道应当招多少人或者招什么样的人,结果人力资源经理一年到头地经常往人才市场跑。

2. 问题

近来由于3名高级技术工人退休,2名跳槽,生产线立即瘫痪,集团总经理召开紧急会议,命令人力资源经理3天之内招到合适的人员顶替空缺,恢复生产。人力资源经理两个晚上没睡觉,频繁奔走于全国各地人才市场和面试现场,最后勉强招到2名已经退休的高级技术工人,使生产线重新开始了运转。人力资源经理刚刚喘口气,地区经理又打电话给他说自己的公司已经超编了,不能接收前几天分过去的5名大学生,人力资源经理不由怒气冲冲地说:"是你自己说缺人,我才招来的,现在你又不要了!"地区经理说:"是啊,我两个月前缺人,你现在才给我,现在早就不缺了。"人力资源经理分辩道:"招人也是需要时间的,我又不是孙悟空,你一说缺人,我就变出一个给你?"……

3. 分析

很多企业都出现过这种情况,以前没觉得缺人是什么大事情,什么时候缺人了,什么时候再去招聘,虽然招来的人不是十分满意,但对企业的发展也没什么大的影响,所以从来没把时间和金钱花在这上面。即使是在企业规模日益扩大以后,也只是每年年初做人力资源定编计划,而对于人力资源战略性储备或者员工培养都没有给予足够的重视,认为中国人多的是,不可能缺人。造成这种现象的原因是:中国市场在20世纪90年代以前处于机会主义时期,企业的成功往往不需要战略,抓机会、抓资源、抢速度、快节奏成为中国企业的制胜之道。中国企业的这种战略无意识状态,使它不需要对组织的人力资源进行长远的规划,即使有战略,竞争战略的模糊性和易变性也使规划无从进行。因此企业并不需要人力资源规划。

4. 结论

随着市场的日益规范,企业的日益壮大,企业出现了发展的瓶颈——缺少人才,想要进一步发展壮大、要长治久安必须依靠源源不断的人才。但是,很多企业仅限于缺人,却不知道为什么缺人,以及如何解决这一问题。有效的人力资源规划就在此时表现出了独特的魅力,能够使企业有效、合理地利用人力资源,确保满足企业在发展过程中对人力资源的需求,同时还有助于调动员工的积极性。

三、人力资源规划的内容

组织的人力资源规划分为两个层次：一个层次是组织的人力资源总体规划，另一个是人力资源的具体规划。

组织的人力资源总体规划是指根据组织的总体战略目标制订的在计划期内人力资源开发与管理的总原则、总方针、总目标、总措施、总预算的安排；人力资源的具体规划是指人力资源各项具体业务规划，是总体规划的展开和时空具体化，每一项具体计划也都是由目标、任务、政策、步骤和预算等部分构成，从不同方面保证人力资源总体规划的实现。人力资源具体规划的内容如表 2-1 所示。

表 2-1　　人力资源具体规划的内容

计划类型	目标	政策	步骤	预算
总规划	总目标（绩效、人力总量、素质、员工满意度等）	基本政策（如扩大、收缩、改革、稳定等）	总体步骤（按年度安排、完善人力信息系统）	总预算 X 万元
人员补充计划	类型、数量对人力结构及绩效的改善等	人员标准 人员来源 起点待遇	拟定标准(X 月) 广告宣传(X 月) 考试(X 月) 录用(X 月)	招聘、甄选费用 X 万元
人员使用计划	部门编制，人力结构优化及绩效改善 职务轮换制度改进	任职条件 职务轮换范围及时间	（略）	按使用规模、类别及人员状况决定的工资、福利预算
人才接替及提升计划	后备人才数量的保持 提高人力结构及绩效目标	选拔标准、资格 试用期 提升比例 提升人员安置	（略）	职务变动引起的工薪变化
教育培训计划	素质及绩效改善培训类型数量 提供新人力转变及作风	培训时间的保证 培训效果的保证（如待遇、考核、使用）	（略）	教育培训总投入脱产损失
评价及激励计划	防止人才流失降低士气水平 绩效改善	激励重点 工资政策 奖励政策 反馈	（略）	增加工资资金额
劳动关系计划	减少非期望离职率 干群关系改进 减少投诉率及不满	参与管理 加强沟通	（略）	法律诉讼费
退休解聘计划	劳务成本降低及生产率提高	退休政策 解聘程序	（略）	安置费人员重置费

第二节 人力资源预测

在组织的人力资源规划中，人力资源预测是比较关键的环节，处于人力资源规划的核心地位，是制订各种战略、计划、方案的基础。组织要想保持竞争力，关键看是否拥有具备竞争力的员工，但是，要想拥有合格的员工队伍，就必须做好人力资源的供求预测工作。

一、人力资源需求预测

(一)人力资源需求预测的含义及特点

1. 人力资源需求预测的含义

人力资源需求预测是指组织的人力资源管理部门根据组织的战略目标、组织结构、工作任务，综合各种因素的影响，对组织未来某一时期所需的人力资源数量、质量和结构进行估算的活动。

2. 人力资源需求预测的特点

(1)科学性。组织的人力资源需求预测是按照科学的程序，运用科学的方法及逻辑推理等手段，对人力资源未来的发展趋势作出科学分析的工作，能够反映出人力资源的发展规律，因而具有科学性。

(2)近似性。由于人力资源需求预测是对组织未来某一时期所需的人力资源数量、质量和结构进行估算的活动，而事物在发展过程中也总会受到各种因素的影响而不断发生变化，因此，该预测只能对未来作出尽可能贴近的描述，人力资源需求预测的结果与未来发生的实际结果存在着一定的偏差，只是极为近似。

(3)局限性。在人力资源需求预测过程中，由于预测对象受到外部各种因素变化的影响而具有不确定性或者随机性，因而会使预测的结果带有一定的局限性，不能表达出人力资源需求发展的完全、真实的面貌和性质。

(二)人力资源需求预测的方法

人力资源需求预测是否科学、合理，关系到组织的人力资源规划能否成功，在制订时要充分考虑组织内外环境的各种因素，根据现有人力资源的状况以及组织的发展目标确定未来所需人员的数量、质量和结构。人力资源需求预测的主要方法如图 2-2 所示。

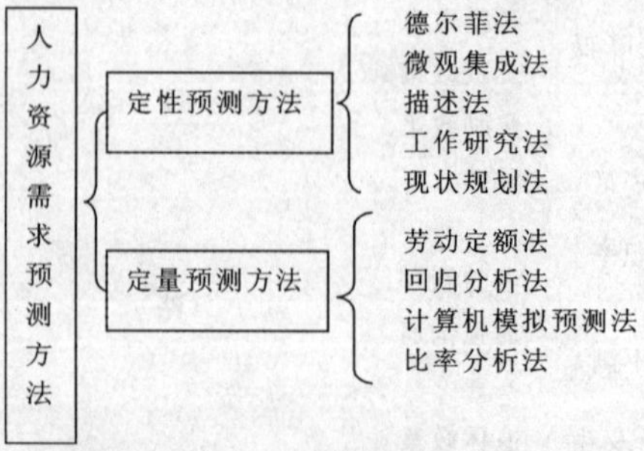

图 2-2 人力资源需求预测方法

1.定性预测方法

(1)德尔菲法。德尔菲(Delphi)法也叫专家预测法或集体预测法,是指收集有关专家对组织某一方面发展的观点或意见并加以整理分析的方法。德尔菲法一般采取问卷调查的方式,通过综合专家们各自的意见来预测组织未来人力资源需求量。专家可以来自组织内部,例如组织的高层管理人员或者各部门具体的管理人员,也可以聘请组织外部的专家。其具体过程可分为以下四个步骤:

第一,预测筹划。即提出预测的目标,确定预测的课题及项目,确定专家组成员的名单,准备相关资料。

第二,专家预测。向专家寄送包含预测问题的表格问卷及有关背景材料,请各位专家以匿名的方式作出判断或预测。

第三,统计反馈。回收专家的问卷答案后,进行统计、分析、归纳,形成第一次预测的结果,并将该结果归纳成新的问题表,分别反馈给专家,再进行第二轮的预测。如此经过两三轮的反复后,专家的意见会基本上趋于一致。

第四,表述结果。在经过了几轮的反复预测后,将最后一轮的反馈结果进行整理,以文字或图表的方式表达出来。

德尔菲法的特点是:吸收专家参与预测,充分利用专家的经验、学识;采用匿名或背靠背的方式,能使每一位专家独立自由地作出自己的判断;预测过程经过几轮反馈,使专家的意见逐渐趋同。由于这种预测方法是在专家不会受到他人干扰的情况下作出的意见,并能够综合考虑社会环境、组织发展战略和人员流动等因素对组织人力资源规划的影响,因此具有很强的操作性,在实践中被广泛地运用到人力资源规划中。但是这种方法也存在着不足之处,其预测结果具有强烈的主观性和模糊性,无法为组织制定准确的人力资源规划政策提供详细可靠的数据信息。

此外,在使用德尔菲法时还应注意以下原则:

第一,挑选有代表性的专家,并且为专家提供充分的信息材料。

第二,所提的问题应当表达准确,不会引发歧义,应当是专家能够回答的问题。在问卷设计时不提无关的问题。

第三,在进行统计分析时,应当视专家的权威性不同而区别对待不同的问题,不能一概而论。

第四,在预测前争取对专家进行必要的培训,使其了解该预测的背景及意义,对预测中涉及的各种概念和指标理解一致,尽量避免专家在预测中出现倾向性选择信息和冒险心理效应。

(2)微观集成法。微观集成法是一种主观预测方法,主要根据有关管理人员的经验,结合本组织的特点,对组织的员工需求加以预测。该方法可采用“自下而上”和“自上而下”两种方式。“自下而上”的方式是从组织中的最低层开始预测人员需求,由组织内各部门的管理者根据本部门的工作负荷及业务发展,对本部门未来某种人员的需求量作出预测,然后向上级主管提出用人要求和建议。组织的人力资源部门根据各部门的需求进行横向和纵向的汇总,再结合组织的经营战略形成总体预测方案;“自上而下”的预测方式则是由组织的决策者先拟定组织的总体用人目标和计划,然后由各级部门再自行确定所需人员计划。

这两种方式还可以结合起来同时运用，即组织先提出员工需求的指导性建议，再由各部门按照建议，逐级下达到基层确定具体用人需求；同时，由人力资源部门汇总后根据组织的战略目标确定总体用人需求，将最后形成的员工需求预测交由组织决策者审批，形成组织的人力资源需求规划方案。此法适用于短期预测和生产情况比较稳定的组织。

(3)描述法。描述法是组织的人力资源部门对组织未来某一时期的战略目标和因素进行假定性描述、分析、综合，预测出人员需求量。此种方法应作出多种备选方案，以便适应组织内部环境或相关因素的变化。

(4)工作研究法。工作研究法是通过工作研究计算完成某项工作或某件产品的工时定额和劳动定额，同时还要考虑预测期内的变动因素，以此来进行组织员工需求预测。即根据具体岗位的工作内容和职责范围，确定适岗人员的工作量，再得出总人数。此法易于实施，适用于结构比较简单、职责比较清晰的组织。

(5)现状规划法。现状规划法是最简单的预测方法，是指在假定组织的生产规模和生产技术不变，且人力资源的配备比例和人员数量完全能够适应预测期内人力资源需求的情况下，对组织人员晋升、降职、退休、辞职、重病等情况的预测。根据历史资料的统计和分析比例，预测上述人员的数量，再调动人员或招聘人员弥补岗位空缺。该方法易于操作，适合组织中短期的人力资源需求预测，适用于特别稳定、技术规模不变的组织。现状规划法的计算公式是：

$$人力资源需求量=退休人员数+辞退、辞职、重病人员数$$

2. 定量预测方法

(1)劳动定额法。劳动定额法是对劳动者在单位时间内应完成的工作量的规定，该方法能够较准确地预测组织人力资源需求量，其公式为：

$$N=W/q(1+R)$$

其中，N 代表人力资源需求总量，W 代表组织计划期内任务总量，q 代表组织定额标准，R 代表计划期劳动生产率变动系数，并且：

$$R=R_1+R_2-R_3$$

其中，R_1 表示组织技术进步引起的劳动生产率提高系数，R_2 表示经验积累导致的生产率提高系数，R_3 表示由劳动者及其他因素引起的生产率降低系数。

(2)回归分析法。回归分析法是采用统计方法预测人力资源需求的一种技术方法。该方法主要是以过去的变化趋势为根据来预测未来变化趋势的一种方法。运用这种方法需要组织大量的历史业务数据，如组织的销售收入、销量、利润、市场占有率等，从这些数据中发现组织中与人力资源的需求量关系最大的因素，分析这一因素随着人员的增减而变化的趋势，以历史数据为基础建立回归方程，计算得出组织在未来一定时期内的人员变化趋势与人数需求量。回归分析法有一元线性回归预测法，也有多元回归预测法，最简单的是一元线性回归法，适合组织人力资源规划中以年为单位预测总量的变化。

(3)计算机模拟预测法。主要是在计算机中运用各种复杂的数学模式，在组织未来外部及内部环境发生动态变化时，对组织人员的数量和配置情况进行模拟测试，从而得出组织未来人员配置的需求量。这种方法是人力资源需求预测方法中最为复杂的一种，相当于在一个虚拟的世界里进行实验，能够综合考虑各种因素对组织人员需求的影响，必将得到广泛的运用。

(4)比率分析法，也叫做转换比率分析法。这种方法是以组织中的关键因素(销售额、关键技能员工)和所需人力资源数量的比率为依据，预测出组织人力资源的需求量；或者通过组织中的关键人员数量预测其他人员如秘书、财务人员和人力资源管理人员的需求量。使用比率分析法的目的是将企业的业务量转换为人力资源的需求，这是一种适合于短期需求预测的方法。以某大学为例，假设在校攻读的研究生数量增加了一个百分点，那么要求教师的数量也要增加一个百分点，而其他职员的数量也应该增加，否则难以保证该大学对研究生学习培养的质量。这实际上是根据组织过去的人力资源需求数量同某影响因素的比率对未来的人事需求进行预测。但是，运用比率分析法要假定组织的劳动生产率是不变的，如果组织的劳动生产率发生变化，那么运用这种方法进行人力资源预测就会缺乏准确性。

(三)人力资源需求预测的程序

人力资源需求预测分为现实人力资源需求预测、未来人力资源需求预测和未来流失人力资源需求预测三部分。具体步骤如下：

1.根据职务分析的结果，确定职务编制和人员配置；

2.进行人力资源盘点，统计出人员的缺编、超编情况，以及是否符合职务资格要求；

3.将上述统计结论与部门管理者进行讨论，修正统计结论，修正后的统计结论即为现实人力资源需求；

4.根据企业发展规划，确定各部门的工作量；

5.根据工作量的增长情况，确定各部门还需增加的职位及人数，并进行汇总统计，该统计结论为未来人力资源需求；

6.对预测期内退休的人员进行统计；

7.根据历史数据，对未来可能发生的离职情况进行预测；

8.将步骤6、7的统计和预测结果进行汇总，得出未来流失人力资源需求；

9.将现实人力资源需求、未来人力资源需求和未来流失人力资源需求汇总，即得企业整体人力资源需求预测。

相关链接

人力资源需求预测的类型

人力资源需求预测的内容及相关工作，常因预测时间的长短而有差异。根据预测时间的长短，可以将预测分为三类：短期预测、中期预测和长期预测。

(1) 短期预测。通常较短时间的人力资源预测(如1年以内)是根据现有的人力资源成本预算而决定的，即在成本预算的基础上，估计现有人力资源的数量、可能的离职人数与补充人员的数量。短期预测或计划受限于调整时间较短(多为半年到两年间),有关新聘员工、培训计划等内容都只能作出局部的或战术性的调整,而很难有根本性的变化。所以,根据短期预测所采用的措施多为外包、加班、新聘、裁员、晋升和调职等。

(2) 中期预测。一般为1年到3年期的需求预测,大多是根据组织的财务计划(未来预算)而定。在这一资源限制条件下,估计可能保持的现有员工以及可完成的对新进(或升迁)员工的培训等内容。中期预测可采用的措施不仅限于局部的调整,也可进行某些战略性的人力资源活动,如长期性的聘用计划、培训计划与改善人员流动性的方案等。

(3) 长期预测。一般是指5年以上的人力资源需求估计。由于时间较长,涉及的不确定因素较多,人力资源规划者在作长期预测时,往往很难客观地分析企业未来所面对的外部环境变化和内部的适应性调整,很难找到较客观的方法,只好采用臆测的分析方式。因此,长期预测的基础通常是公司与未来市场的展望以及预期的技术变革等;预测对象包括未来劳动力市场供求状况以及教育体系的人力资源培训成果。由于规划期较长,一些根本性、全局性的改变可以据此进行,如组织发展、工作内容再设计和管理人员开发计划等。

一般来说,预测期越长,预测的结果就越不可靠。但是,在审慎的规划和各种预测方法的客观运用下,这一预测仍有相当大的参考价值。因而,长期预测多见于大规模的企业组织与政府机构,它可作为人力资源或其他管理政策的依据。

二、人力资源供给预测

(一)人力资源供给预测的含义及内容

1.人力资源供给预测的含义

人力资源供给预测是人力资源规划中的重要核心内容,是指组织运用一定的方法,对组织未来从内部和外部可能获得的人力资源数量、质量和结构进行预测,以满足组织未来发展时期对人员的需求。

2.人力资源供给预测的内容

人力资源供给预测的内容分为组织内部供给预测和组织外部供给预测两个方面。

组织内部供给预测是对组织内部人力资源的开发和使用状况进行分析掌握后,对未来组织内部所能提供的人力资源状况进行的预测。内部供给预测需要考虑的是组织的内部条件,分析组织内部的部门分布、岗位及工种、员工技术水平及知识水平、年龄构成等人力资源状况;了解目前组织内因伤残、死亡、退休等原因造成的员工自然流失情况,预测将来员工因职位升降、岗位调整或员工跳槽等原因导致的流动态势;分析工作条件(如作息制度、轮班制度等)的改变和出勤率的变动对人力资源供给的影响;估计组织目前的人力资源供给情况,掌握组织员工的供给来源和渠道。对这些内部变化作出分析,以便有针对性地采取应对和解决措施。

组织外部供给预测则需要考虑的是组织外部环境的变化,考虑诸多的经济、社会、文化因素对人力资源市场的影响,预测劳动力市场或人才市场对组织员工的供给能力,需要分析国家经济发展的整体状况,掌握国家已出台的相关政策法规、科技的发展情况及人才培养结构的变化,还要分析人口发展趋势、本行业的发展前景,具体分析本地劳动力市场的劳动力结构和模式、组织的聘任条件,了解竞争对手的竞争策略等。

(二)人力资源供给预测的方法

在人力资源供给预测的研究中,人力资源内部供给预测是人力资源规划的核心内容,因此,目前国内外有关人力资源供给预测方法的研究主要定位于组织人力资源内部供给预测上,有关预测方法的研究在不断改进和创新。目前国内外公认的方法主要有德尔菲法、替换单法、马尔柯夫模式、目标规划法。

人力资源供给预测方法也可以分为定性预测法和定量预测法。定性预测法包括德尔菲法和替换单法,定量预测方法包括马尔柯夫模式、目标规划法。

1. 德尔菲法

德尔菲(Delphi)法是一种依靠管理者或专家主观判断的预测方法。在人力资源规划中,此方法既可以用于人力资源需求预测,也同样适用于人力资源供给预测。它具有方便、可信的优点,并且在资料不完备、用其他方法难以完成的情况下能够成功进行预测。关于德尔菲法的过程,可参见人力资源需求预测部分。

2. 替换单法

替换单法也叫做替换图法、接续计划法或人员接替法,是根据组织人力资源的现状分布以及员工潜力评估的情况,对组织实现人力资源的供给和接替。在组织现有人员分布状况、未来理想人员分布和流失率已知的条件下,由空缺的待补充职位的晋升量和人员补充量即可知人力资源供给量。这种方法主要适合于组织中管理人员的供给预测工作,组织内部的人员调动必然会使管理层职位出现空缺,而往往对管理层空缺职位的补充都是从下一级员工中提拔的。因此,在职位空缺前用替换单法制订出人员接续计划,就起到了未雨绸缪的作用。IBM公司、通用汽车公司等大型企业都是采用这种人力资源供给预测方法的。替换单法最早应用于人力资源供给预测,后来也应用于需求预测。

应用此方法时首先要确定需要接续的职位,接着确定可能接替的人选,并对这些人选进行评估,判断其能否达到提升要求,再根据评估结果,对接替的人选进行必要的培训。如图2-3所示,接替王经理的职位的人选有三位,但是根据评估结果显示,只有小张具备了接替的资格和能力,小李还需再培养,并且可以得知小刘不能胜任目前的工作。

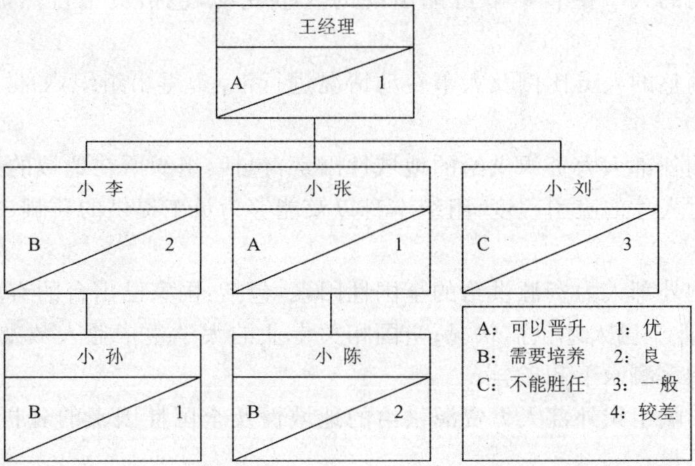

图2-3 某公司的人员接替单

3. 马尔柯夫模式

马尔柯夫(Markov)模式是运用历年数据推算出组织各个工作岗位中人员变动的概率，找出过去人力资源变动的规律，从而推测未来人力资源变动情况的一种方法，其基本假设是组织中员工流动方向与概率基本不变。马尔柯夫模式实际上是通过建立一种转换概率矩阵，运用统计技术预测未来人力资源变化的一种方法，它在假设组织中员工流动的方向与概率基本保持不变的基础上，收集处理大量具体数据，找出组织内部过去人员流动的规律，从而推测出未来组织人力资源的变动趋势。

这种方法目前广泛应用于组织的人力资源供给预测上，可以为组织提供精确的数据信息，有利于作出有效决策。

4. 目标规划法

目标规划法是一种容易理解的、具有高度适应性的预测方法，指出在预定目标下为最大化其所得，是如何进行员工分配的。目标规划法是一种多目标规划技术，其基本思想源于西蒙的目标满意概念，即每一个目标都有一个要达到的标靶或目标值，然后使距离这些目标的偏差最小化。当类似的目标同时存在时，决策者可确定一个应被采用的优先顺序。

上述四种人力资源供给预测方法各有优劣，运用德尔菲法和替换单法简单易行，但是预测结果具有强烈的主观性和模糊性，准确性较差。马尔柯夫模式和目标规划法能够为组织提供精确的数据，准确性高，但是在运用时，必须调配广泛的资源，以找到公式所需的全部参数，因此实时性较差。在实际应用中，组织可以依据自身规模的大小、周围环境的条件以及规划预测重点的不同，选择最适合自己的一种预测方法，亦可将几种预测方法建立一个组合系统进行预测。

(三)人力资源供给预测的程序

人力资源供给预测的程序分为内部供给预测和外部供给预测两方面。具体步骤如下：

1. 进行人力资源盘点，了解组织人力资源分布现状；

2. 根据组织的职务调整政策和历史员工调整数据，统计需要调整的员工比例；

3. 向各部门的人事主管了解可能出现的人事变动，包括员工自然流失和人员流动情况；

4. 将需要调整的人员比例及人事变动情况进行汇总，得出组织内部人力资源供给总量预测；

5. 分析影响外部人力资源供给的地域性因素，包括：组织所在地域的人力资源整体现状、供求现状、对人才的吸引程度；组织本身以及能够为员工提供的薪酬、福利对人才的吸引程度；

6. 分析影响外部人力资源供给的全国性因素，包括：国家已出台的有关就业方面的法规和政策；该行业全国人才供需状况；全国相关专业的大学生毕业人数及分配情况；全国范围从业人员的薪酬水平和差异；

7. 通过对影响组织外部人力资源供给的地域性及全国性因素的分析，预测组织外部人力资源供给总量；

8. 汇总组织内部及外部人力资源供给预测总量，得出组织的人力资源供给预测。

第三节　人力资源规划的制定

在市场竞争日益激烈的今天，人力资源逐渐成为组织最富竞争力的核心要素，人力资源部门在组织中日益彰显出其地位的重要性。其原因在于人力资源规划工作与组织战略发展目标的实现是联系在一起的，为组织发展目标的实现提供人力资源方面的保障，因此组织越来越重视人力资源规划的制定工作，在组织发展过程中的各个阶段制定相应的人力资源规划，以实现该阶段的战略目标。

一、人力资源规划制定的原则

（一）全面性原则

人力资源规划要全面地考虑公司各个部门人力资源情况及人力资源的发展、培训及需求等情况。

（二）客观公正性原则

制定人力资源规划时，对各个部门的实际情况和人力资源情况进行客观和公正的评价和考虑。

（三）协作性原则

制定人力资源规划时需要各个部门密切配合，人力资源部门要协调好与各方部门的关系和工作。

（四）发展性原则

组织在制订人力资源规划时要考虑组织的长远发展方向，以组织获得可持续发展的生命力为目标，协调好各种关系，为组织培养、再造所需人才。

（五）动态性原则

组织的人力资源规划并非一成不变的。当组织的内外部环境发生变化时，组织的战略目标也会随之进行调整，这时人力资源规划也要相应进行修改和完善，保持与组织整体发展状况的动态相适应。

二、人力资源规划制定的程序

人力资源规划的最终目的是通过人员管理获得和保持企业竞争优势的机会。随着组织所处环境、企业战略与战术计划、组织目前的工作结构与员工的工作行为的变化、人力资源规划的目标也不断变化。因此，制定人力资源规划不仅要了解企业现状，更要认清企业的战略目标方向和内外环境的变化趋势；不仅要了解现实的表现，更要认清人力资源的潜力和问题。人力资源规划过程可以分成四个阶段。

（一）调查分析准备阶段

在收集制定人力资源规划所需要的信息时，首先，要把握企业战略目标的宏观环境和行业环境；其次，可以利用企业的人员档案资料来估计目前的人力资源技术、能力、潜力，并分析目前这些人力资源的利用情况；最后，对于外在的人力资源环境，如劳动力市场结构、市场供给与需求状况、人口与教育的社会状况、劳动力择业心理等有影响因素，需要做专门的深入调查分析。需要特别指出的是，在这一阶段，组织内外人员流动的状况需要特别分析。人员流动可分为组织内流动和组织内外流动两大类，其中内外流动包括各种形式的离职、招聘。由于员工离职的不确定性较大，因此离职信息难以把握，这给人力资源供需预测带来了不确定性。

（二）进行供给和需求的预测阶段

这一阶段是人力资源规划中较具技术性的部分。在所搜集的人力资源信息基础上，对人力资源的供给和需求进行预测。预测可采用主观经验判断和各种统计预测模型，并与所实施或假定的人力资源政策相关，它对组织的管理风格和传统往往产生重大影响。

（三）规划的制定和实施阶段

规划的制定与实施紧密相连。通常，企业首先形成人力资源战略，根据人力资源战略制定总体规划，再制定各项具体的业务计划及相应的人事政策，以便各部门贯彻执行。人力资源规划的制定要保持各项计划和政策的一致性，确保通过计划的实施使人力资源战略的目标得以实现。

人力资源规划的方案最终要在方案执行阶段付诸实施。方案执行阶段的关键问题在于，必须要实现既定目标组织保证。除分派负责执行的具体人员外，还要保证实现这些目标所需的必要权力和资源。

（四）规划的评估和反馈阶段

人力资源规划是一个长久持续的动态过程，它具有滚动的性质。组织将人力资源的总规划和各项业务计划付诸实施后，要根据实施结果进行评估，并及时对评估结果进行反馈，以修正人力资源规划。

对人力资源规划的评估与反馈可以采用定期报告执行进展的形式。通过定期的报告和检查，可以确保所有的方案都能够在既定的时间里执行到位，并且方案执行的初期成效与预测的情况是一致的。在有些企业中只重视人力资源规划的制定与实施，而忽视人力资源规划的评估工作，这可能导致人力资源规划流于形式，最终导致战略目标无法实现。对人力资源的实施结果进行评估可以明确规划的有效性，了解问题所在，促使规划更好地落实。

三、建立人力资源管理信息系统

人力资源规划制订完毕后，在实施人力资源规划的时候，就需要建立一个完善的人力资源管理信息系统，有效的人力资源信息管理系统有利于组织更好地制订和执行人力资源规划。本书第十一章将详细讲述人力资源管理信息系统的相关知识。

本章小结

人力资源规划作为一种战略规划，着眼于在组织发展的各个阶段，分析组织在内外环境变化的条件下对人力资源的需求，并运用科学的方法对人力资源需求和供给进行预测，有针对性地制定出与组织发展相适应的人力资源政策和措施，为组织未来的生产经营活动预先准备人力，从而使组织的人力资源供给和需求达到最佳平衡状态。人力资源规划与组织的长期发展战略是密切联系的，因此，人力资源规划是组织整体目标规划的核心要素。

复习思考

1. 人力资源规划的内容有哪些?
2. 什么是人力资源需求预测? 怎样进行人力资源需求预测?
3. 什么是人力资源供给预测? 怎样进行人力资源供给预测?
4. 如何进行科学合理的人力资源规划?

实训设计

1. 实训项目:为某市一家医院预测需要增加的护士人数。

2. 实训目的:掌握人力资源供给预测的方法,并能够熟练地应用。

3. 实训内容:某市一家医院现有病床300个,由于近期住院人数上升,医院现有的病床数量已不能满足病人的需要,因此院领导决定增加病床数150个。通常每个护士平均照顾1.5个床位数,其中由于工作经验积累,护士的平均劳动效率提高系数为10%。请问,如果这样计算,该医院相应的应该增加多少名护士?

4. 实训考核:以小组为单位,分组进行讨论,选择最适合的预测方法,进行计算,对各小组采用的方法及预测结果进行评判。

案例分析

苏澳玻璃公司:经理层人员空缺 人力资源规划解难

近年来苏澳公司常为人员空缺所困扰,特别是经理层次人员的空缺常使得公司陷入被动的局面。苏澳公司最近进行了公司人力资源规划。公司首先由四名人事部的管理人员负责收集和分析目前公司对生产部、市场与销售部、财务部、人事部四个职能部门的管理人员和专业人员的需求情况以及劳动力市场的供给情况,并估计在预测年度,各职能部门内部可能出现的关键职位空缺数量。

上述结果用来作为公司人力资源规划的基础,同时也作为直线管理人员制定行动方案的基础。但是在这四个职能部门里制定和实施行动方案的过程(如决定技术培训方案、实行工作轮换等)是比较复杂的,因为这一过程会涉及不同的部门,需要各部门的通力合作。例如,生产部经理为制定将本部门A员工的工作轮换到市场与销售部的方案,则需要市场与销售部提供合适的职位,人事部作好相应的人事服务(如财务结算、资金调拨等)。职能部门制定和实施行动方案过程的复杂性给人事部门进行人力资源规划也增添了难度,这是因为,有些因素(如职能部门间的合作的可能性与程度)是不可预测的,它们将直接影响到预测结果的准确性。

苏澳公司的四名人事管理人员克服种种困难,对经理层的管理人员的职位空缺作出了较准确的预测,制订出详细的人力资源规划,使得该层次上人员空缺减少了50%,跨地区的人员调动也大大减少。另外,从内部选拔工作任职者人选的时间也减少了50%,并且保证了人选的质量,合格人员的漏选率大大降低,使人员配备过程得到了改进。人力资源规划还使得公司的招聘、培训、员工职业生涯计划与发展等各项业务得到改进，节约了人力成本。

苏澳公司取得上述进步，不仅仅是得益于人力资源规划的制订，还得益于公司对人力资源规划的实施与评价。在每个季度，高层管理人员会同人事咨询专家共同对上述四名人事管理人员的工作进行检查评价。这一过程按照标准方式进行，即这四名人事管理人员均要在以下14个方面作出书面报告：各职能部门现有人员；人员状况；主要职位空缺及候选人；其他职位空缺及候选人；多余人员的数量；自然减员；人员调入；人员调出；内部变动率；招聘人数；劳动力其他来源；工作中的问题与难点；组织问题及其他方面（如预算情况、职业生涯考察、方针政策的贯彻执行等）。同时，他们必须指出上述14个方面与预测（规划）的差距，并讨论可能的纠正措施。通过检查，一般能够对下季度在各职能部门应采取的措施达成一致意见。

在检查结束后，这四名人事管理人员则对他们分管的职能部门进行检查。在此过程中，直线经理重新检查重点工作，并根据需要与人事管理人员共同制定行动方案。当直线经理与人事管理人员发生意见分歧时，往往可通过协商解决。行动方案上报上级主管审批。

（资料来源：www.aq800.com HR资料工具共享中心 along）

案例思考

1. 苏澳公司是怎样解决他们的“困扰”的？

2. 该公司的人力资源规划过程是否合理，如果你作为该公司的人力资源部门经理，你会如何制订人力资源规划以解决公司的困扰？

3. 请评价苏澳公司进行的人力资源规划。

第三章

工作分析与工作设计

学习目标

知识目标

☞正确理解工作分析的基本概念。

☞了解工作分析的流程与内容。

☞掌握工作分析的基本方法。

☞了解工作设计的内容与方法。

技能目标

☞掌握工作分析的内容和方法,能够就某一工作作出正确合理的工作分析。

引导案例 >>>

为什么推卸责任

一名机床操作工,把大量的液体洒在机床周围的地板上。车间主任让他把洒在地板上的液体清理干净,他拒绝执行。理由是工作说明书里没有包括清扫的条文,车间主任顾不得去查找说明书上的条文便找来一名服务工,但服务工同样拒绝,理由是工作说明书没有包括这一类工作。车间主任威胁说要把他解雇,因为服务工是分配到车间来做杂务的临时工,所以服务工勉强同意,但是干完之后立即向公司投诉。有关人员接到投诉后,审阅了三类人员的工作说明书:机床操作工、服务工和勤杂工。机床操作工的工作说明书规定:操作工有责任保持机床的清洁,使之处于可操作状态,但并未提及清扫地板。服务工的工作说明规定:服务工有责任以各种方式协助操作工。如领取原料和工具,随叫随到,即时服务,但也没有包括清扫工作。勤杂工的工作说明书中确实包含各种形式的清扫,但是他的工作是从正常工作下班后开始的。

这个案例说明,如果各岗位的工作职责界定不清,一旦出了问题,则会互相推卸责任。如何解决这些问题呢,我们认为唯一的办法就是进行工作分析。通过工作分析,收集各部门、各岗位的有关工作信息,确定组织中各岗位的工作职责、工作权限、工作关系、工作要求以及任职者的资格,做到人事匹配,事事有人做,而不是人人有事做,这样就可以避免上述事情的发生了。

第一节　工作分析概述

一、工作分析的基本概念

工作分析又称职务分析，是指全面了解、获取与工作有关的详细信息的过程，具体来说，是对组织中的某个特定职务的工作内容和职务规范（任职资格）的描述和研究的过程，即制定职务说明和职务规范的系统过程。

工作分析实际涉及的是两个方面的问题：一是工作本身，即对工作岗位的研究。要研究每一个岗位的设置目的、该岗位所承担的工作职责与工作任务，以及与其他岗位之间的关系等。二是对从事该岗位的作业人员的特征进行研究，即研究其任职资格，研究能胜任该岗位工作并能完成目标的任职者所必须具备的条件与资格。所以，我们认为：工作分析是对组织中某个特定工作职务的目的、任务、职权、隶属关系、工作条件、任职资格等相关信息进行收集与分析，以便对该职务的工作做出明确的规定，并确定完成该工作所需要的行为、条件、人员的过程。工作分析的结果就是要形成工作描述与任职说明。这是人力资源管理与开发中必不可少的环节。

相关链接 >>>

工作分析常用术语

在工作分析中，会涉及一些常用术语，可是这些术语又常被人们混淆，因此掌握和了解这些术语对工作分析是十分必要的。

1. 工作要素

工作要素是指工作中不能再继续分解的最小单位。例如饭店迎宾服务的工作要素是：问好、开门、请客人进来。

2. 任务

在完成某项职责时通常要经过一系列必需的步骤，每一步都有明显的开始和结束，这些步骤就是任务。一般来说，体力活动的任务比脑力活动的任务更容易鉴别。例如，薪酬专员的职责之一“定期进行工资调查”就是由下列任务组成的：(1)设计工资调查表；(2)发给被调查单位；(3)对调查表进行必要的解释和说明；(4)按期收回调查表；(5)进行汇总、整理；(6)写出分析报告。

3. 工作

工作就是组织为达到目标必须完成的若干任务的组合。一项工作可能需要一个人完成，如公司总经理的工作；也可能需要若干人完成，如计算机网络管理工作。

4. 职责

职责是指个体所从事的工作的主要组成部分，它一般由一些相关的任务构成。例如，薪酬专员的职责之一是“定期进行工资调查”。

5. 职位

职位即岗位，是指担负一项或多项责任的一个任职者所对应的位置。一般情况下，有多少个职位就有多少个任职者。例如,经理、秘书、财务总监等。应该注意的是职位是以事为中心而确定的,它强调的是人所担任的岗位,而不是担任这个岗位的人。职位是确定的,而职位的任职者是可以更换的。

6.职务

职务是由一组主要责任相似的职位组成的,也称为工作。在不同的组织中根据不同的工作性质,一种职务可以有一个或多个职位。例如,处长这一职务,在不同的部门都有这个职位。职务具有职务地位和职务位置的双重含义,即在同一职位,职务可以不同,如同是副厂级干部,却分为第一副厂长、第二副厂长等。虽然都是副厂级,但其职务地位却不同。一个职务也可以有多个职位。如办公室需要两个秘书,即一个职务有两个职位或需要更多的人来承担这一工作。而对于科长,则由一人担任,它既表示职位又表示职务。

一般情况下,职务与职位是不加以区别的。但是,职务与职位在内涵上是不同的,职位意味着要承担任务和责任,它是人与事的有机结合体。而职务是指同类职位的集合体,是职位的统称。如行政管理部门的处级干部,职务都是处级干部,但是,职位却相当多。职位又称为编制,所以职位的数量是有限的。一个人担当的职务不是终身制,但对这一职务,他可以是专任,也可以是兼任,可以是常设,也可以是临时的,所以职务是经常变化的。但是职位不随人员的变动而变动,它是相对稳定的。职位可以进行分类,而职务一般不进行分类。

7.职位分类

职位分类是指将所有的岗位(职位),按其业务性质分为若干职组、职系(横向),然后按责任大小、工作的难易程度和技术高低又分为若干个职级、职等,并对每一职位给予准确的定义和描述,制成职务说明书,以此作为对聘用人员管理的依据。

(1)职系。职系是指一些工作性质相同,而责任轻重和困难程度不同的工作。

(2)职组。职组是指工作性质相近的若干职系的总和。

(3)职级。职级是分类结构中最重要的概念,是指将工作内容、难易程度、责任大小、所需资格皆很相似的职位划为同一职级。

(4)职业。职业是一个更广泛的概念,它是指在不同的组织中从事相似活动的一系列职务。职业的概念有较大的时间跨度,处在不同时期,从事相似工作活动的人都可以被认为具有相同的职业。例如,教师、工程师、工人、服务员等都属于职业。

8.职权

职权是指依法赋予的完成特定任务所需要的权力,职责与职权紧密相关。特定的职责要赋予特定的职权,甚至于特定的职责等同于特定的职权。例如,企业的安全检查员对企业的安全检查,这既是他的职责,又是他的职权。

二、工作分析的内容

(一)此项工作做什么

此项工作做什么即从事的工作活动和工作责任。工作活动包括:任职者所要完成的工作活动、任职者的工作活动产出(产品或者服务)、任职者的工作活动标准。工作责任包括:管理责任和非管理责任。

(二)为何要完成此项工作

为何要完成此项工作即该项工作在整个组织中的作用,主要包括工作目的和工作关系。工作的目的是指该项工作为何存在,有何意义。工作关系是指工作指导和被指导的关系以及晋升通道、协作关系和工作中所接触到的部门内外、组织内外的其他资源。工作关系可以分为横向工作关系和纵向工作关系。

(三)工作何时做

工作何时做即该项工作进行的时间安排。主要包括:工作时间安排是否有固定的时间表,工作时间制度是什么,工作活动的频繁程度区分,如每日进行的活动、每周进行的活动、每月进行的活动等等。

(四)工作在哪里做

工作在哪里做即工作进行的环境。主要包括:

1. 工作的自然环境,如室内或室外、温度、湿度、照明度、整洁程度、有无异味、噪音、通风程度、粉尘、日晒、位置高低等。

2. 工作危险性(对身体造成的伤害),如砍伤、摔伤、烧伤、扭伤、对视力或听力的损害、心理压力、职业病等。

3. 工作的社会和心理环境,如工作地点的生活便利程度、与他人交往的程度等。

(五)如何完成工作

如何完成工作即任职者如何进行工作活动以获得预期的工作结果。主要包括:工作活动程序与流程、工作活动涉及的工具与机器设备、工作活动涉及的文件记录、工作中的关键控制点。

(六)完成工作需要哪些条件

完成工作需要哪些条件即完成工作所需要的物质条件和人力资源条件。物质条件是指任职者在完成工作任务的正常情况下,需要使用的工具、仪器和设备,表明工作对操作技能的基本要求。例如,员工是否使用车床、轧边机、钻孔机、电动打火装置等工具,是否具备操作特殊工具、仪器的技能。对任职者的要求包括经验、教育、培训、知识、生理、协调或灵活性、心理能力、智能和社会技能等方面。

三、工作分析的作用与意义

(一)工作分析是人力资源管理科学化的基础

人力资源管理工作过程包括岗位设计、招聘、配置、培训、考核、薪酬等环节,然而每个环节的工作均需要以工作分析为基础。岗位设计要以岗位职责与职务说明书为依据,招聘要以职位说明书为依据,配置要以工作要求为依据,培训要以工作内容和要求为依据,考核要以目标为依据,薪酬要以岗位职责、所需技能及实际贡献为依据。

(二)工作分析是提高现实社会生产力的需要

社会生产能力的提高表现为生产效率与生产质量的提高。提高生产效率与生产质量,关键在于简化工作程序,改进生产工艺,明确工作标准与要求,让每个人从事他们最适合的工作,以达到最好的工作效果。同时,现代生产过程越来越复杂,生产环节越来越多,工艺流程越来越长,企业规模也越来越大,分工越来越细,为了科学地配置与协调不同劳动者的工作,必然要对生产过程分解后的基本单位——岗位,进行科学的分析。

(三)工作分析是企业现代化管理的客观需要

传统管理有值得借鉴的地方,但也有不少弊端。一是凭经验管理;二是重视物力与财力因素，而忽视人力因素的作用；重视现有能力，而忽视对人的潜力的发掘。在现代社会生产中，工作效率与效果的提高越来越依赖于人力因素的作用。因此现代管理的突出特点是强调以人为中心，强调在工作分析的基础上进行工作再设计，为工作者创造和谐的人际关系和组织氛围，创造良好的工作条件与工作环境，控制各种有害因素对人体的危害与影响，保护工作者身心健康，以激发工作者劳动的自觉性、主动性与创造性。

（四）工作分析有助于实行量化管理

现代企业管理实践表明，提高效益既要依靠好的政策，依靠技术进步，更要依靠严格与科学的管理。实行严格而科学的管理，需要一系列的科学标准及量化方法。工作分析通过岗位工作客观数据与主观数据的分析，充分揭示了整个劳动过程的现象与本质的关系，有助于整个企业管理逐步走向标准化、定量化与科学化。

（五）工作分析有助于人员测评、岗位评价与定员定额的科学化、规范化与标准化

人员测评内容的分析、指标体系的制定及标准的确定，如果不是建立在工作分析的基础上，那么很可能是主观的、不科学的。岗位评价活动必须建立在工作分析的基础上。一般来说，工作分析与岗位评价是一体化的，而岗位评价的一切根据都来自于工作分析。定员定额也是以工作分析结果为基础的。一项工作几个人去干，每个人单位时间内该干多少，能干多少，不是凭主观想象确定的，也不是凭感觉去制定的，而是应该深入工作现场进行调查分析。

第二节　工作分析的流程与方法

一、工作分析的流程

工作分析是一个全面的评价过程，是一项技术性很强、复杂而细致的工作。其工作流程主要包括准备、调查、分析和总结完成四个阶段。

（一）准备阶段

准备阶段的主要任务是了解情况，建立联系，规定调查的范围、对象和方法。其步骤如下：

1.确定工作分析的目的与用途，对企业各类职位的现状进行初步了解，掌握各种基础数据和资料。一旦制定了工作分析的目标与用途，便可以决定用哪种方法来收集资料及怎样收集资料。

2.委任适当的人选。负责工作分析的人选必须对企业的组织结构和业务性质有全面的认识，具有分析问题的技巧和能力，有运用文字的能力，并能取得企业领导的信任和全体员工的合作。

3.选择具有代表性的工作加以分析。每个企业的工作种类很多，不能逐一详细分析，只能选择一些具有代表性或不同类型的工作加以分析。

4.与工作分析有关的员工建立良好的人际关系。向员工说明该项工作的目的和意义，使他们对工作分析有良好的心理准备。

5.根据工作分析的任务、程序，分解成若干工作单元和环节，以便逐项完成。

（二）调查阶段

调查阶段的主要任务是根据设计的调查方案对各职位进行认真细致的调查研究。其步骤如下：

1. 编制各种调查问卷和提纲。

2. 在调查中，应灵活地运用访谈、问卷、观察、主题专家会议等方法。

3. 广泛深入地收集有关职位的工作内容。主要应收集以下几个方面的资料：职位名称(或工作名称)、所属部门及主管人员姓名、工作地点(工作单位)、工作概要、任务、机器、工具、设备、工作情况、工作环境、危险因素及安全措施、职责及决策、工作上受何人领导、受何人监督、领导何人、监督何人、担任这项工作所必须具备的学历、工作经验、技能及专业训练等。

(三)分析阶段

分析阶段的主要任务是对有关工作特征和工作人员特征的调查结果进行全面深入的分析。其步骤如下：

1. 整理分析资料。将有关工作性质与功能的调查资料，进行加工整理分析，分门别类，编制工作说明书与工作规范的项目。

2. 核对所得资料。在正式编写工作说明书之前，应先拟出某职位的工作内容，然后将初稿交给有关员工及其主管核对，以确定没有遗漏或错误。

3. 创造性地分析、揭示各职位的主要成分和关键因素。

(四)总结完成阶段

总结完成阶段的主要任务是在深入分析和总结的基础上，编制工作说明书和工作规范。其步骤如下：

1. 召集整个调查中所涉及的基层管理者及任职人员，讨论由工作分析人员制定的工作说明书和工作规范是否完整、准确。

2. 讨论、斟酌工作说明书和工作规范中的每一句话，甚至每一个词语，由工作分析人员记录大家的意见。

3. 根据讨论的结果，最后确定出一份详细的、准确的工作说明书和工作规范。

二、工作分析的方法

要做好工作分析，必须收集有关工作的足够信息。收集信息的方法有多种，最常用的有以下几种：

(一)访谈法

访谈法又称为面谈法，是指工作分析员就某项工作，面对面地询问任职者及其主管以及专家等对工作的意见或看法。此法可以对任职者的工作态度和工作动机等深层次内容进行详细的了解，通过该方法收集的信息不仅是工作分析的基础，而且可以为其他工作分析方法提供资料，是目前在国内企业中运用最广泛、最成熟并且最有效的工作分析方法。

相关链接 >>>

通用的工作分析访谈提纲

一、岗位目标

1. 此岗位的工作目标是什么？

2. 此岗位最终要取得什么结果？

3. 从公司角度看，这个岗位具有什么意义和作用？

二、岗位地位

1. 公司领导对此岗位作用的评价如何？

2. 此岗位直接为哪个部门或个人服务？

3. 哪些岗位与此岗位同属一个部门？

4. 此岗位一年所需的各种经费是多少？

三、内外关系

1. 你依据怎样的原则、规章制度、先例和人事制度办事？

2. 此岗位的行为或决策受哪个部门或岗位的控制？

3. 在公司内，此岗位与哪些部门或岗位有最频繁的工作联系？有哪些联系？

4. 你是否需要经常会见上级商讨或者汇报工作？

5. 通常，你需要与上司讨论什么问题？

6. 你有下属吗？若有，哪些职位由你管辖？有多少？有多少人？分别是谁？

7. 在公司外，此岗位与哪些部门或个人有最频繁的工作联系？有哪些联系？

8. 此岗位需要出差吗？频率如何？经常去哪里出差？为什么出差？

四、工作中的问题

1. 你认为此工作对你最大的挑战是什么？

2. 你对此工作最满意和最不满意的地方分别是什么？

3. 此工作需要解决的关键问题是什么？

4. 你面临的问题是否各不相同？不同之处表现在哪些方面？

5. 处理问题时有无指导或先例可参照？有哪些处理依据？

6. 你在工作中遇到的问题，在多大程度上是可预测的？

7. 你对哪些问题有自主权？

8. 哪些问题你需要提交上级处理？

9. 你是否经常请求上司的帮助，或者上司是否经常检查或指导你的工作？

10. 你的上司如何指导你的工作？

11. 你是否有机会采取新方法解决问题？

五、工作成果

1. 你的工作能够取得什么成果？其中最重要的成果是什么？

2. 通常可以用什么标准衡量你的工作成果？

3. 上司对工作任务的完成情况是否起决定性作用？

六、岗位要求

1. 此岗位要求任职者具备哪些专业技术？请按重要程度列出，并举出工作中的实例来说明。

2. 通过脱产培训还是在职培训来掌握此岗位所需的专业技术？

3. 此岗位要求任职者具备哪些知识？请按重要程度列出，并举出工作中的实例来说明。

4. 此岗位要求任职者具备哪些能力？请按重要程度列出，并举出工作中的实例来说明。

5. 此岗位对任职者的职业道德要求是什么？

(二)问卷法

问卷法是通过让被调查职位的任职者、主管人员及其他相关人员填写调查问卷来获取工作相关信息的方法。问卷法操作程序简单，成本较低，因此大多数组织都采用此方法来收集工作相关信息。

相关链接 >>>

工作分析问卷表

职称： 代号： 职级：

所属部门工作地点：________

工作的一般目标：________

职责摘要：________

详细内容：________

定期性工作：________

非定期性工作：________

通常每天工作时数：________

督导(向谁直接负责)：________

督导者的职位：________

对下属员工的监督：________

设备及物料：________

请指出你所负责的设备与程序：________

请指出你所负责的材料或产品：________

工作环境：________

户外工作：________

需派海外工作：________

工作中容易引致的危险：________

担任此职务所需的资格或条件：________

个人特征：________

教育程度：________

工作经验：________

职业或特殊训练：________

知识技能：________

体力：________

其他：________

填写人姓名：________

日期：________

(三)观察法

观察法是一种传统的工作分析方法，是指工作分析人员直接到工作现场，对某些特定的工作活动进行观察，收集有关工作内容、工作间的相互联系、人与工作的关系以及工作环境、工作条件等方面的信息，并用文字或图表形式记录下来，然后进行分析和归纳总结的方法。观察法主要适用于周期性、重复性较强的工作。

(四)工作日志法

工作日志法要求任职者在一段时间内实时记录自己每天发生的工作，按工作日的时间记录下自己工作的实际内容，形成某一工作岗位一段时间以来发生的工作活动的全景描述，使工作分析员能根据工作日志的内容对工作进行分析。工作日志法的主要用途是作为原始工作信息收集方法，为其他工作分析方法提供信息支持，特别是在缺乏工作文献时，工作日志法的优势尤为明显。

第三节　工作描述和工作规范

一、工作描述

工作描述是对组织所设职位的工作性质、任务、责任、权限、工作目的与结果、工作内容和方法、工作标准与要求、工作应用、工作环境和条件、工作流程和规范以及工作关系等工作特征的书面描述。

(一)工作描述的内容

1. 编写日期

2. 工作名称、编号

说明组织所设置的职位的名称及其编号，如总经理、财务总监、产品经理、行政秘书、销售代表、出纳等职位，并说明该职位所辖、所属的部门及员工数目，以便于对组织内的各种工作进行识别、登记、分类和梳理工作关系。

3. 职责总述

对职位所涉及的工作职责进行概要说明，如企业会计的职责可以表述为：在主管人员监督下，办理基层单位会计工作；遵循国家和企业的各种规章制度、法规以及主管部门(或主管人员)的原则指示编制预算或决算；审核原始凭证，处理账目，核算成本；处理各种数据应准确无误，并按时向有关主管人员呈报会计报表及文字说明等。

4. 工作职责的详细列表

对职位所涉及的工作责任和权限进行具体说明，并包括要参加的主要会议和要归档的报告等。如企业会计的具体工作包括：(1)编制预算、决算；(2)编制会计报表(月份、季度、年度)；(3)填发记账通知单；(4)登记、整理总台账；(5)审核原始凭证；(6)登记成本账；(7)编制传票；(8)账册凭证装订、保管。

5. 工作关系

说明本职位在组织结构图中的正式位置，所受监督，本任职者向谁报告，所施监督，谁向本任职者报告以及在组织内或组织外的主要联系等情况。如某银行信贷员的工作关系为：上级为公司会计主管；下属无；内部联系为公司信贷部的其他员工；外部联系为主要银行客户。

6. 工作条件与环境

工作条件与环境包括物理环境和社会环境两种。物理环境包括工作地点的温度、照明、湿度、噪音、设备、工具、安全条件等；而社会环境说明完成工作所要求的人际交往、客户服务的数量和程度，工作地点所面临的文化设施、社会习俗等。如某银行信贷员的工作条件与环境为：75%以上的时间在室内工作，不受气候影响；工作场所温度与湿度适中，无噪声，无有害气体，无生命及其他伤害危险；只有在信贷调查时才外出；因工作需要配备一台计算机、一部电话及其他办公用品，个人无独立的办公室。

7. 工作时间及工资结构

对职位的工作时间、工作的季节性、工资结构、支付工资的方法、福利待遇等进行说明，如一般在制度时间内工作，无须加班加点，工资为××。

8. 职业流动

说明任职者以后可以胜任的正式位置、晋升机会、进修机会等，如会计员可以晋升为助理会计师。

（二）工作描述和岗位描述的区别

工作描述和岗位描述在某些领域被认为是一致的，但是严格来说，两者存在着一定的差异。岗位描述主要是针对员工的，如技术人员在本岗位所需要的技能、专业知识、如何开展工作等，而工作描述是针对工作的，如某一职位所需要的技能、所承担的责任、工作性质等。

在制作岗位描述和工作描述时，两者的格式是相同的，但所描述的内容和重点则有差别：岗位描述是以职位等级、任务为基础的，而工作描述则是以工作性质、工作内容为基础的。在进行工作分析时，应该对这两个概念加以区别。

微型案例

销售部经理的工作描述

职务名称：销售部经理

职务代号：1137—118

别名：销售部主任、销售部总管、销售部总监。

（1）工作活动和工作程序。通过对下级的管理与监督，实施企业的销售、计划、组织、指导和控制；指导销售部的各种活动；就全面的销售事务向上级管理部门做出报告；根据对销售区域、销售渠道、销售定额、销售目标的批准认可，协调销售分配功能；批准对推销员销售区域的分派；评估销售业务报告；批准各种有助于销售的计划，如培训计划、促销计划等；审查市场分析报告，如确定顾客需求、潜在的消费量、价格一览表、折扣率、竞争活动等，以实现企业的目标；亲自与大客户保持联系；可与其他管理部门合作，建议和批准用于研究和开发工作的预算支出和拨款；可与广告机构就制作销售广告事宜进行谈判，并在广告发布之前对广告素材予以认可；可根据销售需要在本部门内成立相应的正式群体；可根据有关规定建议或实施对本部门员工的奖惩；可以调用小汽车 2 辆、送货车 10 辆、摩托车 10 辆。

(2)工作条件和物理环境。75%以上时间在室内工作，一般不受气候影响，但可能受气温影响；湿度适中，无严重噪音，无个人生命或严重受伤危险，无有毒气体。有外出要求，一年中有 10%～20%工作日出差在外；工作地点在本市。

(3)社会环境。有 1 名副手，销售部工作人员有 25～30 人；直接上级是销售副总经理；需要经常交往的部门是生产部、财务部；可以参加企业家俱乐部、员工乐园等各项活动。

(4)聘用条件。每周工作 40 小时，固定节假日放假；基本工资为每月 2 000 元，职务津贴为每月 500 元，每年完成全年销售指标奖金为 5 000 元，超额完成部分再以千分之一提取奖金；本岗位是企业中层岗位，可晋升为销售副总经理或分厂总经理。每年工作以 4～10月分为忙季，其他时间为闲季；每 3 年有 1 次出国进修机会；每 5 年有 1 次为期 1 个月的公休假期，可报销 15 000 元的旅游费用；公司免费提供市区两室一厅(85 平方米以上)住宅 1 套。

二、工作规范

(一)工作规范的含义

工作规范是指根据工作内容拟定员工资格，列明适合从事该项工作的员工所必须具备的资格条件、个人特质与所受训练，以供招聘使用的规范。应该指出的是，工作规范要说明一项工作对承担这项工作的员工在教育、经验和其他特征方面的最低要求，而不应该是最理想的工作者的形象。工作规范一般由上一级管理者、工作承担者和工作分析人员共同研究制定。

(二)工作规范的内容

1. 工作名称、编号

2. 职责总述

3. 任职资格条件

说明任职者应具备的资格条件，如教育与培训背景、知识、能力、经验等。如某企业会计的任职资格条件为：大学本科会计专业，担任两年以上会计职务，具有实际工作经验；了解国家及地区有关的方针、政策、法令、规定，熟悉企业的会计及审计制度；具有一般的分析、判断、计算、记忆力等。

4. 生理要求

说明本职位对任职者的健康状况、性别、年龄、运动的灵活性、感觉器官的灵敏度等是否有特殊要求，如某公司信贷主管对个人体能的要求为视力、听力良好，有充沛的体力寻访客户，无严重的疾病和传染病等。

5. 心理要求

说明对任职者是否有心理状况的要求，包括观察能力、集中能力、记忆能力、理解能力、学习能力、解决问题能力、创造性、决策能力、特殊能力、性格、气质、兴趣爱好、态度、事业心、合作性、领导能力等。

6. 考核项目和标准

说明任职者的考核项目，例如，对行政秘书工作的考核标准可能涉及速记及打字速度、行文格式规范、语言通顺等打字及写作技能的考核，并制定具体的考核标准。

7. 法律要求及职业传统

某些工作可能面临着法律上的资格要求，如在美国，飞行员必须具备空中运输资格，这就要求具备至少 1 500 小时的飞行经历，在书面和飞行测试中表现出很高的飞行水平，良好的道德品质和 23 岁的最低年龄限制。另外，某些行业还有自己特殊的职业传统，如员工在进入这些行业以前必须经过学徒阶段。

8. 其他补充事项

说明任职者的后备来源、晋升机会等，如某企业秘书职位的主要来源为通过校园招聘方式聘用大学毕业生。

(三)确定工作规范的要求

1. 工作性质

根据工作性质所需要的知识、技能和经验等不同，可分为技术类、行政管理类、专业类，而技术类中又分为工程类、化学类等，在工程类中又可分为电力工程类、机械工程类、土木工程类。根据工作性质，可了解需用人员的来源，处理工作所需要的学识、技能和经验等。

2. 工作繁简难易

根据工作繁简难易程度的高低，可分为若干层次，凡工作越繁而难者，处理工作所需要的知识、技能和经验的水平也就越高；否则相反。

3. 工作责任轻重

根据工作责任轻重程度的高低，也可分为若干层次，凡工作责任越重者，处理工作所需要的学识、技能和经验的水平也就越高；否则相反。

工作规范的格式如表 3-1 所示。

表 3-1　　工作规范示例

职务名称：秘书。
隶　　属：经理。
教育程度：大学本科毕业或同等学力。
专业训练：至少半年的秘书训练，包括打字、速记训练。
技　　巧：双手及手指的正常活动足以胜任对打字机的操作，每分钟打字速度不少于 40 字。
适应能力：必须能适应经常的工作变化，例如打字、草拟文件、接待访客、翻译、整理档案等工作的变换。
判断能力：有足够能力判断访客的重要性、事情的轻重缓急，并决定是否立即呈报上级或延缓为之。
仪表谈吐：必须仪表端正，谈吐文雅。

(四)工作描述和工作规范的编写

工作描述与工作规范两者既相互联系，又存在一定区别。

从编制的直接目的看，工作描述是以“工作”为中心，对职位的工作职责和工作条件进行全面、系统、深入的说明，为企业各项人力资源管理工作提供基本依据；而工作规范是在工作描述的基础上,以工作所需的“特性”为中心,规定某个职位的任职者的胜任资格,为企业员工的招聘、甄选、培训、考核和任用提供标准。

从内容涉及的范围来看,工作规范的内容比较简单,主要涉及人员的任职资格条件等方面的问题;而工作描述的内容要广泛得多,既包括对职位各项工作的性质、特征等方面的说明,又包括对任职者的要求的说明。从这个意义上说,工作规范可以视为工作描述的一个重要组成部分。

在编写工作描述书与工作规范的时候,应注意建立统一规范的格式,语言表述清晰、标准、透彻、具体,尤其是工作职责的表述应避免随意杜撰、过于空泛的表达,以使工作描述书和工作规范清晰明确、简短扼要、使用方便,达到工作分析的目的。

三、工作说明书

工作说明书是以书面叙述的方式来说明工作中需要从事的活动,以及工作中所使用的设备和工作条件的信息,并且说明承担这项工作的员工所必须具有的特定技能、工作知识、能力以及其他身体和个人特征的最低要求。现在人们通常把工作描述和工作规范合成一个文本,即工作说明书。通过工作说明书中的工作说明(描述),一方面可以帮助员工了解工作义务和组织期望,另一方面便于管理者管理,减少了他们在工作要求上与员工的直接冲突。而工作说明书中的工作规范则进一步明确了承担此项工作的员工的任职资格,便于遴选与进一步的培训和开发。

微型案例 >>>

人力资源总监工作说明书

工作名称	人力资源总监	职位代码	15325	所属部门	人力资源部
直接上级	总经理	管辖人数	6	职位等级	4
晋升方向	总经理	轮换岗位		薪资标准	3000～6000
工作职责	1. 全面负责公司的人力资源管理与开发工作 2. 制定公司人力资源管理的战略方针、政策和制度 3. 组织制定本公司人力资源发展的战略规划、长期计划和年度计划 4. 组织拟订公司机构人员编制计划,并监督实施 5. 监督、控制、检查人力资源发展各项计划的实施 6. 组织制定员工招聘、聘任、调动、考核、晋升、奖惩、职务和技术评定等人事管理的方针、政策、规章和标准,并监督执行 7. 定期组织对各级管理人员考评,向公司领导推荐优秀人才 8. 协调和指导本部门和各用人部门的人才招聘、员工培训、绩效考评、薪酬等工作 9. 受理公司各职能部门关于人力资源方面的投诉 10. 计划和审核人力资源管理的成本 11. 及时处理公司管理过程中的重大人事问题 12. 落实执行公司的人事奖惩制度 13. 其他相关工作				

（续表）

工作名称	人力资源总监	职位代码	15325	所属部门	人力资源部
权责范围	1.权力 (1)根据公司业务需要，研究组织职责及权责划分，改进方案 (2)人力资源经费预算及其控制权 (3)经总经理授权后，可独立开展人员招聘、录用及考核等各项工作 (4)根据公司有关规定对员工进行日常考核并提出奖惩意见，经批准后执行奖惩决定 (5)人事任免建议权 (6)代表公司处理劳动争议或参加劳动诉讼 2.责任 (1)对公司人力资源的合理配置负领导和组织责任 (2)对公司人力资源管理制度的建立健全负领导和组织责任 (3)对全员劳动合同制的推行负领导和组织责任 (4)对劳动争议处理负协商处理责任 (5)对人才流失负管理责任 (6)因劳动合同的签订与管理不善，发生劳动争议并给公司造成损失，应负相应的经济责任和行政责任				
工作关系	1.向谁报告工作：总经理 2.监督：各下属部门、各职能部门；指导：各下属部门 3.合作者：各位总监 4.外部关系：与人事、劳动相关的公共关系				
工作环境	办公室，工作环境舒适，无职业病危害				
任职条件	1.学历背景 企业管理学、心理学、人力资源管理专业硕士以上学历或MBA毕业生 2.培训及资历 接受过管理学、心理学、公共关系、社会学、人力资源管理、财务管理、决策学、领导艺术、沟通技巧等方面的培训 3.工作经验 (1)5年以上大中型企业相关工作经验，其中至少3年以上的人力资源管理经验 (2)熟悉现代企业管理模式，具备相关的实践经验 (3)主持过大型公司经营管理或行政管理，具备人力资源工作的规划、建立、实施和管理经验，具备人力资源战略开发经验 4.基本技能和素质 (1)知识素养高，知识面广，知识结构合理 (2)具备现代企业的人力资源管理观念和管理方法 (3)具备较强的领导及管理能力，善于沟通，具备出色的组织协调及分析判断能力 (4)具备较强的观察能力和应变能力 (5)具备较强的人际交往能力，具有亲和力、说服力和洞察力 (6)具有较强的计划、控制能力，精通授权艺术 (7)精通激励艺术 (8)品格高尚，道德素养好 (9)优秀的中英文表达能力 5.个性特征 (1)性格温和，有耐心，主动积极，乐观，乐于助人 (2)忠诚守信，工作严谨、敬业、责任心强，具有团队合作精神 6.体质条件 身体健康，能承受高强度工作，能承受较大精神压力				
相关说明					
编制人员		审核人员		批准人员	
编制日期		审核日期		批准日期	

第四节　工作设计与工作环境优化

一、工作设计

工作分析为我们提供了许多非常有用的信息，这些信息不但能使我们了解目前的工作情况，而且，我们也可以从工作分析的信息中确定目前的工作内容设置是否合理。在一个越来越强调以人为本的时代，人们越来越关注对工作的满意程度，如果员工在工作中不能得到满意，那么我们会从工作分析的信息中找到答案，以便对员工的工作进行调整或重新设计。另一方面，当新的工作产生时同样也需要对工作进行设计，所以工作设计在工作分析当中仍然是非常重要的。

(一)工作设计的概念

工作设计是指为了有效地达到组织的目标，提高工作效率，对工作内容、工作职责、工作关系等方面进行的变革和设计。工作设计主要解决的问题是组织向其员工分配工作任务和职责的方式。工作设计是通过满足员工与工作的需求来提高工作绩效的一种管理方法。因此，工作设计是否得当，对激发员工的工作动机、增强员工的工作满意程度以及提高生产率都有重大的影响。

(二)工作设计的内容

1. 工作内容。工作内容是指工作的范畴，包括工作种类、工作自主性、工作复杂性、工作难度和工作的完整性等。

2. 工作职责。工作职责是指工作本身的描述，包括工作责任、工作权限、工作方法、工作协调和信息沟通等。

3. 工作关系。工作关系是指工作中人与人之间的关系，包括上下级之间的关系、同事之间的关系、个体与群体之间的关系等。

4. 工作结果。工作结果是指工作所提供的产出情况，包括工作产出的数量、质量、效率以及组织根据结果对任职者所做出的奖励等。

5. 工作结果的反馈。工作结果的反馈是指任职者从工作本身所获得的直接反馈以及从上级、下级或同事那里获得的对工作结果的间接反馈等。

6. 任职者的反应。任职者的反应是指任职者对工作本身以及组织对工作结果奖惩的态度，包括工作满意度、出勤率和离职率等。

(三)工作设计的方法

1. 基于工作效率的设计方法：机械型工作设计法

科学管理原理促进了机械型工作设计法的产生，这种方法强调找到一种使效率最大化同时也是最简单的方式来对工作进行组合，通常包括降低工作的复杂程度，尽量让工作简单化。机械型工作设计法强调的是围绕工作任务的专门化、技能简单化以及重复性来进行工作设计，这样有利于减少对能力较强员工的需求，从而不再依赖单个员工，组织可以通过对新员工进行快速的、费用很低的培训来使他们胜任工作。

2.基于工效学思想的设计方法:生物型工作设计法和知觉运动型工作设计法

生物型工作设计法通常用于体力要求比较高的职位,目的是降低某些特定的职位对于体力的要求,从而使得任何人都能够完成这些职位上的工作。该方法还非常关注对机器和技术的再设计,比如通过调整计算机键盘的高度来最大限度地减少职业病。一项研究发现,让员工参与到人类工程学工作再设计活动中的做法,显著降低了累积性精神紊乱发生的次数及其严重程度,减少了生产时间损失以及受限工作日的数量。

生物型工作设计法所注重的是人的身体能力和身体局限,而知觉运动型工作设计法关注的是人的心理能力和心理局限。这种工作设计方法的目的是:确保工作的要求不会超过人的心理能力和心理局限。这种方法通常是通过降低工作对信息加工的要求,来改善工作的可靠性和安全性。

3.基于人际关系理论及工作特征模型理论的设计方法:激励型工作设计法

激励型工作设计法强调通过工作扩大化、工作轮换、工作丰富化、自主性工作团队、工作生活质量等方式来提高工作的积极性。

激励型工作设计法允许任职者在工作时间的安排、工作任务的完成顺序、工作方法、工作程序、质量控制以及其他类型的决策方面拥有自由、独立或者相机行事的权力,能够提高任职者的工作绩效和积极的社会互动,能够为任职者提供学习以及在能力和熟练程度方面成长的机会,使任职者具有多种较高水平的知识、技能和能力。

微型案例 >>>

大型百货商店销售员

为了提高一家大型百货商店销售员的工作积极性,我们可以采取如下方式对销售员的工作进行再设计:

1.技能多样性。要求销售员采用不同的销售方式,新的货品展示方式,记录销售和保存记录的更好方式。

2.任务完整性。要求销售员记录其每天的销售额、销售量或顾客数量,划出个人展示区域并对其负责,且保证展示区域的整洁。

3.任务重要性。向销售员传达:卖出一件产品是商店的整体基本目标;展示区域的形象对销售工作很重要;销售员殷勤和周到的服务有助于建立商店的声誉并为将来的销售打下基础。

4.自主性。鼓励销售员开发和使用他们各自独特的方式和销售风格,选择自己的休息和用餐时间,对所有政策和改革提出建议。

5.反馈。鼓励销售人员保持他们自己的销售记录,保持一个销售/顾客比率;提醒销售人员:与顾客建立良好的关系就是成功,如果潜在顾客带着对商店及其销售人员的好感离开商店,就是销售员的成功。

4.工作设计的综合模式:社会技术系统法

社会技术系统法是20世纪80年代创建的一种工作设计方法,它强调确立工作群体的工作职责并平衡工作的社会和技术部分。社会技术系统是一种工作设计技术,更是一种哲学观念。其核心思想是:如果工作设计要使员工更具生产力而又能满足他们的成就需要,就必须兼顾技术性与社会性,技术性任务的实施始终受到组织文化、员工价值观及其他社会因素的影响。

二、工作环境优化

(一)工作环境

工作设计的综合模式强调管理人员要分析和评价在工作设计、规划发展和贯彻过程中许多变量可能产生的影响,包括组织内外部因素、员工个人特征因素以及工作设计本身需要考虑的因素。管理者必须首先意识到工作设计和再设计是在整个环境中进行的,而非孤立地在真空中进行,不能片面地考虑工作设计这一活动本身的主要因素。

工作设计需要考虑的环境因素可以归结为如下几点:

1. 外部环境因素。包括社会环境、政治环境、经济环境、地理环境、法制环境、教育环境、文化环境等。

2. 组织内部因素。包括组织结构、工作流程、组织文化、制度、政策、技术工艺等。

3. 物理环境。包括工作地点的空气环境、光线环境、声音环境和颜色环境等。

4. 心理环境。包括员工的价值观、成熟度、责任心、归属感、服务精神、团队意识、合作精神、对组织的忠诚度以及接受变革的能力等。

这些综合因素会导致一系列绩效成果的产生,包括生产率、工作效率、工作满意度、积极性、责任感、离职、旷工等。

(二)工作环境优化的具体工作

人对一定的工作环境会产生一定的心理状态,而心理状态决定着工作的竞技状态,并会直接影响到工作效率。因此,在管理工作中,优化工作环境是提高工作效率的前提。

所谓工作环境优化,是指利用现代科学技术,改善工作环境中的各种因素,使之适合于劳动者的生理、心理安全健康,建立起人—机—环境的最优系统。

工作环境优化主要包括以下几个方面:

1. 根据生产工艺要求和人体活动规律组织工作地,确保工作地上的劳动者、劳动工具和劳动对象达到最优结合,这样既方便员工操作、提高工作效率,又保证环境安全和卫生,使员工心情舒畅。

2. 合理配置设备、仪表和操纵仪器,适应人体运动特征等特点,提高工作效率。

3. 合理的照明。要根据工作的性质选择最佳的照明度。

4. 巧用颜色。不同的颜色会产生不同的心理效果。从心理学角度看,办公室宜用冷色,以给人宁静的感觉;而工作场所光照不要过于明亮,也不要把墙壁刷成白色。设计适宜的照明和适度的色彩环境,给人以舒适感,有利于稳定员工心理,促进工作效率的提高。

5. 消除噪音。噪音是我国城市的第二大公害,妨碍人们的学习、工作和休息,因此要尽量减少噪音的产生。此外,要利用背景音乐所产生的一定心理作用影响人的行为,但是在从事复杂的智力工作时则不宜使用。

6. 注意温度的影响。办公室和工作场所的温度要宜人,否则就会对人的心理产生不良的影响。

7. 组织内部的公共关系对工作效率和效果也有很大影响。组织要改善组织内部的公共关系环境，以最小的能耗获取最大的工作效果。改善公共关系的具体方法有：努力提高员工的共同目标与利益的主导意识，创造条件增强集体的“向心力”；协调领导与员工的关系，形成上下一致的精神意志；积极引导员工，形成互相关心、互相爱护的风气；建立健全各项规章制度，以保证组织的正常运行。同时，还要借助于健康的文体娱乐活动积极培养和弘扬先进的意识，以增强全体员工的感情关系、人际关系，以提高组织的竞争力。

创建一个良好的工作环境，除了要改善组织的内部环境外，还必须改善组织的外部环境。因而我们必须认真做好政治、法律、经济及社会文化等环境因素的分析，找出建造良好的组织外部环境的途径，制订有效的人力资源管理的战略规划。

本章小结

现代企业越来越重视“人本管理”，那么在管理实践中体现“人本管理”的思想，在工作中充分发挥人的作用，就是工作分析的主要任务。工作分析不仅是人力资源管理工作的核心，同样也是“人本管理”的基础。工作分析就是要真正落实员工与工作相结合的岗位，要做到这一点，就必须对组织目标、工作职责、员工特性作具体分析，让员工做自己希望做的工作，只有这样才能做到事得其人、人尽其才、人事相宜，才能真正体现“人本管理”。工作分析是对组织中的各个工作的特征、规范、要求、流程以及完成此工作所需要的员工素质、知识、技能等进行描述的过程。工作分析的结果是产生各种工作描述和任职说明。工作设计是指为了有效地达到组织的目标，提高工作效率，对工作内容、工作职责、工作关系等方面进行的变革和设计。工作设计主要解决的问题是组织向其员工分配工作任务和职责的方式。工作设计一般采用四种方法：机械型工作设计法、生物型工作设计法和知觉运动型工作设计法、激励型工作设计法、社会技术系统法。

复习思考

1. 工作分析的含义和意义是什么？

2. 简述工作分析的流程。

3. 工作设计的内容包括哪几个方面？

4. 工作设计的方法有哪些？

实训设计

1. 实训项目：完成工作分析和职位说明书。

2. 实训目的：掌握工作分析的内容和方法，能够就某一工作作出正确合理的工作分析。

3. 实训内容：通过调研，设计人力资源部职员的职位说明书。

4. 实训考核：检查完成该职位说明书。

案例分析

你到底想要什么?

王瑞是一家新开业的电脑公司老总,手下有100多名知识型员工。这一天,王瑞愁眉苦脸地找到他的老朋友——企业咨询专家张朋,诉苦说:“没想到自己办公司这么麻烦。不知为什么,我们总是在节骨眼上发现有些重要的事情没做好,或者根本还没做。事实上,也总是在事后,才发现这些事情本应安排专人具体负责的。公司也有这个条件,因为我们的工作负荷还不是很重,但很多人都在干着不怎么重要的事情。”

张朋给王瑞倒了一杯茶,招呼他坐下,然后试探着问:“是不是你的员工们在国有单位呆惯了、松散惯了,不习惯现在的工作方式,或者缺乏工作主动性。”

“不是!他们都是我的老朋友、老伙计,不存在松散怠慢的问题。这些人综合素质非常高,无论工作能力还是职业道德都没得说。而且,目前他们也很着急。”王瑞的回答很干脆。“那就是你老板的问题啦。为什么不把工作提前安排好呢?”张朋开起老朋友的玩笑来。

“也许吧。但我不可能将太多的精力放在分配任务上,我还有大量其他的事情要做。告诉你吧,我现在真有些焦头烂额了,顾得了这头就顾不了那头。”王瑞显得很是无奈:“哎,你能不能帮我一个忙,帮我整一个东西,把这乱七八糟的局面理顺一下?”

“帮你物色几个高水平的精英人才?”“不!我们的人水平够高的了,2/3都是硕士且出自名校,还有博士。我不缺人才。”一提起员工,王瑞的回答就干脆利索充满自信。

“那你要整个什么东西?”张朋的兴趣上来了。

“你看,我的员工虽然学历高,但都是工科或者计算机出身,懂技术,却不懂管理。怎么着让他们提高一下、规范一下,不仅管好自己的事务,还能从整体上兼顾一下其他。搞清楚每个人应该干什么。或者是……这么说吧”,王瑞用手比划着:“反正是不能再这样有些事没人干,有些人没事干。”

“整份培训计划,把员工们系统地培训一下?”

“不是,他们正分期分批地培训着。我们有很详细、很系统的培训计划。你知道《华为基本法》吧?那么个类似的东西也许行。”王瑞不知道怎么说才好。

“《华为基本法》不是一下子就能出来的,也不是任何人都能出的,再说对你们也不一定合适。”张朋摆出专家的架子。

“知道,我也不一定要那个。我是想要类似的东西。”

“修正规章制度?”

“不是,我们早就有,非常先进。”王瑞摇头。

“业绩考评方法?”“不是。”王瑞继续摇头。

“薪酬计划?”“不是。”王瑞还是摇头。

“你到底是想要什么呢?”张朋有些不耐烦了。

“说实话吧,我也不知道我要的究竟是什么。”

“那你这不是难为我吗?还是有意开玩笑?”张朋又好气又好笑:“自己都不知道要什

么，我怎么帮你呢？”

“真不是开玩笑。要不是这样的难事我找你做什么？拜托，帮帮忙吧。”王瑞特认真。

望着王瑞严肃认真的表情，张朋陷入了沉思。

案例思考

1. 王瑞想要的东西是什么？

2. 王瑞想要的东西有什么作用？

第四章

员工招聘与甄选

学习目标

知识目标

☞了解员工招聘的目的和意义。

☞掌握员工招聘的原则和程序。

☞掌握员工招聘渠道的选择。

☞掌握人员初步筛选的意义和方法。

☞掌握招聘评估的方式与方法。

技能目标

☞能够编制员工招聘过程中的基本文书并设计相关表格。

☞能够利用员工招聘与甄选的相关理论组织模拟面试。

引导案例 >>>

微软:没有最好的人才 只有最适合的人选

比尔·盖茨在创办微软公司的初期才拥有五位年轻的员工,其中包括一位刚大学毕业的女秘书。这些年轻的员工们相互间毫无协作可言,工作氛围非常松散,后勤管理方面更是混乱不堪。

盖茨想到要招聘一位工作热心、事无巨细的总管式女秘书,这样可以使他减少许多不必要的分心。信息发布出去后,有不少人递交了应聘资料,经过考核后,盖茨的手下为他送来了几位过关人选的资料。盖茨看了看,这些资料中无一例外地都拼命抬高和吹嘘着自己,说自己有多年轻、学历有多高、精力有多充沛、经验有多丰富。盖茨对这些应聘资料毫无兴趣,“难道没有比这些更合适的人吗?”盖茨拿起了那叠被筛滤掉的应聘资料,其中有一份资料引起了盖茨的兴趣,上面写着那位应聘者不仅没有什么高学历,而且已经42岁,是4个孩子的母亲,从事过短期的文秘工作,但曾被老板斥为表现不佳,又从事过档案管理和会计员等不少后勤工作,但这些工作都做得不长,后来一直在家里操持家务。盖茨在读完这份应聘资料后觉得眼前一亮,用肯定地口吻对手下的人说:“打电话告诉她,她被录用了!”

盖茨的决定让同事们百思不得其解,为什么要录用这位看上去并不适合做秘书的中年妇女呢?其实,在别人眼里的这些“缺点”,在盖茨看来却正是一种自己公司最缺少和最迫切需要的东西:公司在创业初期,内务管理方面的事正是盖茨所欠缺的,42岁的年龄相比起20多岁的年轻人来说更有稳定性，而多年操持家务的经历正说明她有内务管理的经验，是4个孩子的母亲，心中一定会有异常浓重的家庭观念，这种家庭观念一旦在工作中发挥出来将对公司起到非常重要的作用。从此，这位42岁的中年妇女就成了盖茨的第二任女秘书。

事实证明，盖茨的想法是正确的。这位中年妇女上任后，对于自己这位年仅21岁的董事长开始以一个成熟女性所特有的缜密、细腻与周到展开工作，并且主动向盖茨申请在公司应尽的责任与义务。盖茨有中午到公司然后连续工作到深夜的习惯，于是，照顾盖茨在办公室的起居饮食，就成了她的一项重要工作内容，这使盖茨感到一种母性的关怀与温暖，减少了因为远离家庭而带来的失落和不适感，得以更认真地投入工作。甚至在随盖茨出差到外地时，她也会在行李里面额外放一条毛毯，因为盖茨在睡觉时有一个习惯——往身上扯一条毛毯。

盖茨每次出差时，为了尽可能地避免浪费时间，他总喜欢到最后时刻才开始赶往机场，以至于常常因此而超车和闯红灯。她留意到这点后，又给自己增加了一项新的工作任务：提醒和督促盖茨每次提早15分钟去机场。她把公司看成是一个大家庭，把每一位员工看成是家人，把每一项工作看成是家务，她对公司的任何一件事物都深有情感。盖茨对她大为赞赏和信任，不久之后就升她为公司的后勤分管，担任发放工资、记账、接订单、采购、打印文件等工作。后来盖茨决定将公司迁往西雅图时，她因丈夫有自己的事业而不能随往选择了辞职，虽然辞了职，但她依旧在牵挂着微软以及微软的一切。为了微软公司，她在3年后最终还是说服了丈夫，举家迁到了西雅图，继续为公司的腾飞效力，直到微软帝国的建立。

她就是在微软公司的发展途径中一直起着关键作用的女秘书——露宝。

对于之所以录用这位一没高学历，二没丰富经验、看上去只适合做家务事的露宝当秘书，盖茨曾不止一次地表示："没有最好的人材，只有最适合的人选。"

（资料来源：中国人力资源开发网）

以上案例给我们以这样的启示：现代社会的竞争，归根结底是人才的竞争。现阶段，企业之间的竞争逐渐转向了人力资源的竞争。我们可以看到不管是财力、品牌，还是硬件、质量、服务等方面相同的企业越来越多，但是正是因为不同的人力资源状况，不同的管理风格等因素造成目前企业的绩效差异。招聘工作是现代企业人力资源管理过程的一项重要的、具体的、经常性的工作，它直接关系到企业各级人员的质量和企业各项工作的顺利开展。招聘的目标就是成功地选拔和录用企业所需的人才，核心是实现招聘员工与待聘岗位的有效匹配。这种匹配要求将个人特征和工作岗位的特征有机地结合起来，从而获得理想的人力资源管理结果。因此，在进行人员甄选时，首要遵循的原则就是匹配原则，即"不选最好的，只选最适合的"。这种匹配主要体现在两个方面，一是岗位要求与个人素质的匹配，二是工作报酬与个人动力的匹配。只有这样，员工才可能积极地充分发挥其主观能动性，也只有这样才能够将合适的求职者吸引过来，实现招聘的目标。

第一节 员工招聘概述

员工招聘就是通过各种信息途径寻找和确定工作候选人，以充足的数量和可靠的质量来满足企业(或组织)的人力资源需求的过程。它是人力资源管理的首要环节,是实现人力资源管理的有效保证。

一、员工招聘的目的和意义

(一)员工招聘的目的

员工招聘的目的是为了及时满足企业发展的需要,弥补岗位的空缺,因此招聘的最直接目的是获得企业所需要的人,除此之外,招聘还有降低招聘成本、规范招聘行为和确保人员质量等其他目的。

(二)员工招聘的意义

1.改善企业的人力资源结构和质量

员工招聘以企业战略目标和战略计划为基础,根据人力资源计划确定人员需求数量和根据工作分析确定所需的人员的质量,然后在一定的时间和地点招聘所需要的员工,进而通过有目的、有计划地录用工作人员,从而改善企业人力资源在年龄、知识、能力等方面的结构和人力资源的总体质量。

2.激发员工工作的主动性

员工招聘为员工提供了公平竞争上岗的机会,从而激发每个员工充分发挥自己的主动性和能力,以在公平竞争中取胜,因而成功的招聘使组织外的劳动力能更多地了解组织,然后结合自己的能力和发展目标决定自己是否加入组织与组织共同发展。

3.使得企业的知名度得到扩大

招聘过程也是企业向外界宣传企业自身的过程,企业通过招聘活动向市场发布企业持续增长的信息,通过有计划的、规范的招聘程序,企业还可以向外部人士发布企业总体人力资源管理规范,以及组织文化良好的信息。有研究表明,公司招聘过程的质量高低明显地影响应聘者对企业的看法和招聘人员的素质。

二、员工招聘的原则

(一)效率优先原则

不管组织采用何种方法招聘,都是要支付费用的,这就是招聘成本,主要包括招募广告的费用,对应聘者进行审查、评价和考核的费用等。一个好的招聘系统,表现在效益上就是用最少的招聘成本获得适合职位的最佳人选的过程,符合效率优先原则,极力争取以尽可能少的招聘费用,录用到高素质、适应组织需要的人员。

(二)双向选择原则

双向选择是市场上人力资源配置的基本原则。它指用人单位根据自身的发展需要自主选择人员,同时劳动者又可根据自身的能力和意愿,结合市场劳动力供给状况自主选择职业,即单位自主选择人,劳动者自主选择工作。

招聘中的双向选择原则一方面能使单位不断提高效益,改善自身形象,增强自身吸引力;另一方面,还能使劳动者为了获得理想的职业,努力提高自己的科学文化知识、技术业务等方面的素质,在招聘竞争中取胜。

(三)公平公正原则

员工招聘必须遵循国家的法令、法规和政策,面向全社会公开招聘条件,对应聘者进行全面的考核，公开考核的结果，通过竞争择优录用。这种公平公正的原则是保证单位招聘到高素质人员和实现招聘活动高效率的基础。

所以，在员工招聘过程中，要努力做到公正，不仅要铲除偏见，掌握所需的完整、真实的信息，还必须遵守法律。比如，《劳动法》中规定，劳动者就业，不因民族、种族、性别、宗教信仰不同而受歧视等。

(四)科学合理原则

招聘的最终目的是每个岗位上用的都是最合适的人员，达到组织整体效益的最优化。所以在选聘人员时必须根据单位的人力资源规划的用人需求以及工作分析得出的任职资格要求，制定一套科学而实用的操作程序，使招聘工作有条不紊地进行，保证为企业挑选出高质量的合格人选。并坚持能位相配和群体相容的原则，就是要根据单位中各个职务岗位的性质选聘相关的人员，而且要求工作群体内部保持高度的相容度，形成群体成员之间心理素质差异的互补关系，形成群体优势。

(五)符合国家相关法规原则

招聘活动作为企业人力资源管理活动的一个重要环节，其活动必须遵循国家和地方相关的法律法规。《中华人民共和国劳动法》以及相关法律法规对我国劳动用工有明确的规定，用人企业在招聘工作中要严格遵守。否则，轻则影响企业的声誉，重则受到相关法律法规的制裁和处罚，给企业造成损失。开展招聘活动尤其要注意以下方面，如在招聘中坚持平等就业、双向选择、公平竞争；特殊群体特殊照顾；不得存在种族、民族、性别、宗教等方面的歧视；禁止录用未成年人等。

三、员工招聘的程序

员工招聘的程序包括招聘计划的制订与审批、招聘信息发布与广告设计、应聘人员的接待与甄选、人员录用与效果评估等。

(一)招聘计划的制订与审批

招聘计划是招聘的主要依据，制订招聘计划的目的在于使招聘更趋合理化、科学化。

招聘计划是用人部门根据部门的发展需要，按照人力资源规划的人力净需求、工作说明的具体要求，对招聘的岗位、人员数量、时间限制等因素作出详细的计划。招聘计划的大体内容包括：(1)招聘的岗位、人员需求量、每个岗位的具体要求；(2)招聘信息发布的时间、方式、渠道与范围；(3)招聘对象的来源与范围；(4)招聘方法；(5)招聘测试的实施部门；(6)招聘预算；(7)招聘结束时间与新员工到位时间。

操作范例

招聘计划

一、招聘目标(人员需求)

职务名称	人员数量	其他要求
软件工程师	5	本科以上学历，35岁以下
销售代表	3	本科以上学历，相关工作经验3年以上
行政文员	1	专科以上学历，女性，30岁以下

二、信息发布时间和渠道

1.××日报	1月18日
2.××招聘网站	1月18日

三、招聘小组成员名单

组长：王岗成（人力资源部经理，对招聘活动全面负责）

成员：赵　刚（人力资源部薪酬专员，具体负责应聘人员接待、应聘资料整理）

刘若英（人力资源部招聘专员，具体负责招聘信息发布，面试、笔试安排）

四、选拔方案及时间安排

1.软件工程师

资料筛选	开发部经理	截止1月25日
初试（面试）	开发部经理	截止1月27日
复试（笔试）	开发部命题小组	截止1月29日

2.销售代表

资料筛选	销售部经理	截止1月25日
初试（面试）	销售部经理	截止1月27日
复试（面试）	销售副总	截止1月29日

3.行政文员

资料筛选	行政部经理	截止1月25日
面试	行政部经理	截止1月27日

五、新员工的上岗时间

预计在2月1日左右

六、费用招聘预算

1.××日报广告刊登费	4000元
2.××招聘网站信息刊登费	800元
	合计：4800元

七、招聘工作时间表

1月11日：起草招聘广告

1月12日～1月13日：进行招聘广告版面设计

1月14日：与报社、网站进行联系

1月18日：报社、网站刊登广告

1月19日～1月25日：接待应聘者、整理应聘资料、对资料进行筛选

1月26日：通知应聘者面试

1月27日：进行面试

1月29日：进行软件工程师笔试（复试）、销售代表面试（复试）

1月30日：向通过复试的人员通知录用信息

2月1日：新员工上班

人力资源部

××年×月×日

（资料来源：某企业内部资料）

招聘计划由用人部门制订，然后由人力资源部门对它进行复核，特别是要对人员需求量、费用等项目进行严格复查，签署意见后交上级主管领导审批。

(二)招聘信息发布与广告设计

企业在作出招聘计划后，就可发布招聘信息。发布招聘信息的时间、方式、渠道与范围都是根据招聘计划确定的。由于所需招聘的岗位、数量、任职者要求的不同，招聘对象的来源与范围不同，以及新员工到岗的时间不同和招聘预算的限制，发布信息的过程也有所不同。

1. 招聘信息发布的原则

(1)及时原则。使招聘信息尽早地向人们发布，这样有利于使更多的人获取信息，使应聘人数增加。

(2)面广原则。使接收到该信息的人增加，应聘的人也越多，这样可能招聘到合适人选的概率越大。

(3)层次原则。要求招聘时要根据招聘岗位的特点，向特定层次的人员发布招聘信息。

2. 招聘信息发布的渠道

对企业而言，招聘信息发布渠道的选择也是很重要的。发布招聘信息的渠道很多，主要包括报纸、杂志、广播电视、互联网等。

(1)报纸。报纸发行量大，能够迅速将信息传达给读者，同时广告的大小可以灵活选择，但阅读对象较杂，很多读者并不是所要寻找的岗位候选人，保留的时间也较短，同时报纸的纸质和印刷质量可能会对广告设计造成限制。因此，一般情况下，报纸招聘广告比较适合于在某个特定地区的招聘、适合候选人数量较大的岗位、适合流失率较高的行业或职业。

(2)杂志。杂志接触目标群体的概率比较大，便于保存，纸质和印刷质量比报纸好，但广告的预约期较长，申请岗位的期限也会比较长，同时发行的地域能比较分散。因此，在一般情况下，杂志招聘广告比较适合于岗位候选人相对集中在某个专业领域内的情况、适合空缺岗位并非迫切需要补充且地区分布较广的情况。

(3)广播电视。广播电视可能产生有较强冲击力的视听效果，容易给人留下深刻的印象，但广告的时间较短，且不便保留，费用一般也比较高。因此，一般情况下，广播电视招聘广告比较适合于当单位迅速扩大影响、需要招聘大量人员时，以及用于引起求职者关注、将单位形象的宣传与员工招聘同时进行的情况。

(4)互联网。近年来随着计算机通信技术的发展和劳动力市场发展的需要，很多企业选择通过互联网来发布招聘信息。由于这种方法具有信息传播范围广、速度快、成本低、时间周期长、联系快捷方便等优点，且不受时间、地域的限制，因而被广泛采用。

(5)其他印刷品。海报、公告、招贴、传单、宣传旗帜、小册子、直接邮寄等都是在特殊场合有特殊效果的方法。

招聘信息发布的渠道各有利弊，单位在选择时，要综合考虑空缺岗位、广告价格、潜在应聘者所在的地域、工作特性等因素。

3. 招聘广告的设计

提高招聘广告的成功率对企业节省招聘成本大有益处，一份好的招聘广告至少要达到两个目的：一是吸引人才；二是宣传企业价值观与形象。所以撰写与发布招聘广告应当紧紧围绕这两个目的进行。招聘广告的设计应符合四个要求，即引起读者注意、激发读者兴趣、产生求职愿望、采取求职行动。一般来说，招聘广告的内容包括：单位情况简介、岗位情况介绍、岗位任职资格要求、相应的人力资源政策、应聘者的准备工作、招聘者的联系方式等。

操作范例 >>>

××有限公司诚聘

××有限公司是一家2006年7月新组建的网络游戏公司，是北京市海淀区高新技术型企业；公司拥有雄厚的资金支持以及强大的本土网络游戏产品自主研发和运营能力，坚持一切以用户需求为导向，致力于为广大中国互联网用户提供高质量的数字互动娱乐体验。

公司主要经营网络游戏产品的研发、运营、游戏项目合作、游戏项目投资以及其他互联网产品的运作等。公司秉持“以人为本”的组织文化，努力为员工提供自由活泼、富有创造力的工作氛围以及广阔的发展空间，并提供富有竞争力的薪酬待遇。

现因公司发展需要，面向社会诚聘各路精英加盟。你的创意，就是我们的动力！

职位名称：服务器逻辑程序员

招聘人数：2名

职责与要求：

1. 精通C++编程，大专以上学历，有2年以上的C++工作经验；
2. 熟悉SQLserver 2000；
3. 熟悉winsock编程，对IOCP熟悉；
4. 有一年以上的服务器逻辑编程经验；
5. 精通多线程编程，有良好的算法和数学基础；
6. 工作认真负责(对ACE熟悉的优先)。

注：

1. 应聘以上人员请将个人简历、技术状况、联络方式、薪资需求、QQ或者MSN发至job@sntaro.com。如符合要求公司将通知面试，不符合要求和内容不全的资料则不予通知并保密提交之资料输入公司人才库。才能卓越者条件可适当放宽。

2. 如果以E-mail方式申请，应聘者务必请在邮件标题中注明所要申请的职位，格式为：“您的姓名+应聘+具体职位”，例如：“张某 应聘 3D美术设计师”。

3. 您也可以通过邮寄方式递交简历，但请在信封右上角注明应聘职位。

公司地址：北京市海淀区中关村东路××号××大厦××室 邮编：100000

收件人：人力资源部　联系电话：010—××××××××　联系人：丁小姐

(资料来源：某企业内部资料)

(三)应聘人员的接待与甄选

在接待应聘者时，一方面招聘企业应为应聘人员提供应聘申请表；另一方面应聘者应向招聘企业提供个人资料。

1. 应聘申请表

应聘申请表是应聘者提供履历和资料的基本形式，是企业人员进行初步挑选时不可缺少的一种工具，它一般由招聘单位的人力资源部门设计，应聘者在求职时填写。

一般来说，应聘申请表的内容要根据工作说明书来设计，每个栏目均有一定的目的。不管何种形式的应聘申请表都应反映出以下的信息：应聘者个人的基本信息、应聘者受教育程度、应聘者过去的工作经验及业绩、能力特长、职业兴趣等。

相关链接 >>>

表 4-1　　××企业员工应聘申请表

填表日期：　　年　　月　　日

请您如实填写以下项目：我公司郑重申明：绝不会向第三者泄露您的信息						照片
姓名		性别		出生年月		
民族		婚姻状况		政治面貌		
身份证号码				籍贯		
文化程度			所学专业		技术职称	
毕业学校				毕业时间		
家庭住址						
通讯地址				邮编		
户口所在地				联系电话		
档案所在地				档案是否能够调入		
现工作单位				目前收入		
现任职务				专业工龄		
学习及培训情况						
由年月	至年月	学时	学习及培训单位	学习及培训内容	结果	
工作简历						
由年月	至年月	在何单位何部门		从事何种工作		任何职
应聘岗位				预计到岗时间		

2. 公司简介

公司简介亦称公司概览或公司工作预览。从广义上说，它是企业为了使社会公众了解自己的经营理念、服务宗旨、营业范围、内部组织、历史以及未来发展，专门设计编制的图文并茂的公关文件。从企业人力资源管理的角度看，对这一文件经过必要的修改调整之后，在企业人员的招募中，它可成为能使应聘者全面了解企业及其应聘岗位的不可或缺的重要资料。

在企业员工招聘活动中，公司和应聘者之间是双向选择的关系，公司希望了解应聘者的相关信息，以判断其是否适合本公司的招聘需求，同时，应聘者也希望获得公司全面、真实、客观的资料，作出自己正确的职业生涯选择。因此，企业为了吸引应聘者，向应聘人员乃至全社会树立企业的良好形象，应当对本公司以及工作岗位的基本情况作出全面的介绍，公司不应该只显露其强势的一面，而应该客观全面地介绍公司现在和未来的整体信息，让应聘者了解公司的真实情况。

现在，国内外很多大中型公司，为了扩大自己在公众中的影响力，对公司简介进行了精心设计，并采用小册子、录像带、光盘、广告牌等多种形式，借助各种宣传手段，进行广泛的传播。在企业进行人员招募时，为应聘者提供一份翔实的公司简介，不但为应聘者了解应聘单位的情况带来了便利，也为企业员工招聘活动的顺利开展创造了条件。

甄选阶段实质是在招聘当中对职务申请人的选拔过程，具体又包括如下环节：审查申请表——初筛——与初筛者面谈、测验——第二次筛选——被选中者与主管经理或高级行政管理人员面谈——确定最后合格人选——通知合格人选者做健康检查。此阶段具体操作在第二节中详细介绍。

(四)人员录用与效果评估

在经过初筛、面谈、测验等甄选程序后，便进入人员征选录用的决定阶段。这一阶段的主要任务是对求职者个人信息进行综合分析和评价并作出录用决策，录用决策可采取以下方式进行：

1. 召集数据资料综合研究会议。这种会议通常名为“人事测评小组会”，原则上要求承担收集有关求职者信息的所有人员都出席会议。与会人员通过讨论，对每个求职者在每一目标维度的行为表现得出一致的评价意见；将对每位求职者的综合评价结果与特定的工作要求或录用标准相比较，作出最后的录用决策。

2. 综合评价表。为提高决策效率，可先设计一张评价表，表中罗列某一岗位的所有目标维度，供参加不同征选程度的评价员打分，然后在人事评价会上集中讨论，得出综合评分。综合评分不是平均分，而是经过讨论，依据最有力的行为事例所得出的评价。一旦对每位求职者的各个目标维度都得出综合评价，便可进行最后的比较分析，作出最后决定。

效果评估是招聘活动的最后阶段，这一阶段主要是对招聘活动作总结和评估，并将有关资料整理归档。招聘评估中用到的评估指标包括招聘成本的评估指标和录用人员的评估指标。招聘成本评估使招聘人员清楚知道费用的支出情况，有利于降低今后招聘的费用。招聘评估通过对录用员工的绩效、实际能力、工作潜力的评估即通过录用员工的数量和质量评估，检验招聘工作与方法的有效性，有利于招聘方法的改进。

四、员工招聘的渠道

员工招聘渠道分为外部招聘与内部招聘。外部渠道包括应聘者自荐、员工推荐、广告招聘、猎头公司、就业机构、校园招聘、招聘洽谈会、人才交流中心等；内部招聘则主要包括员工晋升、工作调换、工作轮换与内部人员重新聘用等方面。外部招聘与内部招聘对企业来说各有利弊，二者的比较见表 4-2。

表 4-2　　内部招聘渠道和外部招聘渠道的比较

优缺点 渠道类型	优点	缺点
内部渠道	1. 准确性高； 2. 适应性强； 3. 激励性强； 4. 费用较低。	1. 容易造成“近亲繁殖”； 2. 提升的数量有限，容易挫伤没有提升的人的积极性； 3. 容易引起内部矛盾。
外部渠道	1. 较广泛的人才来源；有利于招到一流的人才； 2. 给组织带来新思想，新方法； 3. 树立形象的作用。	1. 筛选难度大、时间长； 2. 进入角色慢； 3. 招聘成本大； 4. 决策风险大。

常用的员工招聘外部渠道有以下几种：

1. 人才交流中心

在全国的各大中城市，一般都有人才交流服务机构。这些机构常年为企事业用人单位服务。他们一般建有人才资料库，用人单位可以很方便地在资料库中查询条件基本相符的人员资料。通过人才交流中心选择人员，有针对性强、费用低廉等优点，但对于如计算机、通信等热门人才或高级人才的选择效果不太理想。

2. 招聘洽谈会

人才交流中心或其他人才机构每年都要举办多场人才招聘洽谈会。在洽谈会中，用人企业和应聘者可以直接进行接洽和交流，节省了企业和应聘者的时间。随着人才交流市场的日益完善，洽谈会呈现出向专业方向发展的趋势。比如有中高级人才洽谈会、应届生双向选择会、信息技术人才交流会等等。洽谈会由于应聘者集中，企业的选择余地较大，但招聘高级人才还是较为困难。通过参加招聘洽谈会，企业招聘人员不仅可以了解当地人力资源的素质和走向，还可以了解同行业其他企业的人事政策和人力需求情况。

3. 校园招聘

校园招聘通常是指企业直接从应届毕业生中招聘所需的人才。一直以来，愿意将校园招聘作为企业重要招募方式之一的企业，均是一些比较成熟的大型企业，如宝洁、摩托罗拉、联想、中国电信等，这些公司一般都有完整的培训体系和员工发展规划，并有着强势的组织文化，因而对可塑性强的大学生情有独钟。

相关链接

常见的校园招聘模式

一、直接到相关学校的院系招人

此种方式是最早使用的校园招聘方式之一，主要适合对人才专业性要求非常高的企业。这种方式一来很有针对性，大大减小了招聘范围，例如企业只选择某些著名高校发布招聘信息；二来也节省了大量的招聘费用。

二、参加学校举办的专场人才招聘会

每年，很多高校都会举办各种专业的专场人才招聘会，比如IT专场、经济专场、营销专场等等。

三、通过公司网站和招聘网站发布信息

近年来这样的校园招聘模式也被越来越多的企业所青睐，一些大公司往往在每年的9月中旬就在自己的网站上发布校园招聘信息，比如联想和明基公司，他们每年的动作都很迅速，一到校园招聘的旺季，公司网站的访问量明显增多，学生们也认可了这种形式。

四、通过学校学生会和校园BBS展开招聘

这样的招聘方式很直接，也比较简单，更不需要什么费用，往往通过学生们之间的口碑相传达到扩散信息的目的。

五、将校园招聘工作外包给专业的人才服务机构

校园招聘所涉及的繁重工作使许多企业更倾向于将此工作外包给专业的人才服务机构。而越来越多的事实表明，这种方式已经成为一种趋势。

（资料来源：中国人力资源开发网）

4. 员工推荐

员工推荐对招聘专业人才比较有效。员工推荐的优点是招聘成本小、应聘人员素质高、可靠性高。据了解，美国微软公司40%的员工都是通过员工推荐方式获得的。为了鼓励员工积极推荐，企业可以设立一些奖金，用来奖励那些为公司推荐优秀人才的员工。

5. 人才猎取

对于高级人才和尖端人才，用传统的渠道往往很难获取，但这类人才对公司的作用却是非常重大的。通过人才猎取的方式可能会更加有效。人才猎取需要付出较高的招聘成本，一般委托“猎头”公司的专业人员来进行，费用原则上是被猎取人才年薪的百分之三十。目前在北京、上海和沿海地区“猎头”公司较为普遍。

6. 网络招聘

网络招聘是企业通过企业主页或通过专业的招聘网站，在网上发布招聘信息并完成招聘或完成招聘部分工作的过程。该种招聘渠道具有其他渠道所不具备的优点，它能够不受时间和地域的限制，以较低的成本、较快的速度使企业获得大量求职者的信息。这种基于互联网技术下新的招聘方式日益受到企业的青睐。

五、招聘中的职责分工

一般来说，招聘组成员应包括企业人力资源部门的人员和用人部门的主管，也可以包括招聘的工作岗位的同事和下属。人力资源部门和用人部门的共同目标是找到满足企业需要的人才，但在具体的招聘工作中不同部门所履行的职责是不同的，具体工作内容自然就会有所分工与侧重。具体如表4-3所示。

表 4-3　　用人部门与人力资源部门工作职责分工表

用人部门	人力资源部门
1.招聘计划的制订与审批； 3.招聘岗位的工作说明书及录用标准的提出； 5.初选应聘者，确定参加面试的人员名单； 7.负责面试、考试工作； 9.录用人员的名单、工作安排及试用期间待遇的确定； 12.正式录用决策； 14.员工培训决策； 16.录用员工的招聘评估和绩效评估； 17.人力资源规划修订。	2.招聘信息的发布； 4.应聘者申请登记，资格审查； 6.通知参加面试的人员； 7.面试、考试工作的组织； 8.个人资料的核实、人员体检； 10.试用合同的签订； 11.试用人员报到及生活方面的安置； 13.正式合同的签订； 15.员工培训服务； 16.录用员工的绩效评估与招聘评估； 17. 人力资源规划修订。

备注：表中各数字表示招聘工作各环节的顺序号，两栏数字相同，表示两部门可同时进行相应的招聘活动。

第二节　员工甄选

员工的甄选是指从应聘者中选出企业所需要的人员的过程，包括资格审查、初选、面试、其他测试、背景调查、体检和个人资料核实等一系列活动过程。由于这一过程直接关系到岗位最终候选人的质量，因此人员甄选是招聘过程中最关键的一步，也是技术性最强、难度最大的一步。

一、员工甄选的意义

(一)保证组织得到高额的回报

员工甄选对组织来说至关重要，研究表明，同一岗位上最好的员工比最差的员工的劳动生产率要高 3 倍，这意味着如果员工在进入企业之前，经过一系列的筛选过程，就能增加招聘成功性，挑选出的人才既要愿意为企业提供服务，又要具备相关的知识、经验和技能，满足任职的标准和要求，组织才能获得高额、快速的回报。

(二)降低员工的辞职率和辞退率

组织不仅要把人招来，更要把人留住。能否留住员工，既要靠招聘后对员工的有效培养和管理，也要靠招聘过程中的有效选择，即在招聘过程中对应聘者进行正确的评价。对企业价值观认可的员工在短期内离开企业的可能性比较小。降低员工的辞职率和辞退率，就是降低组织的经营成本。

(三)为员工提供公平竞争的机会

当应聘者多于招聘名额时，通过一系列的面试、考试、测试等选择环节可以让最合适的人选脱颖而出，落选者也能了解自己的不足之处，相对比较心平气和地接受落选的事实，每一个应聘者均有机会展示自己的才能，使自己更好的发展。

二、员工甄选的主要步骤

从企业选拔应聘人员的全过程来看，员工甄选可分为：第一阶段为初步筛选，即粗选；

第二阶段为深度筛选，即细选；第三阶段为最终甄选，即精选，从而最终保障企业人才选拔的质量。

如果从人员选拔的具体内容和方法来说，其主要步骤包括：(1)简历及招聘申请表筛选；(2)笔试；(3)面试；(4)情景模拟测试；(5)心理测试；(6)背景调查与体检等内容。

相关链接

奥美广告公司的甄选方式(以招聘创意部职员为例)

一、筛选简历

由人事部门负责，选中的参加笔试。

二、笔试

笔试的目的是测试思维灵活度和广度，以及对广告的感受是否灵敏。

例如：

A. 你如何评价一个广告的好坏，试举例说明。

B. 最近看过的好广告有哪些？

C. 在三则广告中挑一个你认为可以做得更好的，并修改好它。

三、面试

第一次面试。由创意总监主持。面试目的是了解应聘者的工作热情有多大；事业心是否强；对自己的要求是否高；对广告的感受力如何。

第二次面试。由总经理主持。面试目的是了解应聘者的为人和对公司的要求(如工资、福利等)，以及应聘者的发展目标。

三、人员初选的方法

初步筛选方法是对应聘者是否符合职位基本要求的一种资格审查，目的是筛选出那些背景和潜质都与职务规范所需条件相当的候选人，并从合格的应聘者中选出参加后续选拔的人员。最初的资格审查和初选是人力资源部门通过审阅应聘者的个人简历或应聘申请表进行的。

(一)应聘申请表审核

审核应聘人员填写的申请表是企业对应聘人员初步选拔过程的第一步。典型的申请表需要求职者填写背景资料，如姓名、地址、受教育程度、社会关系、工作经历、特长、兴趣爱好、应聘职位等。申请表比较客观，易审核、成本低，所以它在选拔人才过程中被普遍使用。审核应聘申请表要注意以下问题：

1. 判断应聘者的态度。在筛选申请表时，首先要筛选出那些填写不完整和字迹难以辨认的材料。

2. 关注与职业相关的问题。在审查申请表时，要估计背景材料的可信程度，要注意应聘者以往经历中所任职务、技能、知识与应聘岗位之间的联系。在筛选时也要注意分析其离职的原因、求职的动机，对那些频繁离职人员加以关注。

3.注明可疑之处。不论是简历还是应聘申请表，很多材料都会或多或少存在内容上的虚假。在筛选材料时，应该用铅笔标明这些疑点，在面试时作为重点提问的内容之一加以询问。如在审查应聘申请表时，通过分析求职岗位与原工作岗位的情况，要对高职低就、高薪低就的应聘者加以注意。为了提高应聘材料的可信度，必要时应该检验应聘者的各类证明身份及能力的证件。

值得注意的是，由于个人资料和应聘申请表所反映的信息不够全面，决策人员往往凭个人的经验与主观臆断来决定参加复试的人选，带有一定的盲目性，经常产生漏选的现象，因此，初选工作在费用和时间允许的情况下应坚持面广的原则，应尽量让更多的人员参加复试。

(二)个人简历分析

在进行简历分析过程中要注意以下几点：

1.不要过分迷信大公司的工作背景。迷信大公司出来的求职者，以为大公司的工作资历、客户可能会带来好的经验和资源，事实上大公司未必都是精兵强将。

2.要善于分析简历中的细节。简历的细节包括很多方面，通常先要看的是时间的连续。聪明的招聘专员总能从不连续的时间节点中发现这个应聘者的疑点，不一定是负面的资讯，但必须了解。遇到这种情况，招聘者可以给应聘者解释的机会。

3.重点看客观内容。简历的内容大体上可以分为两部分，主观内容和客观内容。在筛选简历时注意力应放在客观内容上。客观内容主要分为个人信息、受教育经历、工作经历和个人成绩四个方面。主观内容主要包括应聘者对自己的描述，例如本人开朗乐观、勤学好问等对自己的评价性与描述性的内容。

4.判断是否符合职位技术和经验要求。在客观内容中，首先要注意个人信息和受教育经历，判断应聘者的专业资格和经历是否与空缺岗位相关并符合要求。如果不符合要求，就没有必要再浏览其他内容，可以直接筛选掉。

5.审查简历中的逻辑性。在工作经历和个人成绩方面，要注意简历的描述是否有条理，是否符合逻辑。比如一份简历在描述自己的工作经历时，列举了一些著名的单位和一些高级职位，而他所应聘的却是一个普通职位，这就需要引起注意。

四、人员复选的方法

(一)笔试

通过笔试主要了解应聘者是否掌握应聘岗位必须具备的基础知识和专业知识。一般在招聘初期进行，成绩合格者才能继续参加下轮的测试。

(二)面试

面试是招聘者通过与应聘者正式交谈，了解其业务知识水平、外貌风度、工作经验、求职动机、表达能力、反应能力、个人修养、逻辑性思维等方面情况的方法。面试可分为结构化面试、非结构化面试和半结构化面试三类。

1.结构化面试。面试提问有固定的模式和提纲，面试问题大多属于封闭式问题，有标准的答案。结构化面试一般包括四类问题：情景问题、工作知识、工作样本模拟问题、工作要求问题。结构化面试适合专业技术性强的岗位。

2. 非结构化面试。面试提问没有固定的模式和提纲，面试问题大多属于开放式问题，没有标准答案。非结构化面试主要考察应聘者的服务意识、人际交往能力、进取心等非智力素质。非结构化面试适合从事服务性或事务性工作的岗位。

3. 半结构化面试。综合了结构化面试和非结构化面试的特点。由于现代企业越来越重视员工的沟通能力，所以半结构化面试越来越普遍。

面试一般在资格审查、笔试、心理测试之后进行。必须注意的是，面试有可能受文化背景的影响较大。事实上，企业招聘求职者时，往往根据某种内在的标准来进行选择，而这种内在的标准很大程度上受到组织文化的影响。应聘者身上的同样一种特质，对具有不同文化背景的企业，就有不尽相同的解读。以“行动迅速”为例，在一种文化背景下，它代表果敢、做事讲求效率，是一种积极的品质；而在另一种文化背景下，它却表示鲁莽、武断，是一种消极的品质。

相关链接

宝洁公司的标准化面试

宝洁的面试分两轮。第一轮为初试，一位面试经理对一个求职者面试，一般都用中文进行。面试人通常是有一定经验并受过专门面试技能培训的公司部门高级经理。一般这个经理是被面试者所报部门的经理，面试时间大概在30～45分钟。

通过第一轮面试的学生，宝洁公司将出资请应聘学生来广州宝洁中国公司总部参加第二轮面试，也是最后一轮面试。为了表示宝洁对应聘学生的诚意，除免费往返机票外，面试全过程在广州最好的酒店或宝洁中国总部进行。第二轮面试大约需要60分钟，面试官至少是3人，为确保招聘到的人才真正是用人单位(部门)所需要和经过亲自审核的，复试都是由各部门高层经理来亲自面试。如果面试官是外方经理，宝洁还会提供翻译。

(1)宝洁的面试过程主要可以分为以下四大部分：

第一，相互介绍并创造轻松交流气氛，为面试的实质阶段进行铺垫。

第二，交流信息。这是面试中的核心部分。一般面试人会按照既定的8个问题提问，要求每一位应试者能够对他们所提出的问题做出一个实例的分析，而实例必须是在过去亲自经历的。这8个问题由宝洁公司的高级人力资源专家设计，无论你如实或编造回答，都能反映你某一方面的能力。宝洁希望得到每个问题回答的细节，高度的细节要求让个别应聘者感到不能适应，没有丰富实践经验的应聘者很难很好地回答这些问题。

第三，讨论的问题逐步减少或合适的时间一到，面试就引向结尾。这时面试官会给应聘者一定时间，由应聘者向主考人员提几个自己关心的问题。

第四，面试评价。面试结束后，面试人立即整理记录，根据求职者回答问题的情况及总体印象作评定。

(2)宝洁的面试评价体系。宝洁公司在中国高校招聘采用的面试评价测试方法主要是经历背景面谈法，即根据一些既定考察方面和问题来收集应聘者所提供的事例，从而来考核该应聘者的综合素质和能力。

宝洁的面试由八个核心问题组成：

第一，请你举1个具体的例子，说明你是如何设定1个目标然后达到它。

第二，请举例说明你在1项团队活动中如何采取主动性，并且起到领导者的作用，最终获得你所希望的结果。

第三，请你描述1种情形，在这种情形中你必须去寻找相关的信息，发现关键的问题并且自己决定依照一些步骤来获得期望的结果。

第四，请你举1个例子说明你是怎样通过事实来履行你对他人的承诺的。

第五，请你举1个例子，说明在完成1项重要任务时，你是怎样和他人进行有效合作的。

第六，请你举1个例子，说明你的1个有创意的建议曾经对1项计划的成功起到了重要的作用。

第七，请你举1个具体的例子，说明你是怎样对你所处的环境进行1个评估，并且能将注意力集中于最重要的事情上以便获得你所期望的结果。

第八，请你举1个具体的例子，说明你是怎样学习1门技术并且怎样将它用于实际工作中。

根据以上几个问题，面试时每一位面试官当场在各自的"面试评估表"上打分：打分分为3等：1～2分（能力不足，不符合职位要求；缺乏技巧、能力及知识），3～5分（普通至超乎一般水准，符合职位要求；技巧、能力及知识水平良好），6～8分（杰出应聘者，超乎职位要求；技巧、能力及知识水平出众）。具体项目评分包括说服力/毅力评分、组织/计划能力评分、群体合作能力评分等。在"面试评估表"的最后1页有1项"是否推荐栏"，有3个结论供面试官选择：拒绝、待选、接纳。在宝洁公司的招聘体制下，聘用1个人，须经所有面试经理一致通过方可。若是几位面试经理一起面试应聘人，在集体讨论之后，最后的评估多采取1票否决制。任何1位面试官选择了"拒绝"，该生都将从面试程序中被淘汰。

（资料来源：中国人力资源开发网）

（三）劳动技能测试

如果某些岗位有劳动技能方面的要求，就必须进行这种测试。如招聘生产工人，可设计一些测试道具进行测试；餐饮业招聘服务员，可让应聘者见习几天。

（四）心理测试

心理测试是运用心理测量技术了解被试者智力水平和个性特征的一种方法。目前，这种方法在西方国家的招聘录用中使用非常广泛。测试的内容主要分为三大类：能力测试、人格测试和兴趣测试。

1. 能力测试。衡量一个人学习及完成一项工作的能力，包括一般智力测试、语言能力测试、非语言能力测试、数字和空间关系能力测试、反应速度和准确性测试、归纳能力测试、机械知识测试、理解能力测试等。

2. 人格测试。包括人的态度、情绪、价值观、气质、性格等方面的特征。这些对需要经常与人打交道的工作更为重要。根据心理学家的划分，人的性格分为16个类型：乐群型、聪慧型、稳定型、恃强型、兴奋型、有恒型、敢为型、敏感型、怀疑型、幻想型、世故型、忧虑型、实验型、独立型、自律型和紧张型。

3. 兴趣测试。可以表明一个人最感兴趣并最可能从中得到满足的工作是什么。根据心理学家对兴趣的划分不同，测试的类型也不同。普遍地可以将人们的兴趣分为 6 类：现实型、智慧型、常规型、企业型、社交型和艺术型。

进行心理测试，要注意对应聘者的隐私加以保护。在未征得应聘者同意之前，将应聘者的心理测试结果进行公布是非常不合适的。如果应聘者未通过心理测试，招聘人员应该将测试结果报告退还给应聘者。

（五）情景模拟

这是指根据被试者应聘的职务，编制一套与该职务实际情况相似的测试项目，将被试者安排在模拟的工作情景中处理各种问题，进而对其进行评价的一系列方法。情景模拟的方法有：

1. 公文处理：也叫文件筐测验，一般有文件、备忘录、电话记录的上级指示、报告等，被试者根据自己的经验、知识、能力、性格、风格去处理 5～10 份文件。

2. 谈话：包括电话谈话、接待来访者、拜访有关人士。

3. 无领导小组：主试给出一个与工作有关的题目，让一组被试者自由讨论，从而观察每个人的主动性、说服力、口头表达能力、自信心、心理压力的耐受力、精力和人际交往能力等。

4. 角色扮演：要求被试者扮演一个特定管理角色来处理日常管理问题，侧重了解一个人的心理素质和潜在能力。

5. 演讲：给被试者一个题目，让其稍做准备后发言，以了解其反应理解能力、语言表达能力、气质风度及思维发散等素质。

以上情景模拟法是否采用，取决于通过面试了解求职者行为的深度，以及有无时间、经费用于这种特定的选拔程序。

相关链接 >>>

世界著名跨国公司的特殊招聘方法

日产公司——请你吃饭，日产公司认为，那些吃饭迅速快捷的人，一方面说明其肠胃功能好，身强力壮；另一方面说明他们干事风风火火，有魄力，而这正是公司所需要的。对每位来应聘的员工，日产公司都要进行一项专门的“用餐速度”考试——招待应聘者一顿难以下咽的饭菜，一般主考官会“好心”叮嘱你慢慢吃，吃好后再到办公室接受面试，那些慢腾腾吃完饭者得到的将都是离开通知单。

壳牌石油——开鸡尾酒会，壳牌公司组织应聘者参加一个鸡尾酒会，公司高级员工都来参加，酒会上由这些应聘者与公司员工自由交谈，酒会后，由公司高级员工根据自己的观察和判断，推荐合适的应聘者参加下一轮面试。那些现场表现抢眼、气度不凡、有组织能力者将得到下一轮面试机会。

美国电报电话公司——整理文件筐，先给应聘者一个文件筐，要求应聘者将所有杂乱无章的文件存放于文件筐中，规定在10分钟内完成，一般情况下不可能完成，公司只是借此观察员工是否具有应变处理能力，是否分得清轻重缓急，以及在办理具体事务时是否条理分明，那些临危不乱、作风干练者自然能获高分。

松下电器——70分以上我不要，到松下应聘，该公司都要求应聘者如实给自己打分，那些给自己打70分以上者公司一般不予录用，该公司认为自认为优秀的人员，或者眼高手低，不服管教；或者跳槽率高。因为公司要的是“适当”的人才，70分就已足够。

摩托罗拉——拒答隐私方录用，摩托罗拉公司会故意问你几个难堪的问题，如是否结婚？什么时候要小孩？你乐意性开放吗？以问题为个人隐私为由拒答者，公司持赞赏态度，他们认为这些应聘者不会因个人的眼前利益而屈服压力，有个性，重尊严，工作上就会少受诱惑，坚持原则，以公司利益为先。

五、应聘者背景调查

（一）背景调查的内容

背景调查的内容应以简明、实用为原则，内容简明是为了控制背景调查的工作量，降低调查成本，缩短调查时间，以免延误上岗时间。再者，优秀人才往往几家公司互相争夺，长时间的调查会给竞争对手制造机会。内容实用指调查的项目必须与工作岗位需求高度相关，避免查非所用，用者未查。调查内容分为两类，一是通用项目，如毕业学位的真实性、任职资格证书的有效性，二是与职位说明书要求相关的工作经验、技能和业绩。具体可分成下列几个方面：

1. 学历水平。无论公司提供的职位对于学历的要求标准如何，都必须对员工的学历的真实性做调查。一个编造学历的员工，很多时候都会有不诚实的表现。

2. 个人资质。作为招聘员工的公司，如果希望找到好的员工，就应该认真考察求职者提供的诸如前工作单位、辞职原因、家庭住址及其他状况。

3. 个人资信。每个用人单位都希望得到一些有良好品行、良好成长经历、无不良嗜好及有一定信用度的员工，而非专业人员无论通过查看员工的应聘资料及面试，都很难知道他们是否提供了真实资料。

4. 其他。如雇员忠诚度调查、违反公司合同、损害公司利益调查等。

（二）背景调查的实施

背景调查最好安排在面试结束后与上岗前的间隙，此时大部分不合格人选已经被淘汰，对淘汰人员自然没有实行调查的意义。剩下的佼佼者数量已经很少，进行背景调查的工作量相对少一些，并且根据几次面试的结果，对他们介绍的资料已经熟悉，此时调查，在调查项目设计时更有针对性。根据调查结果，决定是否安排上岗，以免在上岗后再调查出问题，令公司和人力资源部进退两难。

背景调查可以委托中介机构进行，选择一家具有良好声誉的咨询公司，提出需要调查的项目和时限要求即可。如果工作量较小，也可以由人力资源部操作，建议根据调查内容把目标部门分为三类，即学校学籍管理部门、历任雇佣公司和档案管理部门，对他们分头进行调查。

六、体检

为了确定应聘者的身体状况是否适应工作的要求，特别是能否满足工作对应聘者身体素质的特殊要求，在筛选之后录用之前还要对应聘者进行体检，这里所说的体检不同于一般的身体检查，它包括健康检查、身体运动能力测试。

不同的企业对求职者的身体素质要求有所不同，因此不同企业对应聘者进行体检的具体内容也会不一样，关于体检内容的选择除了要考虑应聘者工作对身体素质的要求外，还要考虑符合国家一些强制性规定，如《中华人民共和国食品卫生法》规定，食品生产经营人员必须进行健康体检。

体检这一环节的实施相对比较简单，一般单位会指定一个有信誉的或长期往来的医疗机构，要求应聘者在一定时间内进行体检。在大单位中，体检通常在招聘单位的医疗部门中进行。体检费用一般由招聘单位支付，体检的结果也交给招聘单位。

第三节　招聘评估

招聘评估是招聘程序的最后一个环节。整个招聘活动对企业来说实际上只存在两个方面的影响：一是对招聘成本的影响，二是应聘者对空缺职位的适应性，即被录用员工的未来的工作绩效。因此，招聘的效果评价也是围绕着这两个方面来进行。

一、成本效益评估

招聘成本效益评估是指对招聘中的费用进行调查、核实，并对照预算进行评价的过程。招聘成本效益评估是鉴定招聘效率的一个重要指标。

(一)招聘成本

招聘成本分为招聘总成本与招聘单位成本。

招聘总成本即是人力资源的获取成本，它由两个部分组成。一部分是直接成本，它包括：招募费用、选拔费用、录用员工的家庭安置费用和工作安置费用以及其他费用(如招聘人员差旅费、应聘人员招待费等)。另一部分是间接费用，它包括：内部提升费用、工作流动费用。招聘单位成本是招聘总成本与实际录用人数之比。如果招聘实际费用少，录用人数多，意味着招聘单位成本低；反之，则意味着招聘单位成本高。

招聘单位成本＝招聘总成本(元)/实际录用人数(人)

企业进行小型招聘时，成本评估工作很简单，如果是一次大型的招聘活动，一定要认真做好成本评估工作。

(二)成本效用

成本效用评估是对招聘成本所产生的效果进行的分析。它主要的计算方法是：

总成本效用＝实际录用人数/招聘总成本

招聘成本效用＝应聘人数/招聘期间的费用

选拔成本效用＝被选中人数/选拔期间的费用

人员录用效用＝正式录用的人数/录用期间的费用

(三)招聘收益—成本比

招聘收益—成本比既是一项经济评价指标，同时也是对招聘工作的有效性考核的一项指标。招聘收益—成本比越高，则说明招聘工作越有效。

招聘收益—成本比＝所有新员工为组织创造的总价值/招聘总成本

二、数量与质量评估

(一)录用人员数量的评估

录用人员数量的评估是对招聘工作有效性检验的一个重要方面。通过数量评估，分析在数量上满足或不满足需求的原因，有利于找出各招聘环节上的薄弱之处，改进招聘工作；同时，通过录用人员数量与招聘计划数量的比较，为人力资源规划的修订提供了依据。

录用人员数量的评估主要从录用比、招聘完成比和应聘比三方面进行。

1.录用比

录用比是录用人数和应聘人数的比值，也是最终产出率，是反映从参加招聘的人中最终录用的人员所占比例情况。如果录用比越小，相对来说，录用者的素质越高；反之，则可能录用者的素质较低。计算公式如下：

录用比＝录用人数/应聘人数× 100％

2.招聘完成比

招聘完成比是录用人员和计划招聘人数的比值，是反映招聘完成情况的一个指标。一般来说，该指标越接近于1，则招聘的效果越好。如果招聘完成比等于或大于100％，则说明在数量上全面或超额完成招聘计划。计算公式如下：

招聘完成比＝录用人数/计划招聘人数× 100％

3.应聘比

应聘比是应聘人数和计划招聘人数的比值，反映的是招聘宣传的力度和招聘广告的吸引力。如果应聘比越大，说明发布招聘信息效果越好，同时说明录用人员可能素质较高。计算公式如下：

应聘比＝应聘人数/计划招聘人数× 100％

(二)录用人员质量的评估

除了运用录用比和应聘比这两个数据来反映录用人员的质量，另外也可以根据招聘的要求或工作分析中的要求对录用人员进行等级排列来确定其质量。

录用人员质量的评估是对员工的工作绩效行为、实际能力、工作潜力的评估，它是对招聘的工作成果与方法的有效性检验的另一个重要方面。质量评估既有利于招聘方法的改进，又对员工培训、绩效评估提供了必要的信息。

下面的指标是录用人员在质量方面的指标：

1.录用人员受教育年数，可以反映录用人员的知识水平；

2. 录用人员参加工作年数,可以反映该人员从事工作的经验和能力;

3. 录用人员担当的职位,可以反映录用人员的重要程度。

这几个指标能够有力地说明录用人员的总体素质情况。

本章小结

员工招聘是企业人力资源开发管理最常见的工作。随着经济的发展,各行各业对人才的需求也越来越强烈,企业要发展就必须不断地吸纳人才。本章介绍了员工招聘概念及招聘的意义、目的和原则。重点叙述了招聘的主要程序和步骤,如何制订招聘计划、如何发布招聘信息、如何选择招聘渠道。在负责员工招聘任务时,如何按照企业的要求和岗位的标准,进行员工的初选和复选。同时能够在招聘后依据招聘的目的和要求,运用一定的评估指标和评估方法,检查和评定招聘效果。

复习思考

1. 员工招聘的渠道有哪些,各有什么优缺点?

2. 企业进行员工初选的方法有哪些?有哪些技巧?

3. 企业进行员工复选的方法有哪些?有哪些技巧?

4. 试述招聘评估的内容。

实训设计

1. 实训项目:模拟招聘。

2. 实训目的:通过实训操作,让学生初步了解招聘流程,熟悉简历制作,初步掌握面试基本技巧,并促使其关注自身的职业生涯。

3. 实训内容:以个人设计简历,小组简历筛选为基础,设计招聘的计划和实施系统方案(要求包括招聘计划的制订、招聘广告的发布、人员面试、招聘效果评估)。

4. 实训考核:

材料部分:招聘计划书、招聘广告、面试问题、面试评价表、录用通知书。

现场表现:团队合作、流程合理。

案例分析

上海协泰投资有限公司招聘工作过程概况

1. 对整个招聘工作制订了计划书:《上海协泰投资有限公司招聘计划书》,公司负责人对计划书的实施非常关心和重视,并给出了许多有益的指导。

2. 对整个公司工作岗位和现有人员进行分析,提出所需要人员的素质和人数要求,拟好招聘启事(参见下表),选中《解放日报》和《新民晚报》作为广告媒体。

上海协泰投资有限公司招聘启事

序号	职务	人数	性别	年龄	要求
1	秘书	1	女	＜30 岁	熟悉办公室工作及各项文书技能
2	办事员	1	男	＜35 岁	熟悉行政与人事管理
3	管理部经理	1	男	＜40 岁	熟悉宾馆大楼的各项服务及管理业务
4	保安部经理	1	男	＜40 岁	熟悉宾馆大楼的治安保卫工作
5	大堂礼仪	3	男	＜25 岁	身高 1.75m 以上，品貌端正，受过专业培训
6	总台服务	2	女	＜25 岁	身高 1.60m 以上，品貌端正，受过专业培训
7	公寓服务员	3	女	＜25 岁	身高 1.60m 以上，品貌端正，受过专业培训
8	采购员	1	男	＜35 岁	熟悉采购业务，办事能力强
9	消防员	1	男	＜35 岁	懂得专业消防知识，熟悉各种消防报警器材
10	调度安全员	1	男	＜40 岁	熟悉车辆管理及调度业务
11	驾驶员	3	男	＜35 岁	持有 B 级驾驶执照，有 4 年以上驾驶经历
12	工程设备部经理	1	男	＜45 岁	熟悉宾馆大楼机电设备及各系统管理
13	文书资料保管员	1	女	＜30 岁	能阅读书写英文，熟练掌握打字技能
14	电梯维修工	1	男	＜40 岁	熟悉各种进口电梯、自动扶梯的维修保养
15	自动化操作工	1	男	＜40 岁	熟悉空调自控和火警报警探测系统
16	电工	3	男	＜40 岁	熟悉高低压配电设备及动力照明系统的维修
17	空调冷冻维修工	3	男	＜40 岁	熟悉宾馆大楼中央空调系统，具备维修保养技能
18	大楼维修工	2	男	＜40 岁	熟悉宾馆大楼内外装饰，有设计构思能力
19	管道维修工	2	男	＜35 岁	熟悉宾馆大楼内的各种给排水管道系统
20	音频视频维修工	1	男	＜40 岁	熟悉大楼内的弱电系统，懂音频、视频及无线电技术
21	安保员	6	男	＜35 岁	熟悉保卫安全知识，身体健壮
22	财会员	2	男/女	＜35 岁	大专以上财会专业毕业、有助理会计师以上职称

3. 招聘工作采取了许多新方法，并对一些老方法进行了更新改造，这些方法提高了招聘工作的效率。具体方法如下：

(1)客观淘汰法，对所有应聘者按应聘工种进行归类然后计算选择比。从某类信件中随机抽取十封应聘信，乘以选择比得到此十封信中应录用的人数，然后从这录用的几个人中找出应聘条件最差的那位应聘者，其所达到的条件作为最低条件，然后再根据这个客观条件对其他的应聘信进行快速阅读。采取这个办法的好处是既把应聘条件客观化归纳为易把握的几个标准，又能很快地阅读应聘信件。

(2)向经过客观淘汰法选择出来的应聘者发出面试通知，同时安排好面试时间顺序。面试采取了两种具体方法：无组织非结构化面试和有组织结构化面试。根据应聘工种特点，又分为职务面试、专业面试和一般性面试。

对于所有的技术工种，都进行了专业有组织的结构化面试，请专家命题并主持面试，同时也进行一般性面试，对于服务性工种也进行了应知应会的面试和一般性面试。

(3)对几个竞争激烈的工种，又进行了情景模拟测试和非结构化面试。情景面试主要采用了无领导小组讨论、制定应急方案和模拟面试。模拟面试是这样进行的：请工程设备部经理应聘者参加技术工种面试，请管家部经理应聘者参加服务性工种面试，从中挑选合格雇员，同时对两部门经理应聘者进行观察与评价。通过情景模拟，主要是了解其工作积极主动性、控制局面的能力和工作的细心与耐心及应变能力。

同时，对秘书候选人进行了非结构化面试，从中掌握大量与此职务有关的素质、能力方面的信息。

4.招聘工作比较规范化和科学化

(1)整个招聘工作设计了各种表格,如履历表、各工种考核标准评分表。

(2)招聘工作的组织与考核者均从事了多年的招聘考核和人员评价工作,对人员考核专业比较熟悉。

(3)专家既有从事多年理论和实践工作的高级工程师,又有实践经验丰富的实验指导教师。

(4)所有的面试(职务、专业、一般性)均设计了标准的书面测试题与评分标准。

(5)对所有接受面试的应聘者均作出书面评价。

案例思考

1.你如何评价协泰投资有限公司的这次招聘工作?

2.你认为一则优秀的招聘广告应包括哪些内容?

3.协泰投资有限公司针对不同职位的应聘者采取的测试方式是否恰当?

第五章

绩效考评与管理

学习目标

知识目标

☞了解绩效、绩效考评的含义和绩效管理的含义、作用和功能。

☞掌握绩效管理的基本工作程序。

☞掌握绩效考评的内容和方法。

☞掌握绩效考评数据处理的内容与方法。

技能目标

☞ 能够运用绩效管理理论(针对某类具体人员)编制绩效管理或绩效考评方案。

引导案例 >>>

S公司年底绩效考核风波

S公司是一家以开发、生产和销售电动工具为主要业务的公司。在2006年以前,主要是从事出口贸易,即从国内有关厂家采购产品卖到国外。随着欧美市场开拓和出口量逐年增大,为保证产品质量、供货及时和降低采购成本,该公司又相继成立了产品设计开发部门和生产制造厂,企业发展势头很好,人员也从最初的几十人发展到300多人。随着企业规模的扩大和复杂性增加,公司管理也遇到一些问题。其中比较突出的是考核问题,特别是开发部门的绩效考核。

该公司以前没有系统的绩效评估制度。到了年底,各部门让员工回顾一下本年度的工作,每人写一个书面总结,然后由部门主管就每个人的小结签个意见(尽管有优良中差的等级,但大多数人得的都是"良"),最后交给人力资源部就算完事。至于奖金(红包)的多少,基本是总经理一人说了算。原先人少的时候倒也相安无事,不过近年随着企业规模的扩大、部门的增多,考核方面的问题变得突出起来,而开发部门作为企业的核心部门,因为考核问题而引起的员工流失给企业的发展带来了很大的影响。

总经理觉得这样下去对企业发展是极为不利的,于是找来了新上任的人力资源部经理王丽:"你了解一下开发部门考核的主要问题到底在哪里?然后拟定一套绩效评估方案。要求有三个,一是能够测量出每个人工作的真实情况并做出实事求是的评价;二是能调动大伙儿的积极性,拉开差距;三是要让部门主管有压力,别把矛盾都交到我这里。"

王丽刚刚MBA毕业,虽然才到公司,情况不大了解。但凭着以往对企业的了解和学校所学的知识，她对做好这项工作还是有信心的。为使考核方案有针对性，她决定先做一番调查。

她来到公司设计部。设计部主任李钢一听到她的来意就发起了牢骚，“咱们公司的考核制度早该改了，再不改人都跑光了。”

王丽笑着说：“不改对你有什么影响？谁不知道设计部的红包是全公司最大的。”

李钢说：“你以为多发钱就没事了？关键是怎么发。我给你举个例子，我们设计部一共五个设计师，王欢年龄最小，到公司最晚，工资也最低。可他去年一个人就开发了4个新品，是全设计部开发新品最多的，卖的都不错。可到年底发奖金所有的人一样。我去找老板，老板说这已经对他破例了，如果根据级别和进公司的年限他还拿不到这么多。你说这是什么话？王欢现在跟我提出要走，不然就加工资。你说我怎么办？”

王丽说：“那就按每个人设计新产品的数量发奖金就得了……”

“没这么简单，”李钢打断她的话，“产品设计不能光看数量，还要看市场销路，看它带来的利润，评价起来比较复杂。还有，咱们公司是低工资、高奖金，表面看起来刺激力度很大，可这么低的工资水平根本找不到好的设计师。我这里都是大学生，招聘的时候他们最看重基本工资是多少，与其他公司相比有没有竞争力，人家可不是跟车间的工人比。工资低就把奖金看得特别重，如果奖金波动太大，大家无法接受；可不拉开差距，分配不公平又难以留得住人。你是MBA，帮我们出个主意吧。”

王丽哑然了，她一时还真想不出该怎么办。

由于员工的工作绩效包含的内容较多，而且工作绩效也为诸多因素所制约，因此绩效考评成了现代企业人力资源管理中最棘手同时也是非常重要的问题之一。正如松下幸之助所言，不管有无制度，经营管理者总是要对人进行考核；如果缺少对业绩、能力的制度性考核，我们只能依赖一线监督者的意见做出人事安排，稍有疏忽，就会出现不公平的现象，引起不满情绪，影响士气和效率。因此，任何一个优秀的组织，其成功的秘诀之一就在于有效地进行绩效管理。相反，流程完整、科学有效的绩效管理工作，能够极大调动员工的积极性，激发潜能，提高士气从而提升企业绩效。

（资料来源：中国人力资源开发网）

第一节　绩效管理概述

绩效管理是现代人力资源管理的一项重要职能，它不仅有利于员工的能力开发与职业发展，也是企业实现组织战略目标的重要手段与途径。

一、绩效的含义与特征

（一）绩效的含义

绩效是人力资源管理中的重要概念，是绩效管理的基础。它不仅仅是指个人或群体劳动的直接成果和最终效益，还应该包括劳动活动中个体或群体的工作行为和行动表现。因此，可以将绩效定义为：绩效是指一定组织中、一定时期内个体或群体的工作行为和表现，及其直接的劳动成果和最终效益的统一体。

由此可见，我们在工作中评价一个员工的绩效时，不能因某员工的工作业绩和效果突出就将其评为绩效优秀，也不能因某位员工勤勉务实、言听计从、早出晚归而将其评为绩效优秀，而应是将员工的工作态度、行为表现、工作业绩和效果进行综合评定。

(二)绩效的特征

1.绩效的多因性

多因性是指绩效的优劣不是取决于单一的因素，而是受到主、客观多种因素的影响，即员工的激励、技能、环境与机会，其中前两者是员工自身的主观性影响因素，后两者则是客观性影响因素(见图 5-1)。

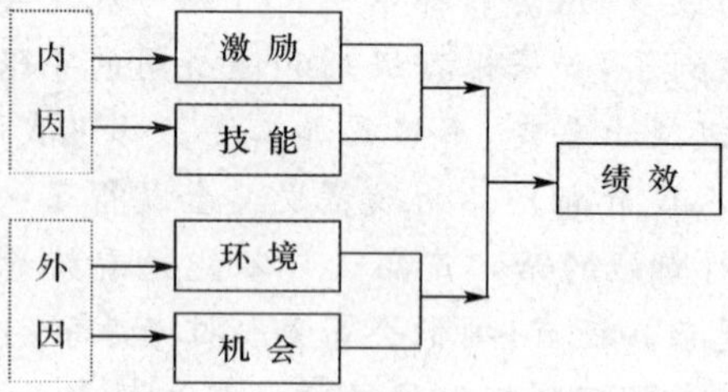

图 5-1　工作绩效的影响因素

第一，激励是指调动员工的工作积极性，激励本身又取决于员工的需要层次、个性、感知、学习过程与价值观等个人特点，其中需要层次影响最大，员工在谋生、安全与稳定、友谊与温暖、尊重与荣誉、自为与自主以及实现自身潜能诸层次的需要方面，各有其独特的强度结合，需经企业调查摸底，具体分析，对症下药予以激发。

第二，技能是指员工工作技巧与能力水平，它也取决于个人天赋、智力、经历、教育与培训等个人特点，其中培训不仅能提高其技能，还能使员工对预定计划目标的实现树立自信心，从而加大激励的强度。

第三，环境因素是指企业内部客观条件和外部客观环境。影响员工绩效优劣的内部客观条件，主要有劳动场所与物理条件(如温度、湿度、通风、粉尘、噪声、照明等)、任务的性质、工作设计的质量、工具、设备与原料的供应、上级的领导作风与方式、公司的组织与规章制度、工资福利、培训机会以及企业的文化、宗旨及氛围等，这些微观因素产生的影响是直接的。影响员工绩效的外部环境，主要有政治、经济、文化、习俗、科技、市场竞争强度等，这些宏观因素产生的影响是间接的。

第四，机会是一项偶然而又重要的因素。如某项任务正巧分配给张三，而李四不在或因随机性原因未被指派承担此项任务，此时虽然李四的能力与素质都比张三好，却无从表现。不可否认，现实中不可能做到完全的机会均等，所以，这一因素是完全不可控的。

2.绩效的多维性

绩效的表现形式是多种多样的，需要从多个维度去分析与考评。例如一名工人的绩效，除了产量指标完成情况外，质量、原材料消耗率、能耗、出勤、甚至团结、服从纪律等方面的表现，都需要综合考虑，逐一评估，尽管各维度可能权重不等，考核侧重点会有所不同。

3.绩效的动态性

绩效是动态变化的，员工的绩效随着时间推移会发生变化，绩效差的可能改进转好，绩效好的也可能退步变差，因此管理者切不可凭一时印象，以僵化的观点看待员工绩效。

总之，对员工绩效的考察，应该是全面的、发展的、多角度的、权变的，力戒主观、片面和僵化。

二、绩效考评的含义

绩效考评是指考评者按照一定的程序、采用一定的方式方法，根据预先设定的考评指标和标准，对被考评者（个体或群体）的工作态度、工作行为、工作能力和工作结果进行测量、考核和评价的过程。

现实中，我们经常用到"绩效考评"、"绩效考核"、"绩效评价"、"绩效评估"、"业绩考评"、"业绩评估"等词，但是，只有"绩效考评"一词能够准确地表达绩效管理的思想。首先，绩效的含义远比业绩（更多地注重结果）要广；其次，考评的含义包括"考核"和"评价"。绩效考核是指按照预定的程序和方法，根据预定的考评指标和标准，对个体或群体的工作过程和工作结果进行测量，并给出相应的"评分"或"等级"；而绩效评价是指考评者对被考评者的工作过程和工作结果用语言文字进行描述，主要是肯定其成功之处、指出其不足之处。如张三给其下属李四的考核分是"92 分"，考核等级是"优秀"，评价的评语是"工作能力突出，超额完成任务，没有缺勤现象，但是，与同事的协作性有待加强"。

三、绩效管理的概念及功能

（一）绩效管理的概念

绩效管理是指为实现组织发展战略和目标，采用科学的方法，通过对员工个人或群体的行为表现、劳动态度和工作业绩，以及综合素质的全面监测、考核、分析和评价，充分调动员工的积极性、主动性和创造性，不断改善员工和组织的行为，提高员工综合素质，挖掘其潜力的活动过程。绩效管理的目标是不断改善组织氛围，优化作业环境，持续激励员工，提高员工素质，提高组织效率。

绩效管理是一个将公司目标与部门目标、个人目标紧密联系在一起的、科学的考评方法，从目标、程序导向到意愿、行为、效果导向，从事前策划到过程的监测，从事后考评到绩效改进的动态过程。绩效管理过程的每一次循环都将使企业、组织或员工迈上一个新的台阶，有所提高，有所发展，有所创造，有所前进。

（二）绩效考评与绩效管理的关系

在绩效管理的实践过程中，许多人把绩效管理和绩效考评概念等同看待，实际上，两者既有区别，又存在紧密联系。

绩效考评出现在绩效管理的特定时期，作为绩效管理的重要组成部分，它为绩效管理的反馈和应用提供了前提和依据。而绩效管理是复杂而有序的动态管理过程，它包含着丰富而广泛的内容，如确定绩效目标、实施绩效考评、进行绩效反馈和绩效总结等。绩效管理过程涉及范围广，不仅包含组织中所有的员工，而且覆盖所有的活动过程。绩效管理作为人力资源管理的重要组成部分，它与人力资源管理的许多方面，如工作岗位分析、人事调整、培训开发、薪酬制度设计等有着密切的关系。

绩效管理是以绩效考评制度为基础的人力资源管理的子系统，它表现为一个有序的复杂的管理活动过程，它首先要明确组织与员工个人的工作目标，并在达成共识的基础上，采用行之有效的管理方法，不但要保证按期、按质、按量地达到和实现目标，还要考虑提升目标的可能性。绩效管理的活动过程，不仅仅着眼于员工个体绩效的提高，更加注重员工绩效与组织绩效的有机结合，最终实现企业总体效率和效能的提升。

绩效考评是绩效管理的一个重要组成部分，它们之间的相互关系参见表5-1。

表5-1　　绩效管理与绩效考评的关系

	绩效考评	绩效管理	比较与说明
范围	环节	系统	绩效管理是一个完整的系统，绩效考评只是这个系统中的一个重要环节
内容	结果	结果与过程	绩效考评是一种阶段性的总结，绩效管理是一个过程，注重过程的管理和结果
思路	判断式	计划式	绩效管理具有前瞻性，有效地规划企业和员工的未来，绩效考评是对过去一个阶段成果的判断
措施	秋后算账	解决问题	绩效考评注重对已经取得的绩效的确定，绩效管理注重通过解决问题来提高未来绩效
关系	对立	双赢	绩效考评判断员工成果高低，使得管理者与员工处于对立的两面，绩效管理则在两者之间建立合作伙伴关系，营造双赢局面
关注点	绩效	素质	绩效考评只重视已经取得的成绩的大小，绩效管理注重个体综合素质的培育与提升

(三)绩效管理的功能

1.绩效管理对企业的功能

第一，诊断功能。绩效管理作为企业各个职能和业务部门主管的基本职责，不但需要对组织中每个成员的活动进行追踪，及时沟通和分析、反馈绩效管理信息，而且要及时发现组织中存在的共性问题，采用科学的方法进行组织诊断，为组织变革和组织发展提供依据。

第二，监测功能。在组织绩效管理的过程中，各级主管必须对人力、物力和财力等资源的配置及其实际运行情况，进行及时的监督、测定和考量，才能达到有效的组织、协调和控制，从而实现预定的绩效目标。

第三，导向功能。各级主管在组织绩效管理的活动中，应当充分发挥绩效管理的导向功能，通过积极主动的绩效沟通和面谈，采用科学的方法从不同需求出发，激励、诱导下属朝着一个共同目标努力学习、积极工作。

第四，竞争功能。绩效管理总是与企业薪酬奖励、晋升调配、培训开发等制度密切相关的。无论是得奖还是受罚，对员工都会产生某种触动和鞭策，从而在组织中形成相互比赛和竞争的局面。这有助于组织的发展和目标的实现，使企业和员工同时受益获利。

2.绩效管理对员工的功能

第一，激励功能。绩效管理可以充分肯定员工的工作业绩，能使员工体验到成功的满足感与成就的自豪感，有利于鼓励先进、鞭策落后、带动中间，从而对每个员工的劳动行为进行有效的激励。

第二，规范功能。绩效管理为各项人事管理提供了一个客观而有效的标准和行为规范，按照标准进行奖惩与晋升，会使企业形成事事按标准办事的风气，使企业的人力资源管理标准化。

第三，发展功能。这一功能主要表现在：一是使组织根据考核结果，制订正确的培训计划，达到提高全体员工素质的目标；二是发现员工特点，将个人与组织的发展目标有效地结合起来。

第四，控制功能。通过绩效管理，不仅可以把员工工作的数量和质量控制在合理的范围内，还可以控制工作进度和协作关系，从而使员工明确自己的工作职责，提高工作的自觉性和纪律性。

第五，沟通功能。考核结果出来以后，管理者将与员工谈话，听取员工的申诉和看法。这样就为上下级提供了一个良好的沟通机会，使上级与下级之间相互了解，并增进相互间的理解。

绩效管理除具有上述功能之外，其所获得的数据资料还具有其他一些功能。主要包括：为编制人力资源规划、剖析现有人力资源的优劣势、帮助员工制订职业生涯发展规划、调整劳动关系、诊断生产经营管理活动等提供重要的技术支持。

微型案例 >>>

新星公司所面临的员工考评问题

新星公司是一家小型公司。创业初期，降低成本、提高销售额成为公司的总目标。由于业务繁忙，公司没有时间制定一套正式的完整的绩效考评制度，只是由以前公司老总王某兼任人力资源总监，采取了一些补救措施。如：他会不定期地对工作业务好的员工提出表扬，并予以物质奖励；也对态度不积极的员工提出批评；一旦员工的销售业绩连续下滑，他会找员工谈心，找缺陷，补不足，鼓励员工积极进取。

现在公司规模大了，已经由最初的十几个人发展到现在的上百人。随着规模不断扩大，管理人员和销售人员增加，问题也出现了：管理人员与员工的沟通太少了，优秀员工的业绩与一般员工的业绩未能很好地区分，优秀员工的奖励未能及时兑现，优秀员工的流失率一直居高不下，全体员工的士气不高。

新星公司面临的问题，都可以通过绩效管理的一些功能得以解决。目前对公司来说，稳定销售人员、管理人员的队伍尤为重要，所以，对于新星公司来说，建立一套正式的绩效管理制度是当务之急。

第二节　绩效管理系统

一、绩效管理系统的构成

绩效管理系统包括绩效管理程序系统和绩效管理制度系统。

绩效管理程序系统由绩效管理程序和具体的绩效考评程序两部分构成。绩效管理程序是从企业宏观角度划分的绩效管理阶段，主要包括：准备阶段、实施阶段、考评阶段、总结和反馈阶段、应用开发阶段。绩效管理的具体考评程序，是对部门或员工进行绩效考评活动的过程。

绩效管理制度系统也就是绩效管理制度，是企业组织实施绩效管理活动的准则和行为规范，它是以企业规章规则的形式，对绩效管理的目的、意义、性质和特点，以及组织实施绩效管理的程序、步骤、方法、原则和要求等所作的统一规定。

二、绩效管理的程序

(一)绩效管理的准备阶段

1. 明确绩效管理的参与者

从企业的一般情况来看,绩效管理的参与者主要涉及以下五类人员:

(1)考评者:涉及各层级管理人员(主管)、人力资源部专职人员;

(2)被考评者本人:涉及全体员工;

(3)被考评者的同事:涉及全体员工;

(4)被考评者的下级:涉及全体员工;

(5)企业外部人员:客户、供应商等与企业有关的外部人员。

相关链接 >>>

构成考评者的决定因素

在设计绩效考评的方案、组织考核机构时,在被考评者明确的情况下,具体考评人员由哪些人组成,取决于三种因素:被考评者的考评类型、考评目的、考评指标和标准。

例如,在一项对操作工人的考评中,为了了解员工绩效提高的程度,应以该员工的直接主管作为信息的主要来源,以他们为主进行考核评价。因为这些人最熟悉员工的工作情况,并能做出比较符合实际的判断。

如果考评目的是为了培训和开发人才,通过考评发现员工需要弥补的技能缺陷,那么就应该在上级考评的同时,进行自我考评和同事考评,让员工本人和同事积极参与。通过多视角的考评,全方位地了解被考评者的优势和不足,发现员工存在的主要问题,在哪些方面存在缺陷亟待弥补和提高,为技能培训和开发提供有力的证据。

再如企业专业技术人员的绩效考评,如果以主管独立完成考评,由于他们对下属的技术性工作的内容不够熟悉,难以保证判断和评价的准确性和客观公正性。因此,这时的考评可能又是另一种方式,企业可能召开由主管主持的,由被考评者即专业人员自己、下级、有关的同事,以及其他相关人员参与的绩效考评会议,围绕技术绩效的核心问题一起进行讨论,以求获得满意的考评结果。

此外,如果企业的人文环境良好,员工个人的素养较高,同事之间的人际关系融洽,彼此之间高度信任,在同事之间工作接触较频繁等条件下,采用自我考评与同事考评相结合,以上级主管考评为辅的方法,也会获得较好的考评效果。当考评的目的是为了发掘人员潜力,而不是单纯用于人事决策时,也应采取这些考评方式。

2. 绩效考评方法的选择

在选择确定具体的绩效考评方法时,应当充分考虑三个重要的因素:管理成本,工作实用性,工作适用性。一般来说,在生产企业中,一线人员宜采用以实际产出结果为对象的考评方法,而从事管理性或服务性工作的人员宜采用以行为或品质特征为导向的考评方法;在一些大的公司中,总经理、管理人员或专业人员宜采用以结果为导向的考评方法,而低层次的一般员工通常采用以行为或品质特征为导向的考评方法。

3.确定绩效考评要素(指标)和标准体系

由于员工绩效的多因性,为了保证绩效考评的工作质量,在考评者和被考评者以及考评方法做出明确的定位之后,需要根据考评方法及其对象的特点,进行绩效考评指标和标准体系的设计。一般来说,考评的指标应当具有代表性和典型性,考评指标的数量不宜过多,要少而精,考评的标准要具体明确,易于考评者和被考评者理解和掌握。

4.对绩效管理运行程序的要求

一般来说,在明确了"考评谁?谁负责考评?用何种方法考评?考评的指标和标准是什么?"等一系列问题之后,需要对绩效管理的运行程序、步骤提出具体明确的要求。主要应考虑以下几个问题:

(1)考评时间的确定。主要包括考评时间和考评期限的设计两方面。考评时间除取决于绩效考评的目的,还应服从于企业人力资源与其他相关的管理制度。

(2)工作程序的确定。上级主管与下属之间所形成的考评与被考评的关系,是企业绩效管理活动的基本单元。从企业单位的全局来看,绩效管理需要按一定的时间顺序按部就班地一步一步推进。

(二)绩效管理的实施阶段

实施阶段是在完成企业绩效管理系统设计的基础上,组织全体员工贯彻绩效管理制度的过程。在这个过程中,无论是直接主管还是下级,他们作为绩效的考评者与被考评者,都必须严格地执行绩效管理制度的有关规定,认真实施绩效的考核工作。作为企业绩效管理的领导者和考评者,在实施阶段应当做好三个方面的工作。

1.收集信息与资料积累

在绩效管理的实施阶段,无论从宏观上看,由企业整体到各个业务、职能部门,还是从微观上看,具体到每个绩效管理的单元,在绩效管理系统运行的过程中会产生大量的新信息,这些信息既可能涉及考评指标和标准体系,也可能涉及某些部门或个人,因此,需要各级主管注意定期或不定期地采集和存贮这些相关的信息,以便为本阶段的绩效考评和下一阶段的绩效计划工作提供准确、翔实和可靠的数据资料。

2.持续的绩效沟通

绩效沟通贯穿于整个绩效管理过程之中,是绩效管理过程中耗时最长、最关键、最能促进工作开展、提高工作绩效的环节。为了解自己工作实施情况和获取上级支持,员工需要与上级保持及时的沟通;为了解员工工作进展情况、是否存在问题、是否需要调整计划以及是否需要提供帮助等方面的信息,主管需要与员工保持顺畅的沟通。所以,在绩效实施的过程中保持持续而顺畅的绩效沟通是十分重要的。

3.适时的绩效辅导

绩效管理的实施过程,就是主管与员工根据组织内外环境情况、双方达成的绩效计划,通过履行各自的职责,共同实现绩效目标的过程。在这个过程中,虽然员工是每项任务具体实施的主体,但并不是说,绩效计划达成以后,主管就可以撒手不管了。一般情况下,主管的经验和能力比员工强,视野比员工宽,拥有的资源比员工多,所以,主管在员工实施绩效计划的过程中应该"在其位,尽其责",搞好员工的辅导工作。

(三)绩效管理的考评阶段

考评阶段是绩效管理的重心,它不仅关系到整体绩效管理系统运行的质量和效果,也将涉及员工的当前和长远的利益,需要人力资源部门和所有参与考评的主管高度重视。考评阶段应该密切关注以下两个重要问题。

1.提高绩效考评的准确性

正确的绩效考评结果有利于人事决策的科学性,能有效地激励员工、鼓舞士气;不准确的绩效评分,会给企业正常的生产活动带来极为不利的影响。

相关链接 >>>

导致绩效考评偏差的因素

(1)考评标准缺乏客观性和准确性;

(2)考评者不能坚持原则,随心所欲,亲者宽,疏者严;

(3)观察不全面,信息收集不完整;

(4)行政程序不合理,不完善;

(5)政治性考虑;

(6)信息不对称,资料数据不准确;以及其他因素的影响等等。

2.保证绩效考评的公正性

在确保绩效考评准确性的同时,还应当重视考评的公正公平性,带有偏见,缺乏公正公平性的考评,可能在员工中滋生不良的思想情绪,不但影响组织和各级主管人员的管理活动,还会对以后绩效管理的活动产生严重干扰。

(四)绩效管理的总结与反馈阶段

1.绩效管理总结

在这个阶段中,各个管理单元的主管与下级(考评人和被考评人)之间需要完成绩效考评的总结工作,同时做好下一个循环期的绩效管理的准备工作。绩效管理总结一般围绕以下几项重点内容展开:

(1)为企业提供薪酬福利方面的参考信息;

(2)为员工的晋升、平调、降职等人事计划的制订提供依据;

(3)对企业员工士气和工作氛围进行评估,完善组织文化建设;

(4)对部门及员工的业绩做出评估,提出改进的方针和措施;

(5)不断挖掘企业员工的潜力,探索实现员工与企业共同发展的途径和方法;

(6)分析员工总体素质状况,进行培训需求分析,提出员工技能开发的改进措施和计划。

2.绩效管理反馈

作为一名主管,在绩效反馈中需要重点关注三个方面的问题:一是要牢牢把握绩效反馈的目的,即通过反馈有效地提升员工的专业素质和工作技能,进而提高工作业绩;二是要分析绩效反馈的对象,设计好绩效反馈面谈的内容,力争让面谈内容与面谈对象的绩效情况、个性情况、生活情况、心理情况保持和谐;三是注意选择科学的反馈方式,争取让员工愉快、合作地接受面谈内容,振奋精神,达成更高目标的绩效计划。一般来说,绩效反馈面谈需要注意以下几项要求:

(1)谈话要围绕主题进行。进行面谈时,应当根据面谈的目的确定重点、控制进程,防止过于纠缠细节或者偏离主题。

(2)要以事实和数据来证明。谈话不应过于抽象，更不应动辄上升到原则高度。要摆事实、列数据，用客观事实说明问题；多谈具体的任务和行为，不谈大而不当的原则。

(3)对事不对人。考评者不能因为绩效的结果而对员工产生偏见；不要轻易指责员工的个人素质；尽量不要用其他员工与之作对比，而应当对个体事件进行分析，就事论事。

(4)保持双向交流。考评者不能只是自己谈，要注意让员工发表意见，要鼓励员工将自己的看法充分表达出来，以消除双方可能因为信息不完全而产生的误解和偏见。

(5)进行原因分析。面谈不能仅仅满足于指出问题，应当找出问题产生的原因和症结所在，找出处理问题和解决问题的办法，特别是从机制上找出防范问题再度发生的办法。否则，解决了一个问题，不久又可能出现同样的问题。

(五)绩效管理的应用开发阶段

应用开发阶段是绩效管理的终点，又是一个新的绩效管理工作循环的起点。在这个阶段，一是要将考评结果科学地应用于薪酬福利、岗位调整、培训开发、职业规划等方面，以达到奖勤罚懒的目的；另外还应从以下几个方面入手，进一步推动企业绩效管理活动的顺利开展。

1. 考评者绩效管理能力的开发

人力资源部门应定期地组织专题培训或研讨会议，组织考评者围绕绩效管理中遇到的各种问题进行培训和讨论，寻求解决问题的办法和对策。采取有效的措施和方法，不断增强各级主管的绩效管理意识和管理技能，对促进企业和员工绩效的提高具有十分重要的意义。

2. 被考评者职业技能的开发

考评者运用绩效管理的工具对下属的工作活动和所取得的绩效进行考评，其目的就在于激励员工不断增长自己的才干，在促进企业生产经营增长和发展的同时，使员工获得同步的提高和发展。

3. 绩效管理系统的开发

企业绩效管理体系是保证考评者和被考评者正常活动的前提和条件。应用开发阶段是将系统改进的计划变为现实，对该体系作出必要的修改调整，进行深层开发的过程，使其在企业的经营管理活动中释放出更大的能量。

4. 企业组织绩效的开发

在绩效管理应用阶段，无论是对考评者、被考评者的开发，还是对绩效管理系统的深层开发，其最终目的是一致的，就是要推进企业组织效率和经济效益的全面提高和全面发展。因此，在这个阶段上各个部门主管应当根据本期绩效考评的结果和绩效改进计划，从本部门全局出发，针对现存的各种问题，分清主次，按照重要性程度逐一解决。

三、绩效考评的程序

在企业绩效管理的全部活动中，绩效考评作为绩效管理的一个重要的中心环节，一般是从基层员工开始，进而对中层人员考评，形成自下而上的过程。

(一)基层考评

以基层为起点，由基层部门的领导对其直属下级进行考评。考评的内容包括：员工个人的工作行为，如员工是否按规定的工艺和操作规程进行工作，各级主管在计划、组织、协调、监督和指导下属的过程中是如何具体实施的，等等；员工个人的工作效果，如产品产量、废品率、原材料消耗率、出勤率、工时利用率、能源消耗率等；以及影响员工行为的个人特征、心理品质和能力素质，如价值观、信念、态度、知识、技能、期望与需要等。

（二）中层考评

在基层考评的基础上，对各个中层部门进行考评。其考评范围和内容，不仅包括对各个中层部门主管的个人行为与工作业绩的考评，也包括对该部门总体的工作绩效，如对计划任务完成率、员工劳动生产率、产品合格率、成本收益率等主要生产经济技术指标的考评。

（三）高层考评

完成基层、中层各级的考评之后，由企业的上级机构或董事会对企业高层领导进行绩效考评，其内容主要是经营效果方面的硬指标的完成情况，如总产值、总收益、市场占有率、成本利润率等。

四、绩效管理制度

（一）绩效管理制度的基本内容

绩效管理制度作为企业人力资源管理制度的重要组成部分，一般应由总则、主文和附则等章节组成。在起草和编写企业员工绩效管理制度时，至少应当包括以下 10 个方面的基本内容：

1. 概括说明建立绩效管理制度的原因，绩效管理的地位和作用，即在企业单位中加强绩效管理的重要性和必要性。

2. 对绩效管理的组织机构设置、职责范围、业务分工，以及各级参与绩效管理活动的人员的责任、权限、义务和要求做出具体的规定。

3. 明确规定绩效管理的目标、程序和步骤，以及具体实施过程中应当遵守的基本原则和具体要求。

4. 对各类人员绩效考评的方法、设计依据、基本原理、考评指标和标准体系作出简要确切的解释和说明。

5. 详细规定绩效考评的类别、层次和考评期限（何时提出计划，何时确定计划，何时开始实施，何时具体考评，何时面谈反馈，何时上报结果等）。

6. 对绩效管理中所使用的报表格式、考评量表、统计口径、填写方法、评述撰写和上报期限，以及对考评结果偏误的控制和剔除提出具体要求。

7. 对绩效考评结果的应用原则和要求，以及与之配套的薪酬奖励、人事调整、晋升培训等规章制度的贯彻实施和相关政策的兑现办法做出明确规定。

8. 对各个职能和业务部门年度绩效管理总结、表彰活动和要求做出原则规定。

9. 对绩效考评中员工申诉的权利、具体程序和管理办法做出明确详细的规定。

10. 对绩效管理制度的解释、实施和修改等其他有关问题做出必要的说明。

（二）起草绩效管理制度的基本要求

绩效管理制度作为绩效管理活动的指导性文件，在拟定起草时，一定要从企业现实生产技术组织条件和管理工作的水平出发，不能脱离实际；一定注重它的科学性、系统性、严密性和可行性。如果措辞不当，过于原则化，缺乏适用性，就会使制度条文流于形式，在实际管理中难以发挥作用，以至于各有关责任人相互扯皮推诿，考评工作无法落实，造成绩效管理“推而不动，停滞不前”。具体来说，制定起草企业绩效管理制度应体现以下要求：

1. 全面性与完整性。这是绩效管理的多维性带来的要求，绩效管理虽不能包罗万象，但必须包括影响工作绩效的各种因素，只有这样才能避免片面性。

2. 相关性与有效性。这是对绩效管理制度在内容上的要求，如个人生活习惯、癖好之类琐碎内容就不宜包括在绩效管理的内容之中。一定要切实保障绩效管理的效度，使绩效管理名副其实。

3. 明确性与具体性。这是对绩效管理标准的要求，如果考评标准含混不清、抽象深奥，则无法使用。

4. 可操作性与精确性。这是上一项要求的自然延伸，考评标准必须便于操作，即可直接测量；考评指标应尽可能量化；绩效管理标准应是“有形的”、可度量的，尽量转化为具体行为或活动，如“政治思想好”或“工作热情高”，这两条标准便不能满足上述要求。应当规定什么样的行为表现才能算“政治思想好”或“工作热情高”，若后者变为“工作认真，不闲聊，不使设备停机或空转”，就满足了具体性与可操作性的要求。但应注意的是，可操作性的变量虽然与待测的较抽象概念有一定程度的重叠，但未必与之完全重合，所以应再确认一些与此概念有一定重叠的其他变量，才能较全面地描述和量度这一较抽象的概念。例如：上述一条再加上一条“能主动承担其他人回避或持消极态度的较为困难的工作任务，因工作需要时，能主动加班加点，不计报酬”的标准，就比上一条更准确地衡量出“工作热情高”这一较抽象的指标。

5. 原则一致性与可靠性。这是对绩效管理标准在适用程度上的要求，考评标准应适合相同类型的所有员工，即一视同仁，不能区别对待或经常变动，致使考评结果的横向与纵向可比性降低或丧失，绩效管理就失去了必要的可信度。

6. 公正性与客观性。这是对绩效管理执行实施过程的要求，绩效管理指标的贯彻执行必须保证绩效管理的科学性、合理性和公平性，剔除个人偏好等感情因素。

7. 民主性与透明度。绩效管理要达到使被考评者心服口服、诚心接受，确非易事。事实上，民主性常常是实现客观公正的必要条件。这是指在制定标准时要听取员工的意见，在条件允许时，应吸收各类员工推选的代表参与绩效管理制度的制定过程，在执行绩效管理时要切实保障被考评者申诉与解释的权利。透明度既要求绩效管理的程序向员工公开，还要求绩效管理结果应向被考评者进行必要和及时的反馈。

第三节 绩效考评

一、绩效考评的特点

绩效考评从微观上体现了绩效管理的目标和要求，并为企业绩效管理的开展提供了丰富的内容。从绩效考评的以下特点，可对绩效管理的全部活动有更深入的认识。

1. 绩效考评不是孤立的事件，它与企业的发展战略、组织架构、人力资源管理、经营管理息息相关。

2.绩效考评具有指向性,它的出发点和终点就是企业的整体绩效,是为了使企业更好地生存和发展。

3.绩效考评具有层次性和针对性,不同岗位、部门和行业对绩效进行考评的标准、方式和内容是不同的。

4.绩效考评具有时限性,它要求在一段时间以内,对考评做出明确的结论。考评既可以按月度、季度、年度定期进行,也可以不定期进行。

5.绩效考评是一个过程,不是简单的行为,它是由诸多步骤共同组合而成的行为集合。

实际管理过程中,对员工的绩效考评工作可以是正式的,也可以是非正式的。现代企业里,正式绩效考评是必不可少的,非正式的绩效考评也很重要。

二、绩效考评的内容

业绩是员工的最终劳动成果,业绩的好坏取决于员工的劳动能力和劳动态度,其关系如图 5-2 所示。所以,绩效考评包括业绩、能力和态度考评等内容。

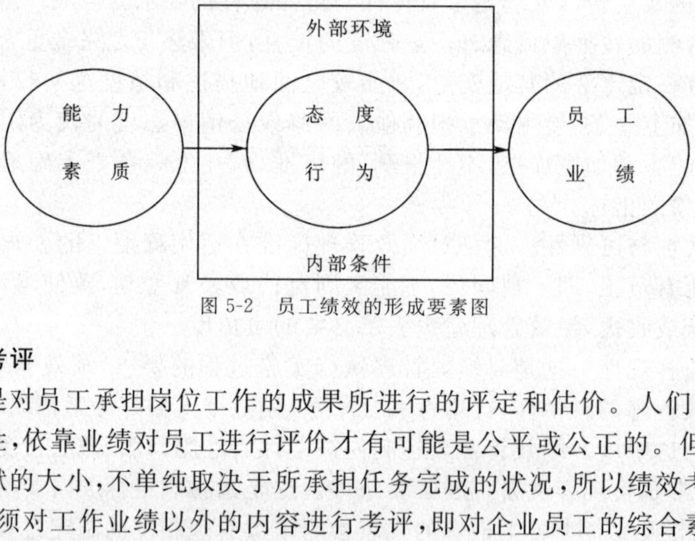

图 5-2 员工绩效的形成要素图

(一)业绩考评

业绩考评是对员工承担岗位工作的成果所进行的评定和估价。人们普遍认为,业绩具有客观可比性,依靠业绩对员工进行评价才有可能是公平或公正的。但是,事实上,一个人对企业贡献的大小,不单纯取决于所承担任务完成的状况,所以绩效考评不能单纯地考评业绩,还必须对工作业绩以外的内容进行考评,即对企业员工的综合素质(如能力、行为、态度等)做出正确评价,否则难以实现绩效管理的目标。业绩考评的主要项目与重点参见表 5-2。

表 5-2 业绩考评项目与重点

考核项目	重点考察内容
任务完成度	是否以公司的战略方针为准则,依照计划目标将业务完成,使其成果的质与量均达到要求的标准
工作质量	无论业务处理的过程或成果是否正确,都达到了标准的要求,可以信赖
工作数量	规定期间内的任务处理量或数额是否达到标准或计划内要求的水平
工作时间	工作的速度或时效的把握情况如何
工作成本	工作任务完成所支出的费用

(二)能力考评

能力与业绩有显著的差异,业绩是外在的,是可以把握的,而能力是“内在”的,难以衡量和比较。这是事实，也是能力考评的难点。但是，能力也是“客观存在”的现象，可以感知和察觉，可以通过一系列手段去把握能力的存在，以及在不同员工之间的差异。

在企业绩效管理中，与一般的能力测量不同，员工能力考评是考评员工在岗位工作过程中显示和发挥出来的能力，如他在工作中判断理解指令时，是否正确、迅速；协调上下级关系时，是否得体、有效；依据员工在工作中的行为和表现，参照标准或要求，评价他的能力发挥得如何，评判其能力是大还是小，是强还是弱等。总之，能力考评是根据工作说明书规定的岗位要求，对应于员工所担任的工作，对其能力素质所做出的评定过程，参见表5-3。

表 5-3　　能力考评的项目和重点

考评项目	重点观察内容
经验阅历	生活、生产、社会的经验阅历如何？知识与经验丰富的程度，思想认识水平高深的程度，对外界事物分析、判断、理解的能力如何？目光是否短浅或远大？
知识	业务所需要的“实际知识”“相关知识”以及“社会的常识”的程度
技能熟练程度	执行本岗位工作的技能熟练程度，感知力、识别力、耐力要求
判断能力	以正确的知识技能经验为依据，能准确把握事物的现状，及时做出正确的结论，以及随机应变地采取相应对策的能力及程度
理解能力	以知识、经验为依据，能把握业务中发生的事物的本质，能充分理解其内容，以致对将来可能发生的变化，从容应对的能力及程度。
研究能力	为了执行工作业务，是否经常组织有关的调查研究，并将研究成果运用在业务上
创新能力	经常保持不断探索的心态、灵活运用业务上的知识经验并能改善业务，对业务的发展有自己独到见解和创意的能力及程度。
改善能力	能面对目前的有关问题，研究改善、提升效率或创造新的业务处理方式，以及采用何种手段、方法等的思考能力及程度。
企划能力	能对企业发生的事件进行综合分析，并在理论上找到依据，使其系统化，为实现工作目标提出具体对策和计划的能力及程度
计划能力	为了达到目标，能从理论与实际的结合方式进行密切的分析，提出有创造性的方案或能否结合工作环境和条件提出计划
领导能力	为了提高下属的知识、技能水平，能否做出指导或启发，能否与下属沟通，互相信赖，同心协力地一起工作，从而指导下级，统帅全局，提高效率
协调能力	为了达成目标，能否与企业员工围绕生产经营管理中出现的各种问题进行圆满的沟通、协调

（三）态度考评

工作态度是工作能力向工作业绩转换的“中介”。对于不同职位的员工来说，业绩考评项目会因岗位职责和目标任务的不同而不同，能力考评项目也会因岗位要求不同而不同，但是，不管职位差异，不论能力大小，态度考评的重点都是员工工作的认真度、责任度，工作的努力程度，是否有热情，是否忠于职守，是否服从命令等，参见表5-4。

表 5-4　　态度考评的项目和重点

考评项目	重点观察内容
积极性	是否经常主动地完成各种业务工作，不用指示或命令也能自主自发地努力工作，不断改善工作方法
热忱	是否在执行业务之际，以高度的热忱面对挑战，认真而努力地工作，表现出不达目的决不罢休的态度

（续表）

考评项目	重点观察内容
责任感	是否能自觉地尽职尽责工作，在执行公务时，无论遇到何种困难都能不屈不挠、永不放弃。对自己或下属的工作或行为，应自始至终表现出负责的态度
纪律性	是否遵守有关规定、惯例、标准或上司的指示，忠于职守、表里一致，有秩序地进行工作
独立性	是否在职权范围之内，能进行自我管理，不依赖上级或同事，能在准确判断之下，自主自立自信地处理业务
协调性	是否能以普通一员协调好上下级、同级以及与外界的关系，并能创造和谐的工作环境，圆满完成上级指派的工作

三、绩效考评的常见类型

（一）按考评时间划分

按绩效考评的时间划分，可以定期与不定期考评。定期考评又可以分为日常考评、月度考评、季度考评、年度考评（半年、一年、两年和三年等），期限的长短一般由组织性质、岗位性质、组织理念、考评目的等因素确定；不定期考评主要是某些专项性考评，如选拔性考评、开发性考评等。

（二）按考评性质划分

按照考评性质划分，可以划分为定性和定量两大类。定性考评是由评估人在充分观察和征询意见的基础上对员工绩效所做的较为笼统的评价。其优点是简单易行，缺点是主观性较强，容易受心理因素的影响。定量考评是指按照标准化、系统化的指标体系来进行考评。其优点是比较客观、随意性较小，缺点是由于“工作”包含众多方面，难于把所有方面都给予量化，因而影响了定量考评的使用范围。

（三）按考评主体划分

按照考评主体，绩效考评可以划分为上级考评（直接领导者对自己下属员工的考评）、专业机构人员考评（人力资源部门对员工进行考评）、下级考评（员工对自己的直接上级进行的考评）、自我考评（被考评人自己对照有关的标准对自己的工作做出评价）、同事考评（被考评的员工们相互评价）、外部评价（由组织外部的有关人员或工作对象所做的评价）、专门小组考评（由各方面结合组成小组来实施考评）等。

四、绩效考评的常用方法

据不完全统计，自 20 世纪 30 年代以来，国外各个管理学派已经提出了 20 余种适合于企业不同类别岗位人员的考评方法，这些方法各具特色，具有不同的特点和适用范围。在这里，我们主要介绍以下六种方法：

（一）等差图表法

等差图表法在西方被称为图解式评定量表。

等差图表法在绩效考评的实际运用中要注意两个因素：考评项目，即要从哪些方面对员工的绩效进行考评；评定等级，即对每个考评项目分成几个等级。在确定这两者后，考评者按照评定表的要求对被考评者给予评分，如表 5-5 所示。

等差图表法的优点是考评内容全面，评定的等级可以多档设计；实用而且开发成本小。等差图表法的缺点是受主观因素影响较大，因为每个考评者给予被考评者的分值都是个人的主观看法;没有考虑加权,被考评的因素对于考评的总结果具有同样的重要性;很难指导员工行为,因为员工通过图表只看到自己在各项考评中的得分,并不知道应该如何做才能得高分;对于员工考评结果的面谈反馈提供信息方面也有不尽如人意之处。

表 5-5　　等差图表法考核举例

姓名	职务					
考核项目	评级记位					得分
工作质量	5 太粗糙	10 不精确	15 基本精确	20 很精确	25 最精确	
工作数量	5 完成任务极差	10 完成任务较差	15 完成任务	20 较好完成	25 超额完成	
工作知识	5 缺乏	10 不足	15 一般	20 较好	25 很好	
工作协调	5 差	10 较差	15 一般	20 较好	25 很好	

等差图表法比较适用于考评工人、职员等基层的、工作行为和结果都比较容易被了解的员工。

(二)要素评定法

要素评定法也称功能测评法。要素评定法是在等差图表法的基础上形成的,考虑了加权因素,将不同项目赋予不同的重要性,并使重要性的程度通过各自的分值范围体现出来,有条理地分清了各考评因素之间的关系,如表 5-6 所示。在实际操作时,一般由本人、上级、下级、同级各填一表,再给各表赋予相应的权重,计算综合得分。

要素评定法的优点是考评的内容比较全面;做到了定性评估和定量评估相结合;体现了多角度、立体化的评估原则;用计算机处理测评结果,手段也比较先进。

要素评定法的缺点是繁琐复杂;评估标准的说明由于是定性语言,高度概括,因此仍难掌握,故在实践中易出现打分中间化倾向;与等差图表法相比费时费力。

表 5-6　　要素评定法示例

因素	1 级	2 级	3 级	4 级	5 级
技能:					
1. 知识	14	28	42	56	70
2. 经验	12	24	36	48	60
3. 创造力	14	28	42	56	70

（续表）

因素	1级	2级	3级	4级	5级
绩效：					
1.数量	20	40	60	80	100
2.质量	20	40	60	80	100
3.特殊贡献	10	20	30	40	50
态度：					
1.责任感	10	20	30	40	50
2.协作态度	10	20	30	40	50

（三）关键事件法

关键事件法也称重要事件法。关键事件是指员工在完成工作任务过程中导致不同结果的有效或无效的工作行为。关键事件法利用一些从一线管理者或员工那里收集到的工作表现的特别事例进行考评。关键事件法对事不对人，以事实说话，考评者不仅要注重对员工行为本身的评价，还要考虑员工当时行为的情境。因此，这种方法强调的是代表最好或最差表现的关键事例所代表的活动。关键事件法一般有年度报告法、关键事件清单法和行为定位评级法。

关键事件法的优点是为考评者提供了客观的事实依据；考评的内容不是员工的短期表现，而是一年内的整体表现；以事实为根据，保存了动态的关键事件记录，可以全面了解下属是如何消除不良绩效，如何改进和提高绩效的。

关键事件法的缺点是关键事件的记录和观察费时，费力；只能做定性分析，不能做定量分析；很难区分员工工作行为的重要性程度；很难用该方法对不同的员工进行比较。

（四）360°考评法

360°考评法是一个可以用于员工全面考评和绩效评价的综合性方法。所谓360°考评法就是被考评者的主管、同事、下属、被考评者本人以及客户，从各方面用多种评价技术一起对被考评者进行综合考评的方法。

360°考评法的优点是多方位考评，可以避免一方考评的主观武断；可增强绩效考评的信度和效度。

360°考评法的缺点是比较复杂，考评起来费时费力；容易出现“相互帮忙”或有意报复的不良现象。

（五）成对比较法

成对比较法亦称配对比较法、两两比较法等。其基本程序是：首先，根据某种考评要素如工作质量，将所有参加考评的人员逐一比较，按照从最好到最差的顺序对被考评者进行排序；然后再根据下一个考评要素进行两两比较，得出本要素被考评者的排列次序；以此类推，经过汇总整理，最后求出被考评者所有考评要素的平均排序数值，得到最终考评的排序结果，如表5-7所示。

成对比较法的优点是准确度比较高，避免了“趋中趋势”的误差，在涉及的人员范围不大、数目不多的情况下宜采用本方法。

成对比较法的缺点是难以得出绝对评价，只能给出相对的位置，有时还会造成循环，如果员工的数目过多，不但费时费力，其考评质量也将受到制约和影响。

表 5-7　成对比较法:工作质量要素考评表

	A	B	C	D	E	F	总分
A	0	+	+	+	+	+	5
B	−	0	+	+	−	+	3
C	−	−	0	−	−	+	1
D	−	−	+	0	−	+	2
E	−	+	+	+	0	+	4
F	−	−	−	−	−	0	0
排序	1	3	5	4	2	6	

注:纵列员工与横列员工对比,优者划"+",差者划"−"。

(六)正态分布法

这种方法的理论是假设员工绩效水平的分布规律符合正态分布曲线,并在考核之前,预先把各个等级的比率确定下来的办法。如把被考核者的绩效分为从高到低 A、B、C、D、E 五个等级,每个等级的百分比依次为 10%、20%、40%、20%、10%;然后用被考核总人数乘以每个等级的百分比,这样就得到了每一个级别的应有人数;按照相关比例对被考核者的绩效等级进行分配。该种方法避免了考核标准过于严格、总体分数过低或是考核标准过松、总体分数过高的问题,同时该种方法很好地避免了趋中现象。

微型案例 >>>

老高的烦恼

某公司又到了年终考评的时候,总经理决定用强迫分布式的末位淘汰法,根据员工一年的表现,将每个部门的员工划分为 A、B、C、D、E 五个等级,分别占 10%、20%、40%、20%、10%,如果员工有一次被排在最后一级,工资降一级,如果有两次排在最后一级,则下岗进行培训,培训后根据考察的结果再决定是否上岗,如果上岗后再被排在最后 10%,则被淘汰,培训期间只领取基本生活费。

主管人员与员工对这种绩效考核方法都很有意见。财务部主管老高每年都为此煞费苦心,该部门是职能部门,大家都没有什么错误,工作都完成得很好,把谁评为 E 档都不合适。去年,小田因家里有事,请了几天假,有几次迟到了,但是也没耽误工作,老高没办法只好把小田报上去了,为此,小田到现在还耿耿于怀。今年又该把谁报上去呢?

其实,老高的烦恼是公司绩效考评方法不当带来的。企业选择考评方法,必须针对本单位及其各个工作岗位的实际情况进行,不能搞"一刀切",要根据工作说明书和岗位评价选择适当的考评方法。财务工作是管理性、事务性的工作,考评类型应是品质主导型和行为主导型,适合的考评方法是量表评定法与行为观察量表法以及关键事件法等。

第四节　绩效考评数据的统计分析

一、绩效考评数据的处理

绩效考评数据的处理就是对所采集到的绩效考评数据进行整理、汇总、分类、统计、保存的过程。它可以采用两种形式，即手工处理和计算机处理。绩效考评数据的处理一般包括以下六项工作：

(一)表格的设计与发放

无论怎样处理采集到的考评数据，都需要预先设计绩效考评使用的各种表格。各个企业所采用的考评表格没有统一的形式，繁简不一，有些表格简单列出各项考评因素和几个空格由主管圈选，有些则需由主管和下属共同设计商定。表格的形式并无严格要求，只要达到考评目的，简洁适用就可以。表格的设计应尽可能一目了然，表格中的文字也应准确清晰，像“可靠性”“责任感”“优良”等字眼都不够明确，容易使主管与下属产生误解。

所有的考评表格都应该包括考评要素和考评指标体系，以及考评应达到的标准。具有这些条件的考评表才能把对员工的期望表达清楚，使主管与下属对工作及问题的认识趋于一致。设计完成后，应按照考评的对象，根据实际需要印制一定数量的考评表格，再发给有关人员。

表5-8至表5-10是几种常见的绩效考评表。

表5-8　　个人绩效考核表(适用职员)

姓名		员工编号		单位		职称	
报到日期		就任现职日期		上次考核日期		本次考核日期	

一、目标与工作计划执行之检讨(至少列6～10项)				自我评价					主管考核					备注
No.	目标与工作计划要项	预计达成度	实际完成日	1	2	3	4	5	1	2	3	4	5	(占40%)
				小计：　分					小计：　分					
二、整体工作表现(占60%)				小计：　分					小计：　分					小计：　分
专业能力	1.专业知识与能力													
	2.工作品质与品管意识													
	3.沟通协调能力与技巧													
	4.问题分析解决与应变能力													
	5.具备成本概念与管控能力													
工作效能	1.能及时完成交付任务的能力													
	2.工作计划能力与执行力													
	3.工作效率与品质													
工作态度	1.服从主管领导、工作态度积极与配合度													
	2.勇于提出工作改善建议案并顺利达成													
工作特质	1.负责任与自我要求严谨、具良好品德													
	2.具有该职务之人格特质与发展潜力													
创新潜力	1.个人配合团队能力与组织协调力佳													
	2.工作具创意构思、创新力强													
客户服务	1.对内部或外部客户服务的任务													
	2.提供内部或外部客户积极合作与及时态度													

整体绩效	100～90 特优(A+)	89.9～80 优(A)	79.9～70 好(B)	69.9～60 尚可(C)	59.9以下 差(D)	绩效分数		绩效等级		总分合计：

注：采用5分量表，1—很不满意，2—不满意，3—尚可，4—满意，5—非常满意

表 5-9　员工绩效考评表

部门：　　　　　　　　姓名：　　　　　　　　职务：

参与测评者(圈定一项)：本部门员工和其他部门员工代表、本部门领导(含副职)和主管相应业务公司副总

序号	测评项目	测评要点	权重	得分(从中选定一个)				
1	团队协作性	需与其他员工合作的工作，能否采取积极的协作态度和拿出实际的行动；协作的工作出现分歧时，能否采取积极解决问题的态度提出建议而不是刁难和指责；其他同事需要支援时，能否及时做出安排。	10%	20	16	12	08	04
2	工作作风	能否做到遵守公司各项规章制度，有无不实的理由请假和迟到；工作是否不必领导一一指示监督，也能正确、迅速地执行工作；对工作中的失误是否逃避责任与辩解；对领导是否有敷衍现象。	10%	10	08	06	04	02
3	知识技能	是否具备所担当职务的相关知识和执行职务工作所必需的专业知识；是否能把知识充分运用到复杂而困难问题的处理上；遇到问题时，是否有措手不及的现象；是否能够时常提出新构想，对于提高职务的执行作出努力。	20%	20	16	12	08	04
4	理解能力	是否正确了解本身的职务内容和上司的工作指令；是否能正确地掌握自身职务所扮演的角色；对平时不太熟悉的工作是否也能根据经验或稍加努力即予以圆满地完成；是否作出过草率、错误的判断或措施。	10%	20	16	12	08	04
5	工作业绩	确定的关键工作任务和岗位职责是否在指定的时间内完成与履行，以及完成与履行的质量情况是否优秀；没有完成与履行，是否由于个人主观不努力造成或是否由于客观原因造成。	50%	50	40	30	20	10

任职建议(请圈定一项)	留任　免职 提升　降职 交流	薪资调整建议(请圈定一项)	提薪并奖励 不变 扣薪并降薪	对本人述职报告真实性评价(请圈定一项)	真实 基本真实 不真实	总分

表 5-10　秘书人员绩效考评表

员工的姓名：　　　　　　员工的职位：　　　　　　所属的部门：

考核等级说明：

A. 卓越：工作绩效非常突出，能创造性地解决问题，受到公司内部一致的认同

B. 优秀：工作一向高质量，大多数方面超出绩效标准

C. 良好：工作认真，达到工作的绩效标准，称职，可信赖

D. 需改进：在绩效的某一方面存在不足，还需要改进

E. 不足：工作的绩效不足，总的来说无法接受，必须立即进行改进

工作职责	绩效标准	自我评价	同事评价	主管评价	评估等级
录入、打印各种文件(文字资料)(25%)	1. 一个月内由于错误而被退回的文件数不超过5次 2. 一个月内没有在承诺的期限之内完成文件次数不超过5次 3. 文件没有文字和语法上的错误 优秀绩效的表现：主动提高文件的信息，主动纠正文章的语病，文字错误，采用节省耗材的做法				等级： 评语：
起草通知或日常的信件(30%)	主管人员认为对草稿做微小的修改就可以发送了。 优秀绩效的表现：起草文件时仅需要极少的指导，一些日常的信件无需主管干预就可以正确处理				等级： 评语：

（续表）

工作职责	绩效标准	自我评价	同事评价	主管评价	评估等级
为出差人员安排旅程（15%）	1.安排符合出差者的要求 2.按时准确预订旅店、车辆 3.费用报表及时、准确完成				等级： 评语：
安排会议（20%）	1.在会议开始前能准备好会议所需的设备和材料 2.会议进程顺利，较少在会议出现错误				等级： 评语：
接待方面的工作（10%）	1.待人热情，招呼周到，安排妥当 2.让客人有宾至如归之感				等级： 评语：

最后考核等级：

员工签名：

主管签名：

日期：

（二）收集考评数据记录

实施绩效考评应该收集各种有关的数据资料，以便对员工作出正确而全面的评价，如果未能做到这一点，就只能凭模糊的记忆来评判。因此，人力资源部门设计印制的各种对部门和员工绩效进行考评的相关表格，应明确规定填报考评表格的时间。人力资源部在发出表格后，如果在规定的时间内仍未能收齐考评数据记录，则应与部门负责人联系，以确保考评工作的顺利进行。考评工作的延误可能是由于部门负责人工作非常繁忙，没有时间交考评表，也有可能还有其他原因。因此，在考评期限前，应及时了解考评的进度情况，与各负责考评的有关人员进行沟通，要求其按时完成本阶段的考评工作。

（三）考评数据的统计

收齐各种考评表之后，应根据绩效考评的要求，将员工考评结果进行分类整理，要确保数据检验的正确性。在对数据进行统计之前进行以下的检验：

1.识别信息检验，如岗位名称与员工姓名是否正确，与实际相符；员工名单是否有遗漏等。

2.考评程序与方法合理性的检验。

3.考评数据的信度检验。

4.考评数据的效度检验。

（四）数据的计算机处理

如果数据少、简单，可用手工处理；数据多、复杂，则用计算机进行处理，即把各种考评数据存储在计算机中，根据需要调用。按考评数据的情况，利用计算机选择或设计统计软件表格，用于存储有关资料和数据。考评数据的统计至少包括以下项目：员工编号、部门、人数、考评类别、考评分数、考评项目等。重要的是给文档起一个文件名以易识别。可以用扫描仪把原始数据输入到计算机归类系统中，使用扫描仪可以解决用大量时间输入和校对资料的问题。为确保考评资料的保密性，应设立密码。当考评数据资料存储在磁盘上时，制作备份是非常重要的。

考评数据的计算机处理中一项很重要的工作是将企业员工的绩效信息分类汇总，参见表 5-11。

表 5-11　　员工考核结果分类汇总表

部门(单位)：　　　　　日期：　年　月　日

对象：部门经理/主管(　　)室主任(　　)一般管理人员(　　)班组长(　　)工人(　　)

序号	姓名	岗位名称	任职时间	考核结果			总分名次
				态度	能力	业绩	

注：本表分别以部室、班组为单位，按具体考核对象分类进行统计汇总。

(五)考评数据的保存

考评数据的保存应该满足考评工作的要求，根据需要能迅速检索，及时调用，这对考评工作的有效运作是至关重要的。如果你的办公桌上堆满了许多文件，当需要查找某个数据时，可能要花费大量时间，因此，在处理考评数据时，应当建立检索目录，并定期进行归类整理。按类归档、存档的考评数据更易查找使用。

(六)文档的保管

考评数据和资料必须保存一定时间，以满足企业人力资源管理的需要。至于时间的长短，可根据各个单位的需求有所不同。每个单位应有保留数据的规定，统计的信息必须保留到统计汇总取得了正确的结果。每年要对所存储的考评数据和资料进行一次全面的检查，识别出哪些是要保留的资料，哪些是没有保留价值应当清理的资料。员工的考评数据和资料，必须注意保密。有些企业还有供各个部门公共使用的中央人事档案库，集中保管考评数据资料，有些企业采用各部门保管考评数据资料的方式，而有些企业同时采用上述两种保管考评资料的方式。

二、绩效考评数据的分析方法

(一)顺序法

顺序法是将考评分数按照其高低顺序进行排列，根据员工考评得到的分值所处的位置，说明员工在考评中的排序。顺序法可依据总分进行排序，也可依照要素得分或指标得分进行排序。

(二)能级分析法

能级分析法是指用一定的临界点将考评得分划分为若干等级，并对此进行评价的方法。能级的划分可以是总分，也可以是结构分或要素分，它同顺序法的主要区别是后者只将分数排队，如：100 分、91 分、81 分，以此类推；能级分析法是将分数划区分类，如：0～59 分为差，60～69 分为一般，70～79 分为中，80～89 分为良，90 分及以上为优。

(三)对比分析法

对比分析法是将两个以上的考评结果进行对比分析，比较其绩效情况，对比时可以用数据的总分比较，也可以采用要素或结构得分进行比较。

(四)综合分析法

综合分析法是指运用考评数据对员工进行全面、细致、综合的评价,这种评价只根据考评标准进行分析,不与别人的考评结果进行对比。

(五)常模分析法

常模分析法是将某个员工的考评结果与某个固定的岗位模式要求进行分析比较,看与这个模式相符的程度,从而对其绩效进行评价。

本章小结

绩效是指一定组织中、一定时期内个体或群体的工作行为和表现,及其直接的劳动成果和最终效益的统一体。绩效具有多因性、多维性和动态性等特性。

绩效考评是指考评者按照一定的程序、采用一定的方式方法,根据预先设定的考评指标和标准,对被考评者(个体或群体)的工作态度、工作行为、工作能力和工作结果进行测量、考核和评价的过程。

绩效管理是指为实现组织发展战略和目标,采用科学的方法,通过对员工个人或群体的行为表现、劳动态度和工作业绩,以及综合素质的全面监测、考核、分析和评价,充分调动员工的积极性、主动性和创造性,不断改善员工和组织的行为,提高员工综合素质,挖掘其潜力的活动过程。绩效管理的目标是不断改善组织氛围,优化作业环境,持续激励员工,提高员工素质,提高组织效率。

绩效管理系统由绩效管理程序系统和绩效管理制度构成,绩效管理的程序包括五个阶段,即准备阶段、实施阶段、考评阶段、总结和反馈阶段、应用开发阶段。根据企业实际情况,建立以绩效考评为中心的管理体系,意味着企业采用科学规范的绩效考评程序,选择最适合自身情况的考评制度、考评方法。绩效考评包括业绩、能力和态度考评等内容,考评方法包括等差图表法、要素评定法、关键事件法、360°考评法、成对比较法等。

复习思考

1. 什么是绩效管理?如何认识绩效管理与绩效考评的关系?
2. 绩效管理有哪些功能?
3. 在绩效管理的准备和考评阶段要做好哪些工作?
4. 在绩效反馈过程中要注意什么问题?
5. 绩效考评的特点和内容各是什么?
6. 绩效考评有哪些类型?
7. 关键事件法和360°考评法各有什么优缺点?
8. 绩效考评数据的处理应该包括哪些工作?

实训设计

1. 实训项目:营销人员绩效管理方案的设计。

2. 实训目的:通过设计活动使学生加深对绩效管理系统的认识,熟悉绩效管理程序中五个阶段的具体工作,能够编制出具有一定操作性的绩效管理方案。

3. 实训内容：S公司是一家食品加工企业，为了加强对公司营销人员的绩效管理工作，公司新成立的人力资源部准备制定一套"营销人员绩效管理方案"，假设你是该公司人力资源部新任的部长，请撰写一份"营销人员绩效管理方案"。要求：(1)以小组为单位进行设计，3～5人为一个小组；(2)尽可能将绩效管理程序五个阶段的具体事项包含进去。

4. 实训考核：以设计文本作为考核依据，考核点：(1)方案是否体现集体意志；(2)方案是否包含了五个阶段的一些具体工作；(3)方案是否具有一定的可操作性；(4)方案文本是否规范、整洁。

案例分析

用好公平公正的尺子

浙江省绍兴市烟草专卖局(分公司)实施的员工动态管理，可以形象地概括为：一架梯子、一把尺子。所谓"一架梯子"，就是通过制定制度，建立一个升降通道，使优秀的员工能够一档一档地升上去，表现差的员工一档一档地降下来。所谓"一把尺子"，就是建立一套完整、科学、合理的考核体系，对员工进行公开、公平、公正的考核，客观准确地"测量"出员工的工作业绩和能力。

在实施员工动态管理过程中，绍兴市烟草专卖局(分公司)严把考核关，大力实施"阳光考核"，用好公平公正这把"尺子"。

(一)公布标准

套档结束后，绍兴市烟草专卖局(分公司)和各县级局(公司)对所有员工进行了年度绩效考核。考核前，各单位都把考核细则、考核程序在内部网上公布，使员工对考核标准早了解、早知道。各单位还组织执考人员对考核内容及标准进行解释，解答员工的疑问，统一对考核标准的理解。

员工动态管理考核的操作程序为：公布各岗位考核标准——年初公布各岗位本年度升退档名额——实施绩效考核——公示员工考核结果——年终根据成绩和名额确定各岗位拟升退档人员名单——对拟升退档人员进行公示——发文公布升退档决定——调整升退档员工待遇。

绍兴市局(分公司)局长(经理)戴伟坤介绍说："我们规定，升档人数原则上不高于总人数的10%。退档人数具体为：机关综合岗位和网所负责人岗位为升档人数的1/2，客户经理为升档人数的2/3，其他岗位与升档人数相等。"

(二)细分考核

"对员工的考核分岗位进行。"人劳处处长陈绍春告诉记者，"我们把所有员工岗位分为网所负责人、客户经理、电访员、送货员、物流中心内勤、专卖稽查员、专卖片区责任人、机关综合岗位共八类。根据每一类岗位制订一套考核细则，对员工考核成绩的比较和排序在同类岗位人员中进行。"

所有员工的考核都分为工作业绩和素质能力两部分。对员工工作业绩的考核主要包括本职工作各项指标完成情况，对素质能力的考核包括学历、专业技术职务任职资格、在各种重大比赛中的获奖情况等。通过分值设置，使工作业绩分在员工考核成绩中占主导，素质能力分起一定的作用,以引导员工把主要精力放在做好本职工作上。

(三)阳光考核

绍兴市烟草专卖局(分公司)在对员工的考核中坚持公开、公平、公正的原则,所有考核结果都张榜或网上公布,使考核全过程都置于职工的监督之下。

为了确保考核公正,绍兴市烟草专卖局(分公司)建立了考核监督程序,对员工动态管理的所有考核结果都要公示7天。员工如对自己或他人的考核结果有异议,可在公示期内向执考部门提出,执考部门将按规定进行复核。员工如对复核后的考核结果或考核的公正性有异议,可在复核后7天内向员工动态管理督查组反映。

督查组由市局(分公司)监察处与工会有关人员组成,负责处理职工对考核问题的投诉。人劳处和纪检部门则承担着对督查的再监督职能。

2004年,共有6人对考核结果提出异议。执考部门经复核,对其中两起差错进行了纠正。员工对复核后的结果和考核公正性没有再提出异议,市局(分公司)系统各单位的督查组都没有收到员工的投诉。2004年员工考核结束后,有两名正式员工由2档降到3档。当单位有关领导找他们谈话时,他们很平静地表示:“分数摆在那里,我心服口服,没什么可说的。”“只有靠努力工作使自己再升上去了。”

(四)结果兑现

根据员工动态管理制度规定,年度考核结束后,要按程序兑现考核结果,确定员工升退档。做好这项工作,事关员工动态管理制度能否真正取信于员工。绍兴市烟草专卖局(分公司)重点抓了以下两件事:

首先,他们严格依据《员工动态管理制度》的规定兑现考核结果。凡《员工动态管理制度》、考核细则及绍兴市考核领导小组解释中有明确规定的,按规定执行;没有明确规定的问题,根据《员工动态管理制度》总的原则,结合实际进行处理。

其次,在考核结果兑现过程中加强思想政治工作。分公司要求,在兑现考核结果时,各单位都要密切注意员工的思想动向,及时做好员工的思想政治工作。特别是对退档的员工,必须逐一进行谈话。对档次较高的退档员工,各单位领导干部要与他们及时进行沟通,做好引导工作,确保整个考核兑现工作平稳完成。

(资料来源:http://www.hr.com.cn)

案例思考

结合你所学过的绩效管理程序,请思考:本案例中绍兴市烟草专卖局(分公司)的绩效考评工作是否流程完整?另外,绍兴市烟草专卖局在绩效管理中有哪些成功的做法是值得学习的?

第六章

员工激励理论

学习目标

知识目标

☞理解激励的概念，了解激励的过程，掌握激励理论体系。

☞掌握内容型激励理论：需要层次理论、ERG理论、双因素理论、成就需要理论。

☞掌握过程型激励理论：期望理论、公平理论、目标设置理论。

☞了解行为改造理论和综合激励理论。

技能目标

☞能够灵活运用激励艺术去指导工作实践。

引导案例 >>>

没有退路也是一种激励

一位原籍上海的中国留学生刚到澳大利亚的时候，为了寻找一份能糊口的工作，他骑着一辆旧自行车沿着环澳公路走了数日，替人放羊、割草、收庄稼、洗碗……只要给一口饭吃，他就会暂且停下疲惫的脚步。

一天，在唐人街一家餐馆打工的他，看见报纸上刊出了澳洲电讯公司的招聘启事。留学生担心自己的英语不地道，专业不对口，他就选择了线路监控员的职位去应聘。过五关斩六将，眼看他就要得到那年薪三万五的职位了，不料招聘主管却出人意料地问他："你有车吗？你会开车吗？我们这份工作经常外出，没有车寸步难行。"

澳大利亚公民普遍拥有私家车，无车者很少，可这位留学生刚到这，还属于无车一族。为了争取这个极具诱惑力的工作，他不假思索地回答："有！有！""四天后你开车来上班。"主管说。

4天之内要买车、学车谈何容易？但为了生存，留学生豁出去了。他在华人朋友那借了一些钱，从旧车市场买了一辆外表很丑的"甲壳虫"。第一天他跟华人朋友学简单的驾驶技术；第二天在朋友屋后的大草坪模拟练习；第三天歪歪斜斜地开着车上了公路；第四天他居然驾车去公司报到。时至今日，他已经是澳洲电讯公司的业务主管了。

启示：这位留学生的专业水平如何我们无从知道，但是我们都佩服他的胆识。如果他当初畏首畏尾地不敢向自己挑战，绝不会有今天的辉煌。那一刻，他毅然地斩断自己的退路，让自己置身于命运的悬崖绝壁之上。正是面临这种后无退路的境地，人才会集中精力奋勇向前，争得到属于自己的位置。给自己一片没有退路的悬崖，从某种意义上说，是给自己一个向生命高地冲锋的机会。

第一节　激励的基本理论

一、激励的概念

激励是人力资源管理中的重要问题,不管是从事激励研究的学者,还是从事企业经营的管理者都非常关注激励问题的研究。因为每个人都需要激励,需要自我激励,需要来自同事、群体、领导和组织方面的激励。企业中的管理工作需要创造并维持一种激励的环境,在此环境中使员工完成组织目标。在工作中,一个主管人员如果不知道如何去激励人,便不能提高员工的工作绩效和工作效率,挖掘员工的内在潜力,挽留住人才,也就不能很好地完成管理工作。

所谓激励,从词义上看,就是激发鼓励的意思。组织行为学中的激励含义,主要是激发人的内驱力,使人有一股内在的动力,让个体朝着所期望的目标努力的心理活动过程,也可说是调动积极性的过程。激励虽然有多种定义,但一般都包括三个方面的因素:

(一)人们的行为是由什么激发并赋予活力的。人们自身有什么内在的追求或需要,能驱动他们以一定方式表现出特定行为,以及有哪些外在的环境因素触发了此种活动。

(二)是什么因素把人们正被激活的行为引导到一定方向上去的。这是指人的行为总是指向一定的目的物,并且总是有所为而发。

(三)这些行为如何能矫正、保持和延续,以及激励行为正在进行过程中的行为主体和客体的主观反应。

二、激励的基本特征

当一个人在被激励的过程中,我们通常可以看到被激励者会有三类表现:

第一,被激励者十分努力地工作;

第二,被激励者长时间坚持某种行为;

第三,被激励者目标明确稳定。

我们可以把上面三类表现归结为三种基本的激励特征。

(一)努力程度

激励的第一个特征是指被激励者在工作中表现出来的工作行为的强度或努力程度的总和。例如,员工受到激励后能够提高工作效率,使产量提高一倍。

(二)持久程度

激励的第二个特征是指被激励者在努力完成工作任务方面表现出来的长期性。例如,某位同志被评选为优秀工作者后,长期保持认真负责的工作态度。

(三)方向性

激励的第三个特征是指被激励者能否按激励的方向去努力。激励者有时的激励行为能够使被激励者的行为按自己设计的方向去发展,但有时也可以使激励行为得到相反的作用。

三、激励过程

人的行为是由于受到内、外各种诱发因素的刺激，从而产生某种需要，这种未满足的需要会带来一种紧张感，从而引起躯体内部产生一种内驱力，即动机。激励者依靠环境和自身的能力，使用各种激励的手段，去改变被激励者的行为，从而达到改善被激励者绩效的作用。而激励改变的绩效将继续影响下一次激励，所以说激励可以成为一种持续往复的过程，如图 6-1 所示。

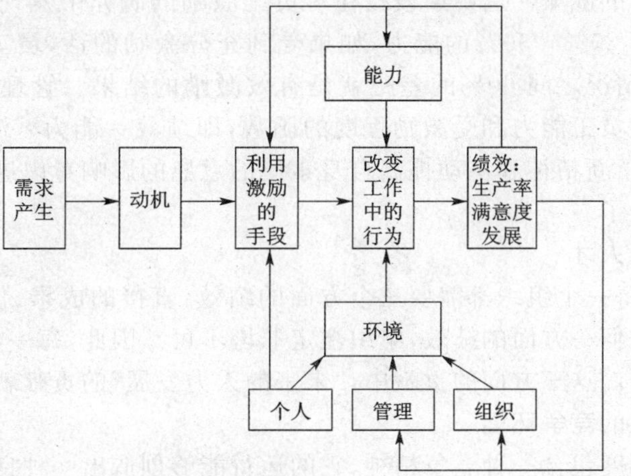

图 6-1　激励过程

由以上分析可知，激励过程要注意以下几个要点：

（一）要了解需要的复杂性和能动性。每一个人都会有许多需要、愿望和期待，了解每个人的需要强度、结构、变化、满足需要的方法及需要不能满足时应该如何处理。

（二）人们在取舍动机的方式以及追求这些动机的驱动力方面存在很大差异。不同的理想、价值观会导致激励行为的不同效果。

（三）激励要及时明确。人们往往对近期眼前的激励印象深刻，所以要提高激励效果，要及时采取措施。激励措施还应该做到目标明确，并通过必要沟通使被激励者了解激励的目标和达到目标的途径。

四、激励理论体系

在研究激励问题和制定激励措施时，都不可避免地要考虑三个问题：指明激发人们行为的因素以及这些因素是如何激发人的行为的；激励对象为什么会做出某种行为而彼此间的行为为什么又会存在差异；怎样使消极的行为消失，积极的行为得到强化。因此，当代激励理论体系包括以下四个方面：

（一）内容型激励理论。重点是寻找激励因素，有需要层次理论、双因素理论、ERG 理论、成就需要理论。

（二）过程型激励理论。重点是解释激励过程，如期望理论、公平理论、目标设置理论。

（三）改造型激励理论。重点是改造和转变人的消极行为，如挫折理论、强化理论。

（四）综合激励理论。这是综合内容型、过程型、改造型理论提出来的，如波特和劳勒的综合激励理论和罗宾斯的综合激励理论等。

五、激励的作用

(一)吸引优秀的人才到企业来

在发达国家的许多企业中,特别是那些竞争力强、实力雄厚的企业,都通过各种优惠政策、丰厚的福利待遇、快捷的晋升途径来吸引企业需要的人才。

(二)开发员工的潜在能力,促进在职员工充分地发挥其才能和智慧

美国哈佛大学的威廉·詹姆斯教授在对员工激励的研究中发现,按时计酬的分配制度仅能让员工发挥20%～30%的能力,如果受到充分激励的话,员工的能力可以发挥出80%～90%,两种情况之间60%的差距就是有效激励的结果。管理学家的研究表明,员工的工作绩效等于员工能力和受激励程度的函数,即绩效=能力×激励。如果把激励制度对员工创造性、革新精神和主动提高自身素质的意愿的影响考虑进去的话,激励对工作绩效的影响就更大了。

(三)留住优秀人才

德鲁克认为,每一个组织都需要三个方面的绩效:直接的成果、价值的实现和未来的人力发展。缺少任何一方面的绩效,组织注定非垮不可。因此,每一位管理者都必须在这三个方面均有贡献。这三方面的贡献中,"未来的人力发展"的贡献就是来自激励工作。

(四)造就良性的竞争环境

科学的激励制度包含一种竞争精神,它的运行能够创造出一种良性的竞争环境,进而形成良性的竞争机制。在具有竞争性的环境中,组织成员就会受到环境的压力,这种压力将转变为员工努力工作的动力。正如麦格雷戈所说:"个人与个人之间的竞争,才是激励的主要来源之一。"在这里,员工工作的动力和积极性成了激励工作的间接结果。

第二节　内容型激励理论

一、需要层次理论

美国著名的人本主义心理学家马斯洛认为,人的一切行为都是由需要引起的,他在1943年出版的《调动人的积极性的理论》一书中提出了著名的需要层次理论。马斯洛把人的多种多样的需要归纳为五大类,并按照它们发生的先后次序分为五个等级(如图6-2)。

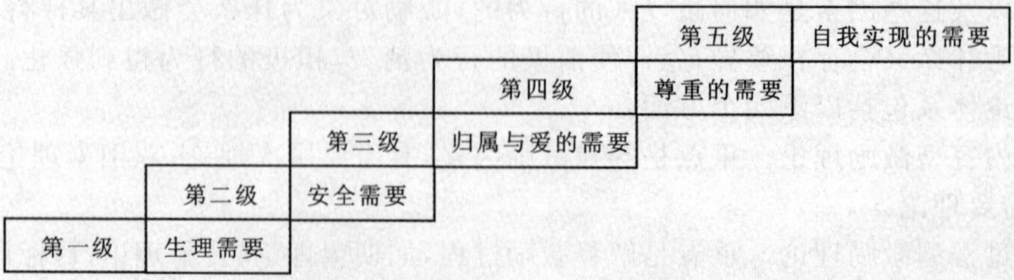

图6-2　人类需要的层次结构(马斯洛)

(一)生理需要

生理需要是人类最原始的也是最基本的需要,如吃饭、穿衣、住宅、医疗等。只有在生理需要基本满足之后,其他的需要才能成为新的激励因素;而在未满足之前,生理需要是推动人们行为的最大动力。

(二)安全需要

当一个人的生理需要得到满足后,满足安全的需要就会产生。个人寻求生命、财产等个人生活方面免于威胁、孤独、侵犯并得到保障的心理就是安全的需要。

(三)归属与爱的需要

这是一种社会需要,包括同人往来,进行社会交际,获得伙伴之间、朋友之间的关系融洽或保持友谊和忠诚,人人都希望获得别人的爱,给予别人爱,并希望被团体与社会所接纳,成为其中的一员,得到相互支持与关照。

(四)尊重的需要

尊重的需要包括受人尊重与自我尊重两方面。前者是希求别人的重视,获得名誉、地位;后者希求个人有价值,希望个人的能力、成就得到社会的承认。

(五)自我实现的需要

自我实现的需要是指实现个人理想、抱负,最大限度地发挥个人的能力的需要,是需要层次理论的最高层次。马斯洛认为:为满足自我实现的需要所采取的途径是因人而异的。有人希望成为一位成功的商人,有人希望成为体育明星,还有人希望成为画家或音乐家。简而言之,自我实现的需要是指最大限度地发挥一个人的潜能的需要。

马斯洛把五种需要分为高层次需要和低层次需要。生理需要和安全需要是低层次需要;归属与爱的需要、尊重的需要和自我实现的需要是高层次需要。区分这两个层次的需要的前提是:较高层次的需要从内部使人得到满足,较低层次的需要从外部得到满足。

马斯洛认为各层次需要之间有以下一些关系:

1. 一般来说,这五种需要像阶梯一样,从低到高。低一层次的需要获得满足后,就会向高一层次的需要发展。

2. 这五种需要不是每个人都能满足的,越是靠近顶部的成长型需要,满足的百分比越少,但是激励力量越强。

3. 同一时期,个体可能同时存在多种需要,因为人的行为往往是受多种需要支配的。每一个时期总有一种需要占支配地位。

近来的研究有些新发现:缺乏型需要几乎人人都有,而成长型需要并不是所有人都有。尤其是自我实现的需要,相当部分的人没有。满足需要时不一定先从最低层次开始,有时可以从中层,或高层开始;有时个体为了满足高层次的需要而牺牲低层次的需要。任何一种需要并不因为满足而消失,高层次需要发展时,低层次需要仍然存在,在许多情景中,各层次的需要相互依赖与重叠。

相关链接 >>>

亚伯拉罕·马斯洛简介

亚伯拉罕·马斯洛(Abraham Harold Maslow, 1908—1970)美国最有影响的一位心

理学家。

第二次世界大战后，他开始对健康人格或自我实现者的心理特征进行研究。曾任美国人格与社会心理学会主席和美国心理学会主席(1967)，是《人本主义心理学》和《超个人心理学》两个杂志的首任编辑。

马斯洛最伟大的贡献是于50年代创建了人本主义心理学派，被誉为“人本主义心理学之父”，并第一次把“自我实现的人”和“人类潜力”的概念引入心理学的范畴。他开创了人本主义心理学研究的新取向，构建了需要层次论和自我实现论，促进了以人为中心管理理论的发展。

二、双因素理论

双因素理论，是美国的行为科学家弗雷德里克·赫茨伯格(Fredrick Hertzberg)于1959年提出来的，又称激励因素—保健因素理论。

20世纪50年代末期，赫茨伯格和他的助手们在美国匹兹堡地区对二百名工程师、会计师进行了调查访问。访问主要围绕两个问题：在工作中，哪些事项是让他们感到满意的，并估计这种积极情绪持续多长时间；又有哪些事项是让他们感到不满意的，并估计这种消极情绪持续多长时间。赫茨伯格以对这些问题的回答为材料，着手去研究哪些事情使人们在工作中快乐和满足，哪些事情造成不愉快和不满足。结果他发现，使职工感到满意的都是属于工作本身或工作内容方面的；使职工感到不满的，都是属于工作环境或工作关系方面的。他把前者叫做激励因素，后者叫做保健因素。

1959年，赫茨伯格在广泛调查的基础上写作出版了《工作的激励因素》一书，正式提出了激励的双因素理论。

(一) 保健因素

保健因素对职工产生的效果类似于卫生保健对身体健康所起的作用。保健从人的环境中消除有害于健康的事物，它不能直接提高健康水平，但有预防疾病的效果；它不是治疗性的，而是预防性的。当保健因素恶化到人们认为可以接受的水平以下时，就会引起职工对工作的不满；当保健因素改善后，职工的不满情绪会消除，但并不会导致积极的后果，而只是处于一种既非满意、又非不满意的中性状态。因此，保健因素不能直接起激励职工的作用，但能防止职工产生不满情绪。保健因素可以归纳为十项：企业的政策和行政管理、监督、与上级的关系、与同事的关系、与下级的关系、工资和福利、工作安全、个人生活、工作条件、地位。

(二) 激励因素

激励因素是指那些能带来积极态度、满意和激励作用的因素，这是那些能满足个人自我实现需要的因素，包括：工作上的成就感、受到重视、提升、工作本身的性质、责任、个人成长和发展的可能性六种。如果这些因素具备了，就能对人们产生明显的激励作用。从这个意义出发，赫茨伯格认为传统的激励假设，如工资刺激、人际关系的改善、提供良好的工作条件等，都不会产生更大的激励；它们能消除不满意，防止产生问题，但这些传统的激励因素即使达到最佳程度，也不会产生积极的激励。按照赫茨伯格的意见，管理者应该认识到保健因素是必需的，不过员工在满足后保健因素就不能产生更积极的效果。只有“激励因素”才能使人们有更好的工作成绩。

赫茨伯格及其同事以后又进行了多次调查，他们发现，由于调查对象和条件的不同，各种因素的归属有些差别，但总的来看，激励因素基本上都是属于工作本身或工作内容的，保健因素基本都是属于工作环境和工作关系的。但是，赫茨伯格注意到，激励因素和保健因素都有若干重叠现象，如赏识属于激励因素，基本上起积极作用；但当没有受到赏识时，又可能起消极作用，这时又表现为保健因素。工资是保健因素，但有时也能产生使职工满意的结果。

赫茨伯格的双因素理论同马斯洛的需要层次理论有相似之处。他提出的保健因素相当于马斯洛提出的生理需要、安全需要等较低级的需要；激励因素则相当于受人尊敬的需要、自我实现的需要等较高级的需要，如图 6-3 所示。

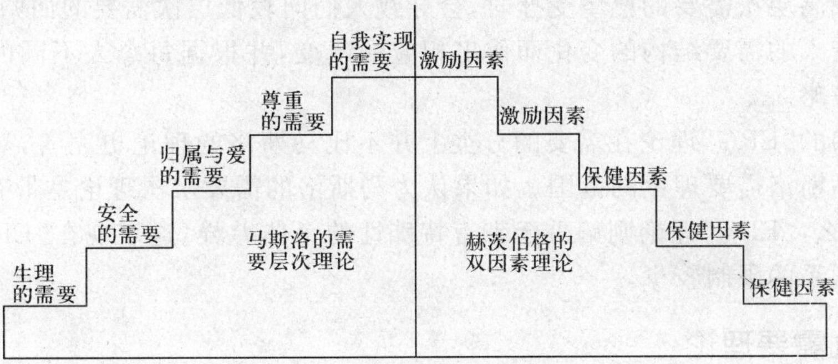

图 6-3　需要层次理论与双因素理论的对比

三、ERG 理论

美国耶鲁大学的克雷顿·奥尔德弗(Clayton Alderfer)在马斯洛提出的需要层次理论的基础上，进行了更接近实际经验的研究，提出了一种新的人本主义需要理论。奥尔德弗认为，人们共存在 3 种核心的需要，即生存(Existence)的需要、相互关系(Relatedness)的需要和成长发展(Growth)的需要，因而这一理论被称为"ERG"理论。

生存(Existence)的需要。这类需要关系到机体的存在或生存，包括衣、食、住以及工作组织为使其得到这些因素而提供的手段。这实际上相当于马斯洛理论中的生理需要和安全需要。

相互关系(Relatedness)的需要。这是指发展人际关系的需要。这种需要通过工作中或工作以外与其他人的接触和交往得到满足。它相当于马斯洛理论中的归属与爱的需要和一部分尊重需要。

成长发展(Growth)的需要。这是个人自我发展和自我完善的需要。这种需要通过发展个人的潜力和才能，从而得到满足。这相当于马斯洛理论中的自我实现的需要和尊重的需要。

除了用 3 种需要替代了 5 种需要以外，与马斯洛的需要层次理论不同的是，奥尔德弗的"ERG"理论还表明：人在同一时间可能有不止一种需要起作用；如果较高层次需要的满足受到抑制的话，那么人们对较低层次的需要的渴望会变得更加强烈。

马斯洛的需要层次是一种刚性的阶梯式上升结构，即认为较低层次的需要必须在较高层次的需要满足之前得到充分的满足，二者具有不可逆性。而相反的是，"ERG"理论并不认为各类需要层次是刚性结构，比如说，即使一个人的生存和相互关系需要尚未得到完全满足，他仍然可以为成长发展的需要工作，而且这 3 种需要可以同时起作用。

此外，“ERG”理论还提出了一种叫做“受挫——回归”的思想。马斯洛认为当一个人的某一层次需要尚未得到满足时，他可能会停留在这一需要层次上，直到获得满足为止。相反的，“ERG”理论则认为，当一个人在某一更高等级的需要层次受挫时，那么作为替代，他的某一较低层次的需要可能会有所增加。例如，如果一个人社会交往需要得不到满足，可能会增强他对得到更多金钱或更好的工作条件的愿望。与马斯洛需要层次理论相类似的是，“ERG”理论认为较低层次的需要满足之后，会引发出对更高层次需要的愿望。不同于需要层次理论的是，“ERG”理论认为多种需要可以同时作为激励因素而起作用，并且当满足较高层次需要的愿望受挫时，会导致人们向较低层次需要的回归。因此，管理措施应该随着人的需要结构的变化而作出相应的改变，并根据每个人不同的需要制定出相应的管理策略。

阿尔德弗的“ERG”理论在需要的分类上并不比马斯洛的理论更完善，对需要的解释也并未超出马斯洛需要理论的范围。如果认为马斯洛的需要层次理论是带有普遍意义的一般规律，那么，“ERG”理论则偏重于带有特殊性的个体差异，这表现在“ERG”理论对不同需要之间联系的限制较少。

四、成就需要理论

美国哈佛大学教授戴维·麦克利兰是当代研究动机的权威心理学家。他从 20 世纪 40～50 年代起就开始对人的需求和动机进行研究，提出了著名的“三种需要理论”，并得出了一系列重要的研究结论。

麦克利兰提出了人的多种需要，他认为个体在工作情境中有三种重要的动机或需要：

（一）成就需要：争取成功，希望做到最好的需要

麦克利兰认为，具有强烈的成就需要的人渴望将事情做得更为完美，提高工作效率，获得更大的成功，他们追求的是在争取成功的过程中克服困难、解决难题、努力奋斗的乐趣，以及成功之后的个人成就感，他们并不看重成功所带来的物质奖励。个体的成就需要与他们所处的经济、文化、社会、政府的发展程度有关；社会风气也制约着人们的成就需要。麦克利兰发现高成就需要者的特点是：

1. 及时明确的反馈。高成就需要者希望他们的行为能够得到及时明确的反馈，告诉他们自己的行为效果。因此，高成就需要者一般会选择业绩比较容易考核的职业。

2. 适度挑战性的目标。高成就需要者一般设置中等挑战性目标。因为他们想通过克服困难来证明成功的结果是由于他们自己的努力行为引起的。高成就需要者对于自己感到成败机会各半的工作，表现得最为出色。他们不喜欢成功的可能性非常低的工作，这种工作碰运气的成分非常大，那种带有偶然性的成功机会无法满足他们的成功需要；同样，他们也不喜欢成功的可能性很大的工作，因为这种轻而易举就取得的成功对于他们的自身能力不具有挑战性。他们喜欢设定通过自身努力才能达到的奋斗目标。对他们而言，当成败可能性均等时，才是一种能从自身的奋斗中体验成功的喜悦与满足的最佳机会。

3. 对成就的满足。高成就需要者完成任务后的满足感是由于完成任务本身所带来的，他们对任务本身以外的因素并不十分重视，如高成就需要者完成任务并不希望必须有

相应的物质奖励。

4. 事业心强，有进取心，敢冒一定的风险，比较实际，大多是进取的现实主义者。

(二)权力需要：影响或控制他人且不受他人控制的需要

权力需要是指影响和控制别人的一种愿望或驱动力。不同人对权力的渴望程度也有所不同。权力需要较高的人喜欢支配、影响他人，喜欢对别人"发号施令"，注重争取地位和影响力。他们喜欢具有竞争性和能体现较高地位的场合和情境，他们也会追求出色的成绩，但他们这样做并不像高成就需要的人那样是为了个人的成就感，而是为了获得地位和权力或与自己已具有的权力和地位相称。权利需要是管理成功的基本要素之一。

(三)亲和需要：建立友好亲密的人际关系的需要

亲和需要就是寻求被他人喜爱和接纳的一种愿望。高亲和需要者渴望友谊，喜欢合作而不是竞争的工作环境，希望彼此之间的沟通与理解，他们对环境中的人际关系更为敏感。有时，亲和需要也表现为对失去某些亲密关系的恐惧和对人际冲突的回避。亲和需要是保持社会交往和人际关系和谐的重要条件。

在大量的研究基础上，麦克利兰对成就需要与工作绩效的关系进行了十分有说服力的推断。首先，高成就需要者喜欢能独立负责、可以获得信息反馈和独立冒险的工作环境。他们会从这种环境中获得高度的激励。麦克利兰发现，在小企业的经理人员和在企业中独立负责一个部门的管理者中，高成就需要者往往会取得成功。其次，在大型企业或其他组织中，高成就需要者并不一定就是一个优秀的管理者，原因是高成就需要者往往只对自己的工作绩效感兴趣，并不关心如何影响别人去做好工作。再次，亲和需要与权力需要和管理的成功密切相关。麦克利兰发现，最优秀的管理者往往是权力需要很高而亲和需要很低的人。如果一个大企业的经理的权利需要与责任感和自我控制相结合，那么他很有可能成功。最后，可以对员工进行训练来激发他们的成就需要。如果某项工作要求高成就需要者，那么，管理者可以通过直接选拔的方式找到一名高成就需要者，或者通过培训的方式培养自己原有的下属。

麦克利兰的动机理论在企业管理中很有应用价值。首先在人员的选拔和安置上，通过测量和评价一个人动机体系的特征对于如何分派工作和安排职位有重要的意义。其次，由于具有不同需要的人需要不同的激励方式，了解员工的需要与动机有利于合理建立激励机制。再次，麦克利兰认为动机是可以训练和激发的，因此可以训练和提高员工的成就动机，以提高生产率。

表 6-1　　内容型激励理论的对比

<table>
<tr><th>需要层次理论</th><th>双因素理论</th><th>ERG 理论</th><th>成就需要理论</th></tr>
<tr><td>自我实现需要</td><td rowspan="2">激励因素</td><td rowspan="2">成长发展的需要</td><td>成就的需要</td></tr>
<tr><td>尊重需要</td><td>权力需要</td></tr>
<tr><td>归属与爱的需要</td><td rowspan="3">保健因素</td><td>相互关系的需要</td><td rowspan="3">亲和需要</td></tr>
<tr><td>安全需要</td><td rowspan="2">生存的需要</td></tr>
<tr><td>生理需要</td></tr>
</table>

第三节　过程型激励理论

一、期望理论

维克托·弗鲁姆(Victor H. Vroom),著名心理学家和行为科学家,他深入研究了组织中个人的激励和动机,率先提出了形态比较完备的期望理论模式,并于1964年在其著作《工作与激励》一书中阐述了期望理论模式。

(一)期望理论的基本假设

对组织行为原因的四种假设构成了期望理论的基础。

1.个人和环境的组合力量决定一个人的行为,仅有个人或仅有环境是不可能决定一个人的行为的。人们带着各种各样的期望加入组织,对他们的事业、需求、激励和过去历史的期望,所有这些期望将影响他们对组织的回报。

2.人们决定他们自己在组织中的行为,有许多东西限制人们的行为(规章、制度、规范等),尽管如此,人们还是做出两条清醒的决定:首先,决定是否来工作,是留在原公司还是跳槽到新公司(成员决定);其次,决定他们在完成工作时付出努力的程度(效率、努力程度、同事关系等)。

3.不同的人有着不同类型的需求和目标,人们希望从他们的工作中得到不同的成果。

4.人们根据他们对一个假设的行为将导致的希望获得成果的程度,在变化的情况中来做出他们的决定。人们倾向做那些他们认为将导致他们所希望的回报的事情,而避免做那些他们认为将导致他们所不希望的后果的事情。

弗鲁姆认为:职工要是相信目标的价值并且可以看到做什么才有助于实现这样的目标时,他们就会受到激励去工作以达到企业的目标。在某种意义上,这是马丁·路德(Martin Luther)在几个世纪以前说的"在这个世界上所做的每一件事都是抱着希望而做的"这句话的一种现代表述方式。

(二)期望理论的基本内容

一般来说,期望理论认为人们对于他们期望从工作中得到什么,有自己的需求或主意,他们据此来决定他们加入怎样的公司和在工作中付出多大的努力,因此人们并非生来就受激励或不受激励的,激励取决于人们所面临的环境以及它如何满足人们的需求。其基本内容主要是弗鲁姆的期望公式和期望模式。

1.期望公式

弗鲁姆认为,人总是渴求满足一定的需求并设法达到一定的目标。这个目标在尚未实现时,表现为一种期望,这时目标反过来对个人的动机又是一种激发的力量,而这个激发力量的大小,取决于目标价值(效价)和期望概率(期望值)的乘积。用公式可以表示为:

$$M=V\times E$$

式中 M——激励力量,指调动一个人的积极性,激发出人的潜力的强度;

V——目标效价,指达到目标后对于满足个人需求的价值和重要性;

E——期望值,指根据以往的经验进行的主观判断,达到目标并能导致某种结果的概率。

目标效价的大小直接反映人的需求动机强弱，期望值反映人实现需求和动机的信心强弱。这个公式说明：假如一个人把某种目标的价值看得很大，估计能实现的概率也很高，那么这个目标激发动机的力量越强烈。当一个人对实现某个目标认为是无足轻重时，效价为零；而当他认为目标实现反而对自己不利时，效价是负的。这两种结果当然都不会是激励力量。同样，如果期望值为零或负时就不会激励一个人去实现目标。可见，促使去做某件事的激励力量将依赖于效价和期望值。

此外，完成某项活动的动机也有可能是由实现另外某件事的愿望所决定的。例如，一个人乐意努力工作以取得成果，是为了工资形式的效价，或者一个主管人员愿意为实现公司的营销目标或生产目标而努力工作，可能是为了提升或加薪方面的效价。

2. 期望模式

为了有效地激发工作动机，使激励力量达到最大值，弗鲁姆提出了人的期望模式，如图 6-4 所示。

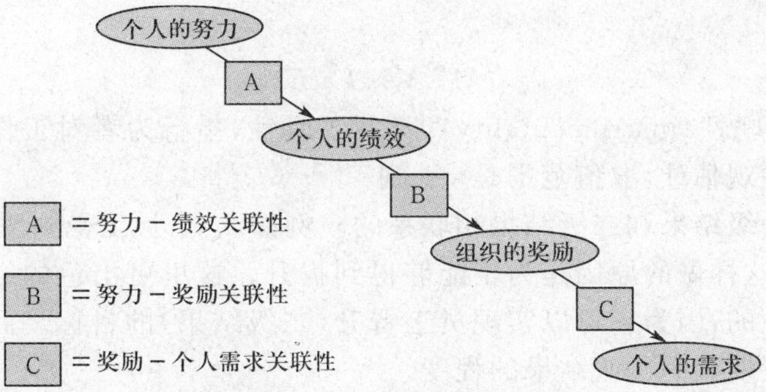

图 6-4　弗鲁姆的期望模式

在这个期望模式中的四个因素，需要兼顾三个方面的关系。

首先是努力和绩效的关系。这两者的关系取决于个体对目标的期望值。期望值又取决于目标是否适合个人的认识、态度、信仰等个性倾向，及个人的社会地位、别人对他的期望等社会因素，即由目标本身和个人的主、客观条件决定。

其次是绩效与奖励的关系。这两者的关系是指在实现预期工作绩效后能得到适当、合理奖励的方式与程度，包括内在奖励与外在奖励。人们总是期望在达到预期成绩后，能够得到适当的合理奖励，如奖金、晋升、提级、表扬等。组织的目标，如果没有相应的有效的物质和精神奖励来强化，时间一长，积极性就会消失。研究表明，绩效与奖励之间的关系应注意其总体性和多重性，使奖励制度更具综合激励作用。

再次是奖励和个人需求的关系。奖励什么要适合各种人的不同需求，要考虑效价。要采取多种形式的奖励，满足各种需求，最大限度地挖掘人的潜力，最有效地提高工作效率。设计多种奖励方案，有利于形成复合式效价结构，满足多重需求。

弗鲁姆期望理论的核心是研究需求和目标之间的规律。期望理论认为，一个人最佳动机的条件是：他认为他的努力极可能导致很好的表现；很好的表现极可能导致一定的成果；这个成果对他有积极的吸引力。

3. 期望理论的扩展模式

根据弗鲁姆期望理论的引申提出了期望理论的扩展模型，如图 6-5 所示。

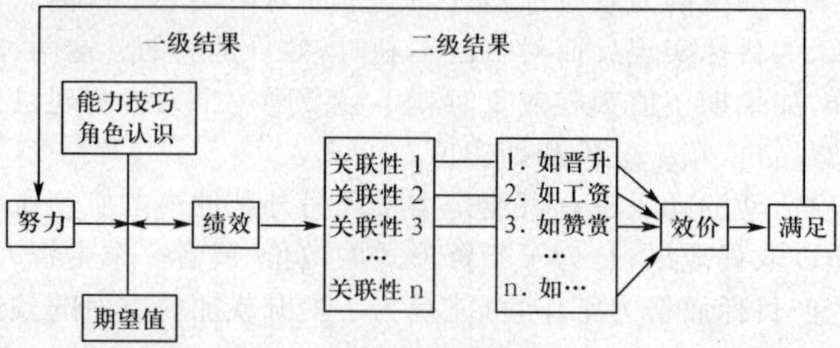

图 6-5 期望理论的扩展模型

上述基本公式再加上关联性因素，则有下列公式：

$$激励=效价\times关联性\times期望$$

公式表示为：

$$M=V\times I\times E$$

式中 I——关联性(instrumentality)，又叫工具性，指行为者对工作绩效与所得报酬之间相关联系的主观估计，取值范围是−1 到 1。

关联性是与一级结果和二级结果相联系的。例如，一个员工受到激励，朝着更加出色的绩效而努力，他这样做的原因是为了能够得到提升。这里更出色的绩效(一级结果)被认为是具有功利性的，因为它可以实现员工晋升(二级结果)的目标。而工具性就是指一级结果可以产生所期望的二级结果的程度。

对期望理论的应用主要体现在激励方面，根据期望理论，工作动机是建立在多重工作结果的基础之上的，例如，激励的程度不仅受到绩效考核制度的影响，而且与同事间关系密切相关。因此，组织需要根据发展目标的要求，致力于提高员工的工作期望、奖励的工具性和效价强度等。为了提高期望值，管理部门应注重选拔具有综合素质和胜任力的人员，加以系统培训，并设置明确的工作目标；要增强工具性这一关键环节，明确绩效与奖励之间的实际联系；而对于奖励的效价，管理者应该使得奖励的种类与员工的需要层次相匹配，并使之与员工的职业生涯发展机会相联结。

二、公平理论

公平理论又称社会比较理论，它是美国行为科学家亚当斯(J. S. Adams) 在《工人关于工资不公平的内心冲突同其生产率的关系》(1962，与罗森鲍姆合写)、《工资不公平对工作质量的影响》(1964，与雅各布森合写)、《社会交换中的不公平》(1965)等著作中提出来的一种激励理论。该理论侧重于研究工资报酬分配的合理性、公平性及其对职工生产积极性的影响。

(一)公平理论的基本观点

当一个人做出了成绩并取得了报酬以后，他不仅关心自己所得报酬的绝对量，而且关心自己所得报酬的相对量。因此，他要进行种种比较来确定自己所获报酬是否合理，比较的结果将直接影响今后工作的积极性。

1. 横向比较

即他要将自己获得的"报偿"(包括金钱、工作安排以及获得的赏识等)与自己的"投入"(包括教育程度、所作努力、用于工作的时间、精力和其他无形损耗等)的比值与组织内其他人作社会比较,只有相等时,他才认为公平,如下式所示:

$$Op/Ip = Oc/Ic$$

其中:Op——自己对所获报酬的感觉

Oc——自己对他人所获报酬的感觉

Ip——自己对个人所作投入的感觉

Ic——自己对他人所作投入的感觉

当上式为不等式时,可能出现以下两种情况:

(1) $Op/Ip < Oc/Ic$

在这种情况下,他可能要求增加自己的收入或减小自己今后的努力程度,以便使左方增大,趋于相等;第二种办法是他可能要求组织减少比较对象的收入或者让其今后增大努力程度以便使右方减小,趋于相等。此外,他还可能另外找人作为比较对象,以便达到心理上的平衡。

(2) $Op/Ip > Oc/Ic$

在这种情况下,他可能要求减少自己的报酬或在开始时自动多做些工作,但久而久之,他会重新估计自己的技术和工作情况,终于觉得他确实应当得到那么高的待遇,于是产量便又会回到过去的水平了。

2. 纵向比较

除了横向比较之外,人们也经常做纵向比较,即把自己目前投入的努力与目前所获得报偿的比值,同自己过去投入的努力与过去所获报偿的比值进行比较。只有相等时他才认为公平,如下式所示:

$$Op/Ip = Oh/Ih$$

其中:Op——自己对现在所获报酬的感觉

Oh——自己对过去所获报酬的感觉

Ip——自己对个人现在投入的感觉

Ih——自己对个人过去投入的感觉

当上式为不等式时,也可能出现以下两种情况:

(1) $Op/Ip < Oh/Ih$

当出现这种情况时,人也会有不公平的感觉,这可能导致工作积极性下降。

(2) $Op/Ip > Oh/Ih$

当出现这种情况时,人不会因此产生不公平的感觉,但也不会觉得自己多拿了报偿,从而主动多做些工作。

调查和试验的结果表明,不公平感的产生,绝大多数是由于经过比较认为自己目前的报酬过低而产生的;但在少数情况下,也会由于经过比较认为自己的报酬过高而产生。

(二)公平理论产生的原因

我们看到,公平理论提出的基本观点是客观存在的,但公平本身却是一个相当复杂的问题,这主要是由于以下几个方面原因产生的:

1.它与个人的主观判断有关。上面公式中无论是自己的或他人的投入和报偿都是个人感觉,而一般人总是对自己的投入估计过高,对别人的投入估计过低。

2.它与个人所持的公平标准有关。上面的公平标准是采取贡献率,也有采取需要率、平均率的。例如,有人认为助学金改为奖学金才合理,有人认为应平均分配才公平,也有人认为按经济困难程度分配才适当。

3.它与业绩的评定有关。我们主张按绩效付报酬,并且各人之间应相对平等。但如何评定绩效?是以工作成果的数量和质量,还是按工作能力、技能、资历和学历?不同的评定方法会得到不同的结果。最好是按工作成果的数量和质量,用明确、客观、易于核实的标准来度量,但这在实际工作中往往难以做到,有时不得不采用其他的方法。

4.它与评定人有关。绩效由谁来评定是领导者评定还是群众评定或自我评定,不同的评定人会得出不同的结果。由于同一组织内往往不是由同一人评定,因此会出现松紧不一、回避矛盾、姑息迁就、抱有成见等现象。

(三)员工面对不公平会出现的行为

1.改变自己的投入,减小绩效努力,以消除负的不公平感。

2.改变自我认知(比如,发现自己做得比其他人努力多了)。

3.改变用于比较的参照对象(如比上不足,比下有余)。

4.主观上进行歪曲或改变比较方法,合理地设想不公平只是暂时的,在不久的将来将得到解决。

5.设法改变他人的投入或产出,使他人工作不那么努力。

6.离开工作场所(如辞职,掉换工作)。

(四)公平理论的启示及其在管理中的应用

1.公平理论的启示

(1)影响激励效果的不仅有报酬的绝对值,还有报酬的相对值。

(2)激励应力求公正并考虑多方面因素,避免因个人主观判断造成不公平感。

(3)在激励过程中应注意对被激励者公平心理的疏导,引导其树立正确的公平观。第一,使大家认识到绝对的公平是没有的;第二,不要盲目攀比,所谓盲目性起源于纯主观的比较,多听听别人的看法,也许会客观一些;第三,不要按酬付劳,按酬付劳是在公平问题上造成恶性循环的主要杀手。

2.公平理论在管理中的应用

(1)管理人员应该理解下属对报酬做出公平比较是人的天性,应了解下属对各种报酬的主观感觉。

(2)为了使员工对报酬的分配有客观的感觉,管理人员应该让下属知道分配的标准。

(3)要达到理想的激励作用,应在工作前便让下属知道这个标准。

(4)管理人员应该能够预料下属可能因为感到不公平而做出一些行为所导致的负面效应。这时应与下属多做沟通,在心理上减轻他们的不公平感觉。

(5)正确诱导,改变认知。公平与不公平来源于个人的感受,易受个人偏见的影响。人们都有一种"看人挑担不吃力"的心理,易过高估计自己的成绩和别人的收入,过低估计别人的绩效和自己的收入,把实际合理的分配看成不合理,把本来公平的差别看成不公平。

(6)科学考评,有理有据,合理奖励。

三、目标设置理论

美国马里兰大学管理学兼心理学教授洛克(E. A. Locke)在研究中发现,外来的刺激(如奖励、工作反馈、监督的压力)都是通过目标来影响动机的。目标能引导活动指向与目标有关的行为,使人们根据难度的大小来调整努力的程度,并影响行为的持久性。于是,在一系列科学研究的基础上,他于 1967 年最先提出"目标设置理论"(Goal Setting Theory),认为目标本身就具有激励作用,目标能把人的需要转变为动机,使人们的行为朝着一定的方向努力,并将自己的行为结果与既定的目标相对照,及时进行调整和修正,从而能实现目标。这种使需要转化为动机,再由动机支配行动以达到目标的过程就是目标激励。目标激励的效果受目标本身的性质和周围变量的影响。该理论提出以后,许多学者在研究中加以发展,使之成为内容逐渐丰富和影响愈来愈大的新的激励理论。

(一)目标设置理论的基本模式

目标有两个最基本的属性:明确度和难度。

从明确度来看,目标内容可以是模糊的,如仅告诉被试者"请你做这件事";目标也可以是明确的,如"请在十分钟内做完这 25 道题"。明确的目标可使人们更清楚要怎么做,付出多大的努力才能达到目标。目标设定得明确,也便于评价个体的能力。很明显,模糊的目标不利于引导个体的行为和评价他的成绩。因此,目标设定得越明确越好。事实上,明确的目标本身就具有激励作用,这是因为人们有希望了解自己行为的认知倾向。对行为目的和结果的了解能减少行为的盲目性,提高行为的自我控制水平。另外,目标的明确与否对绩效的变化也有影响。也就是说,完成明确目标的被试者的绩效变化很小,而目标模糊的被试者绩效变化则很大。这是因为模糊目标的不确定性容易产生多种可能的结果。

从难度来看,目标可以是容易的,如 20 分钟内做完 10 个题目;中等的,20 分钟内做完 20 个题目;难的,20 分钟内做完 30 个题目;或者是不可能完成的,如 20 分钟内做完 100 个题目。难度依赖于人和目标之间的关系,同样的目标对某人来说可能是容易的,而对另一个人来说可能是难的,这取决于他们的能力和经验。一般来说,目标的绝对难度越高,人们就越难达到。有 400 多项研究发现,绩效与目标的难度水平呈线性关系。当然,这是有前提的,前提条件就是完成任务的人有足够的能力、对目标又有高度的承诺。在这样的条件下,任务越难,绩效越好。一般认为,绩效与目标难度水平之间存在着线性关系,是因为人们可以根据不同的任务难度来调整自己的努力程度。

当把目标难度和明确度结合起来进行研究时,研究者发现人们对于明确的、有挑战性的目标完成得最好;而对于模糊的、有挑战性的目标,例如告诉被试者"请尽力做到最好",被试者完成的成绩呈中等水平;模糊的、没有挑战性的目标导致最低水平的成绩。

(二)目标设置理论的扩展模式

在目标设置与绩效之间还有其他一些重要的因素产生影响。这些因素包括对目标的承诺、反馈、自我效能感、任务策略、满意感等。

1.承诺

承诺是指个体被目标所吸引,认为目标重要,持之以恒地为达到目标而努力的程度。

Gollwitzer 等人发现个体在最强烈地想解决一个问题的时候，最能产生对目标的承诺，随后真正解决问题。由权威人士指定目标，或是个体参与设置目标，哪一种方式更能导致目标承诺、增加下属的绩效呢？研究发现，合理指定的目标（所谓合理，即目标有吸引力，也有可能达到）与参与设置的目标有着相同的激励力量。这两者都比只是简单地设置目标而并不考虑目标的合理性要更有效。当人们认为目标能够达到，而达到目标又有很重要的意义时，对目标的承诺就加强了。研究者发现，人们认为目标能够达到可以加强自我效能感。

近来的研究发现，激励对产生承诺的作用是很复杂的。一般来说，对于无法达到的目标提供奖金只能降低承诺。对于中等难度的任务给予奖金最能提高承诺。

2. 反馈

目标与反馈结合在一起更能提高绩效。目标给人们指出应达到什么样的目的或结果，同时它也是个体评价自己绩效的标准。反馈则告诉人们这些标准满足得怎么样，哪些地方做得好，哪些地方尚有待于改进。

反馈是组织里常用的激励策略和行为矫正手段。许多年来，研究者们已经研究了多种类型的反馈。其中研究得最多的是能力反馈（Competence Feedback），它是由上司或同事提供的关于个体在某项活动上的绩效是否达到了特定标准的信息。能力反馈可以分为正反馈和负反馈。正反馈是指个体达到了某项标准而得到的反馈，而负反馈是个体没有达到某项标准而得到的反馈。例如，研究者在研究反馈类型对创造性的影响时，给予的正反馈就是告诉被试者的反应很有创造性，而给予的负反馈则是告诉被试者的创造性不强。

另外，反馈的表达有两种方式：信息方式和控制方式。信息方式的反馈不强调外界的要求和限制，仅告诉被试者任务完成得如何，这表明被试者可以控制自己的行为和活动。因此，这种方式能加强接受者的内控感。控制方式的反馈则强调外界的要求和期望，如告诉被试者他必须达到什么样的标准和水平。它使被试者产生外控的感觉——他的行为或活动是由外人控制的。

用信息方式表达正反馈可以加强被试者的内部动机，对需要发挥创造性的任务给予被试者信息方式的正反馈，可以使被试者最好地完成任务。

3. 自我效能感

自我效能感的概念是由 Bandura 提出的，目标激励的效果与个体自我效能感的关系也是目标设置理论中研究得比较多的内容。自我效能感就是个体在处理某种问题时能做得多好的一种自我判断，它是以对个体全部资源的评估为基础的，包括能力、经验、训练、过去的绩效、关于任务的信息等。

当对某个任务的自我效能感强的时候，对这个目标的承诺就会提高。这是因为高的自我效能感有助于个体长期坚持某一个活动，尤其是当这种活动需要克服困难、战胜阻碍时。比如，Bandura 和 Cervone 发现同样告诉被试者的成绩不好时，高自我效能感的人比低自我效能感的人坚持努力的时间要长。

目标影响自我效能感的另一个方面是目标设定的难度。当目标太难时，个体很难达到目标，这时他的自我评价可能就比较低。而一再失败就会削弱一个人的自我效能感。目标根据它的重要性可以分为中心目标和边缘目标，中心目标是很重要的目标，边缘目标就是不太重要的目标。安排被试者完成中心目标任务可以增强被试者的自我效能感。因为被试者觉得他被安排的是重要任务，这是对他能力的信任。被安排达到中心目标的被试者的自我效能感明显比只被安排边缘目标的被试者强。

4. 任务策略

目标本身就有助于个体直接实现目标。首先，目标引导活动指向与目标有关的行为，而不是与目标无关的行为。其次，目标会引导人们根据难度的大小来调整努力的程度。第三，目标会影响行为的持久性。人们在遇到挫折时也不放弃，直到实现目标。

当这些直接的方式还不能够实现目标时，个体就需要寻找一种有效的任务策略。尤其是当面临困难任务时，仅有努力、注意力和持久性是不够的，还需要有适当的任务策略。任务策略是指个体在面对复杂问题时使用的有效的解决方法。

目标设置理论中有很多对在复杂任务中使用任务策略的研究。相对于简单任务，在复杂任务环境中有着更多可能的策略，而这些策略有很多是不好的策略。要想完成目标任务，得到更好的绩效，选择一个良好的策略是至关重要的。研究者发现，在一个管理情景的模拟研究中，只有在使用了适宜策略的情况下，任务难度与被试者的绩效才显著相关。

何种情景、何种目标更利于形成有效策略，对此还没有明确的研究结果。前文提到，在能力允许的范围下，目标的难度越大，绩效越好。但有时人们在完成困难目标时选择的策略不佳，结果，他的绩效反而不如完成容易目标时的绩效好。对此现象的解释是，完成困难目标的被试者在面对频繁而不系统的策略变化时，表现了一种恐慌，使他最终也没有学会完成任务的最佳策略。而完成容易目标的被试者反而会更有耐心地发展和完善他的任务策略。

5. 满意感

当个体经过种种努力终于达到目标后，如果能得到他所需要的报酬和奖赏，就会感到满意；如果没有得到预料中的奖赏，个体就会感到不满意。同时，满意感还受到另一个因素的影响，就是个体对他所得报酬是否公平的理解。如果通过与同事、朋友、自己的过去以及自己的投入相比，他感到所得的报酬是公平的，就会感到满意。反之，则会不满意。

目标的难度也会影响满意感。当任务越容易时，越易取得成功，个体就会经常体验到伴随成功而来的满意感。当目标困难时，取得成功的可能性就要小，从而个体就很少体验到满意感。这就意味着容易的目标比困难的目标能产生更多满意感。然而，达到困难的目标会产生更高的绩效，对个体、对组织有更大的价值。是让个体更满意好呢？还是取得更高的绩效好？这样就产生了矛盾。如何平衡这种矛盾，有下面一些可能的解决办法。

(1)设置中等难度的目标。从而使个体既有一定的满意感，同时又有比较高的绩效。

(2)当达到部分的目标时也给予奖励，而不仅是在完全达到目标时才给。

(3)目标在任何时候都是中等难度，但要不断小量地增加目标的难度。

(4)运用多重目标—奖励结构，达到的目标难度越高，得到的奖励越多。

第四节　改造型激励理论

一、挫折理论

挫折具有两重性，它可以是坏事，也可以是好事。挫折可以使人失望、痛苦；使人消极、颓废，从此一蹶不振；使人产生粗暴的消极对抗行为，导致矛盾激化，甚至走上绝路。挫折也可以使人变得聪明和成熟；可以使人从错误中猛醒，认识错误，接受教训，真正使失败成为成功之母；挫折可以磨炼人的意志，激励人发奋努力，从逆境中奋起。可见挫折不是坏事，如果能正确对待挫折，就能使坏事变成好事。

（一）什么是挫折

挫折是在个体从事有目的的工作过程中，遇到障碍或干扰，致使个人动机不能实现，需要不能满足时的情绪状态。因此，构成挫折必须具备以下条件：

（1）必须有必要的动机和目标；

（2）必须有满足动机和达到目的的手段和行动；

（3）必须有挫折的情景发生；

（4）不仅个体在主观上意识到阻力的存在，并且还因此使自己处于一种紧张状态或产生一种与此相对应的情绪反应。

挫折理论主要揭示人的动机行为受阻而未能满足需要时的心理状态，并由此而导致的行为表现，力求采取措施将消极性行为转化为积极性、建设性行为。个体受到挫折与其动机实现密切相关。人的动机导向目标时，受到阻碍或干扰可有四种情况：

（1）虽然受到干扰，但主观和客观条件仍可使其达到目标；

（2）受到干扰后只能部分达到目标或使达到目标的效益变差；

（3）由于两种并存的动机发生冲突，暂时放弃一种动机，而优先满足另一种动机，即修正目标；

（4）由于主观因素和客观条件影响很大，动机的结局完全受阻，个体无法达到目标。

第四种情况下人的挫折感最大，第二和第三种情况次之。挫折是一种普遍存在的心理现象，在人类现实生活中，不但个体动机结构复杂。而且影响动机行为满足的因素也极其复杂，因此，挫折的产生是不以人们的主观意志为转移的。

（二）挫折产生的原因

对于同样的挫折情境，不同的人会有不同的感受；引起某一个人挫折的情境，不一定是引起其他人挫折的情境。挫折的感受因人而异的原因主要是由于人的挫折容忍力不同。

所谓挫折容忍力，是指人受到挫折时免于行为失常的能力，也就是经得起挫折的能力，它在一定程度上反映了人对环境的适应能力。对于同一个人来说，对不同的挫折，其容忍力也不相同，如有的人能容忍生活上的挫折，却不能容忍工作中的挫折，有的人则恰恰相反。挫折容忍力与人的生理、社会经验、抱负水准、对目标的期望以及个性特征等有关。

应该说引起挫折的原因既有主观的，也有客观的。

主观因素引起的挫折，也叫个人引起的挫折，主要包括个人生理因素和个人心理因素两种原因。个人生理因素是指个人具有的智力、能力、容貌、身材以及某些生理上的缺陷所带来的限制。这种缺陷导致不能胜任某种工作、工作中遭到失败等。个人心理因素更为复杂，包括志向、兴趣、个人动机、气质、性格等。例如需要的冲突因素也是造成挫折的原因，这是指个人在日常生活中，经常产生两个或两个以上的需要，但又很难决定哪一个需要更强烈，因而产生难以抉择的心理状态。一个人在心理上是否体验到挫折，是同他的抱负水平密切相关的。个人的期望水平越高挫折感就越强。例如某些人目空一切，盲目自大，当目标无法实现或失败时会导致较强的挫折感。

客观因素引起的挫折，也叫环境起因挫折，这是指自然环境和社会环境的影响。自然环境主要是指个人能力无法克服的自然因素，如天灾、衰老、疾患等。社会环境因素主要是指个人在社会生活中所遭到的政治、经济、道德、宗教、风俗习惯、人际关系等人为因素的限制，由此造成的挫折情况比较复杂，造成的挫折影响也比自然因素大。

（三）挫折对人的影响

挫折对人的影响具有两面性：一种是建设性的反应，这类挫折可增加个体的心理承受能力，使人猛醒，吸取教训，改变目标或策略，从逆境中重新奋起；另一种是消极的破坏性反应，这种挫折可使人们处于不良的心理状态中，出现负面情绪反应，并采取消极的防卫方式来对付挫折情境，从而导致不安全的行为反应，如不安、焦虑、愤怒、攻击、幻想、偏执等，甚至可产生一些远期影响，如丧失自尊心、丧失自信心、自暴自弃、精神颓废、一蹶不振等。

个体在活动中，受到挫折后，所产生的不良情绪状态及相伴随的消极性行为，不仅对职工的身心健康不利，而且也会影响企业的安全生产，甚至易于导致事故的发生。因此，应该重视管理中职工的挫折问题，采取措施防止挫折心理给职工本人和企业安全生产带来的不利影响。对此，可以采取的措施包括：

1.帮助职工用积极的行为适应挫折，如合理调整无法实现的行动目标；

2.改变受挫折职工对挫折情境的认识和估价，以减轻挫折感；

3.通过培训提高职工工作能力和技术水平，增加个人目标实现的可能性，减少挫折的主观因素；

4.改变或消除易于引起职工挫折的工作环境，如改进工作中的人际关系、实行民主管理、合理安排工作和岗位、改善劳动条件等，以减少挫折的客观因素；

5.开展心理保健和咨询，消除或减弱挫折心理压力。

（四）挫折激励中应注意的几个问题

1.必须注意适度和适量。为被激励者设置的情境必须有一定的难度，能引起他的挫折感，但又不能太难，应是他经过努力可以克服的。同时，面临的难题也不能太多。适度和适量的挫折能使被激励者自我调整心态，正确地选择外部行为，克服困难，追求下一个目标；过度的挫折会损伤被激励者的自信心和积极性，使他产生严重的挫折感、恐惧感，最后丧失兴趣和信心。

2.在被激励者遇到困难而退缩时要鼓励他，让他认识到人的一生会遇到很多挫折，关键在于我们如何正确地认识和对待它，只有鼓起勇气努力向前，才能最终克服困难，战胜挫折。另外，在被激励者做出很大努力取得一定成绩时，要及时肯定，让他看到自己的能力，从而更有信心地去面对新的困难。

3.对陷入严重挫折情境中的被激励者要及时进行疏导。如帮助他分析遭受挫折的主、客观原因，找出失败的症结所在等。在必要时可帮助被激励者一步一步地实现目标，让他体会只有战胜了困难才能前进一步，而进步、达标的全过程就是不断克服困难的过程。在平时则要善于观察他的活动，把握其发展趋势，如果被激励者在克服困难时几经尝试均告失败，就应及时给予具体帮助。

二、强化理论

强化理论是美国的心理学家和行为科学家斯金纳、赫西、布兰查德等人提出的一种理论。他们提出了一种“操作条件反射”理论，认为人或动物为了达到某种目的，会采取一定的行为作用于环境。当这种行为的后果对他有利时，这种行为就会在以后重复出现；不利时，这种行为就减弱或消失。人们可以用这种正强化或负强化的办法来影响行为的后果，从而修正其行为，这就是强化理论，也叫做行为修正理论。

斯金纳所倡导的强化理论是以学习的强化原则为基础的关于理解和修正人的行为的一种学说。所谓强化，从其最基本的形式来讲，指的是对一种行为的肯定或否定的后果（报酬或惩罚），它至少在一定程度上会决定这种行为在今后是否会重复发生。根据强化的性质和目的可把强化分为正强化和负强化。在管理上，正强化就是奖励那些组织需要的行为，从而加强这种行为；负强化就是惩罚那些与组织不相容的行为，从而削弱这种行为。正强化的方法包括奖金、对成绩的认可、表扬、改善工作条件和人际关系、提升、安排担任挑战性的工作、给予学习和成长的机会等。负强化的方法包括批评、处分、降级等，有时不给予奖励或少给奖励也是一种负强化。

斯金纳的强化理论和弗鲁姆的期望理论都强调行为同其后果之间关系的重要性，但弗鲁姆的期望理论较多地涉及主观判断等内部心理过程，而强化理论只讨论刺激和行为的关系。

（一）强化理论行为原则

1. 经过强化的行为趋向于重复发生。所谓强化因素就是会使某种行为在将来重复发生的可能性增加的任何一种“后果”。例如，当某种行为的后果是受人称赞时，就增加了这种行为重复发生的可能性。

2. 要依照强化对象的不同采用不同的强化措施。人们的年龄、性别、职业、学历、经历不同，需要就不同，强化方式也应不一样。如有的人更重视物质奖励，有的人更重视精神奖励，就应区分情况，采用不同的强化措施。

3. 小步子前进，分阶段设立目标，并对目标予以明确规定和表述。对于人的激励，首先要设立一个明确的、鼓舞人心而又切实可行的目标，只有目标明确而具体时，才能进行衡量和采取适当的强化措施。同时，还要将目标进行分解，分成许多小目标，完成每个小目标都及时给予强化，这样不仅有利于目标的实现，而且，通过不断的激励可以增强信心。如果目标一次定得太高，会使人感到不易达到或者能够达到的希望很小，这就很难充分调动人们为达到目标而做出努力的积极性。

4. 及时反馈。所谓及时反馈就是通过某种形式和途径，及时将工作结果告诉行动者。要取得最好的激励效果，就应该在行为发生以后尽快采取适当的强化方法。一个人在实施了某种行为以后，即使是领导者表示“已注意到这种行为”这样简单的反馈，也能起到正强化的作用，如果领导者对这种行为不予注意，这种行为重复发生的可能性就会减小以至消失。所以，必须利用及时反馈作为一种强化手段。强化理论并不是对职工进行操纵，而是使职工有一个最好的机会在各种明确规定的备选方案中进行选择。因而，强化理论已被广泛地应用在激励和人的行为改造上。

5. 正强化比负强化更有效。在强化手段的运用上，应以正强化为主；同时，必要时也要对不当的行为给予惩罚，做到奖惩结合。

强化理论只讨论外部因素或环境刺激对行为的影响，忽略人的内在因素和主观能动性对环境的反作用，具有机械论的色彩。但是，许多行为科学家认为，强化理论有助于对人们行为的理解和引导。因为一种行为必然会有后果，而这些后果在一定程度上会决定这种行为在将来是否重复发生。那么，与其对这种行为和后果的关系采取一种碰运气的态度，就不如加以分析和控制，使大家都知道应该有什么后果最好。对强化理论的应用，要考虑强化的模式，并采用一整套的强化体制。

强化模式主要由“前因”、“行为”和“后果”三个部分组成。“前因”是指在行为产生之前确定一个具有刺激作用的客观目标，并指明哪些行为将得到强化，如企业规定车间安全生产中每月的安全操作无事故定额。“行为”是指为了达到目标的工作行为。“后果”是指当行为达到了目标时，则给予肯定和奖励；当行为未达到目标时，则不给予肯定和奖励，甚至给予否定或惩罚，以求控制职工的安全行为。

(二)强化的类型

强化包括正强化、负强化和自然消退三种类型。

1. 正强化，又称积极强化。当人们采取某种行为时，能从他人那里得到某种令其感到愉快的结果，这种结果反过来又成为推进人们趋向或重复此种行为的力量。例如，企业用某种具有吸引力的结果(如奖金、休假、晋级、认可、表扬等)，以表示对职工努力进行安全生产的行为的肯定，从而增强职工进一步遵守安全规程进行安全生产的行为。

2. 负强化，又称消极强化或逃避性学习。它是指通过某种不符合要求的行为所引起的不愉快的后果，对该行为予以否定。若职工能按所要求的方式行动，就可减少或消除令人不愉快的处境，从而也增大了职工符合要求的行为重复出现的可能性。例如，企业安全管理人员告知工人不遵守安全规程，就要受到批评，甚至得不到安全奖励，于是工人为了避免此种不期望的结果，而认真按操作规程进行安全作业。

惩罚是负强化的一种典型方式，即在消极行为发生后，以某种带有强制性、威慑性的手段(如批评、行政处分、经济处罚等)给人带来不愉快的结果，或者取消现有的令人愉快和满意的条件，以表示对某种不符合要求的行为的否定。

3. 自然消退，又称衰减。它是指对原先可接受的某种行为强化的撤销。由于在一定时间内不予强化，此行为将自然减少并逐渐消退。例如，企业曾对职工加班加点完成生产定额给予奖酬，后经研究认为这样不利于职工的身体健康和企业的长远利益，因此不再发给奖酬，从而使加班加点的职工逐渐减少。

正强化是用于加强所期望的个人行为；负强化和自然消退的目的是为了减少和消除不期望发生的行为。这三种类型的强化相互联系、相互补充，构成了强化体系，并成为一种制约或影响人的行为的特殊环境因素。

(三)强化理论的应用

在企业安全管理中，应用强化理论来指导安全工作，对保障安全生产的正常进行可起到积极作用。在实际应用中，关键在于如何使强化机制协调运转并产生整体效应，为此，应注意以下五个方面：

1. 应以正强化方式为主。在企业中设置鼓舞人心的安全生产目标，但要注意将企业的整体目标和职工个人目标、最终目标和阶段目标等相结合，并对在完成个人目标或阶段目标中做出明显绩效或贡献者,给予及时的物质和精神奖励(强化物),以求充分发挥强化作用。

2.采用负强化(尤其是惩罚)手段要慎重。负强化应用得当会促进安全生产,应用不当则会带来一些消极影响,可能使人由于不愉快的感受而出现悲观、恐惧等心理反应,甚至发生对抗性消极行为。因此,在运用负强化时,应尊重事实,讲究方式方法,处罚依据准确公正,这样可尽量消除其副作用。将负强化与正强化结合应用,一般能取得更好的效果。

3.注意强化的时效性。采用强化的时间对于强化的效果有较大的影响。一般而言,强化应及时,及时强化可提高安全行为的强化反应程度,但须注意及时强化并不意味着随时都要进行强化。不定期的非预料的间断性强化,往往可取得更好的效果。

4.因人制宜,采用不同的强化方式。由于人的个性特征及其需要层次不尽相同,不同的强化机制和强化物所产生的效应会因人而异。因此,在运用强化手段时,应采用有效的强化方式,随对象和环境的变化而相应调整。

5.利用信息反馈增强强化的效果。信息反馈是强化人的行为的一种重要手段,尤其是在对应用安全目标进行强化时,定期反馈可使职工了解自己参加安全生产活动的绩效及其结果,既可使职工得到鼓励,增强信心,又有利于及时发现问题,分析原因,修正所为。

(四)强化方式

1.连续强化法

连续强化法,就是不断连续地对某个对象实施强化某一行为的训练,直到强化变成习惯。例如,海豚钻火圈,鸽子会按观众的要求啄击写有相应文字的木牌,黑猩猩能在电子计算机的面板上回答提问者提出的简单问题等。这些复杂的行为反应并不表明这些动物真正懂得人的语言,更不意味着这些动物生来就有思考性行为,而是经过人的连续强化训练而学习来的。

2.间隔强化法

连续强化改造的方式在激励过程中容易造成个体的疲劳以及逆反心理的产生,所以在不同情况下应选择间隔强化方式来改造行为。间隔强化法分为四种类型:固定间隔强化、固定比率强化、可变间隔强化、可变比率强化。

第五节　综合激励理论及激励实务技巧

内容型激励理论侧重研究用什么样的因素激励人、调动人的积极性;过程型激励理论着重探讨从人们接受了激励信息以后到行为产生的过程;强化型激励理论则强调行为结果对行为本身的作用。这些理论都有独到见解,又都有一定的片面性。综合型激励理论则对已有的激励理论进行概括与综合,试图全面揭示人在激励中的心理过程。

一、波特和劳勒的综合激励模型

美国行为科学家爱德华·劳勒(E. E. Lawler)和莱曼·波特(L. W. Porter)在 1968 年的《管理态度和成绩》一书中提出了一种综合激励模型。

(一)波特和劳勒的综合激励模型分析

波特和劳勒的综合激励模型如图 6-6 所示。

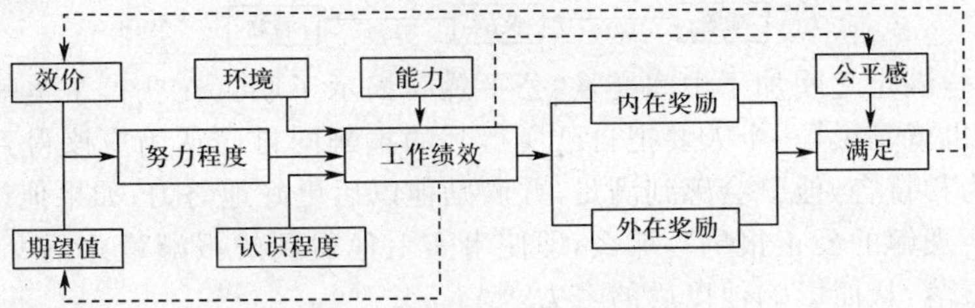

图 6-6　波特和劳勒的综合激励模型

这个模型表明：

1. 人的努力程度是由两个因素决定的：(1)效价，即目标对于满足个人需要的价值；(2)期望值，即行为能否达到目标的主观概率。其关系可以表示为：努力程度＝效价×期望值。只有高效价与高期望值的结合，才能导致高努力程度。

2. 人经过努力能否导致一定的工作绩效，受诸多因素影响。如对工作的认识程度，能力与素质的高低，环境的限制等。

3. 一定的工作绩效会带来一定的奖酬，奖酬包括两个方面：(1)内在性奖酬，即一个人由于工作成绩良好而给予自己的报酬，如感到对社会作出了贡献，对自我存在意义及能力的肯定等。(2)外在性奖酬，即与工作无关的各种外在因素的奖酬，包括工资、地位、提升、安全感等。

4. 奖酬能否带来满足感，还受公平感的影响。公平是一个相对的概念，只有当自己的奖酬与绩效之比与他人相等时，才有公平感，否则会感到不公平。而只有当主体通过社会比较产生公平感时，才能导致满足感。

5. 满足感会反过来影响效价。即只有经过努力，达到一定工作绩效，获得了奖酬，产生了满足感，这时才会使效价增大；相反，如果经过努力，最终没有得到一定满足，则会使效价降低。同样，工作绩效也会反过来影响期望值，即当经过努力达到一定绩效，则会使期望值增大；相反，则期望值降低。

6. 新的效价和期望值会重新调整人的努力程度，人的行为是在多因素相互联系、相互影响下循环往复进行的。

(二)波特和劳勒综合激励模型的特点

1. 该模型是一种过程激励模型。它不仅研究行为的起点、行为的动力，还研究行为的终点、行为的结果，以及结果对行为起点的影响，较为详细地考察了整个行为过程中各个因素的激励作用。

2. 该模型是一种综合激励模型。既包含了行为主义激励理论的外在激励，又包括了认知派激励理论的内在激励，从而将各类激励理论，尽可能地融入自己的激励模型中。从模型的每一片断考察，也渗透着综合性的特点。如对于绩效的影响，认为不仅是努力单方面的影响，还受到能力、认识、环境等因素的综合作用；对于奖励的认识，不仅满足于外在的有形的奖酬，还提出了内在性奖酬，强调绩效所导致的奖酬是内在性奖酬与外在性奖酬的综合。

3. 明确绩效、奖酬、满意三者的关系。即满意是其所获得奖酬的函数，奖酬又是绩效的函数，其关系可表示为：

4. 在奖酬与满足之间加了中间变量"公平感",揭示了职工在获得了奖酬后仍感到不满足的谜底。也就是说,一个人要把自己所得到的报酬同自己认为应该得到的报酬相比较,如果他认为相符合,他就会感到满足,并激励他以后更好地努力;如果他认为自己得到的报酬低于"所理解的公正报酬",那么,即使事实上他得到的报酬量并不少,他也会感到不满足,甚至失落,从而影响他以后的努力。

波特—劳勒综合激励模型告诉我们,不要以为设置了激励目标、采取了激励手段,就一定能获得所需的行动和努力,并使员工满意。要形成激励→努力→绩效→奖励→满足并从满足回馈努力这样的良性循环,取决于奖励内容、奖惩制度、组织分工、目标导向行动的设置、管理水平、考核的公正性、领导作风及个人心理期望值等多种综合性因素。

二、激励实务与技巧

我们掌握了激励理论和激励模式之后,就应该把它们很好地应用于激励实务中。在现代企业中,企业激励范畴应该包括所有利益相关群体。在激励实践中我们将从权益层、经营层、操作层三个层面应用激励技巧。

(一)权益层激励实务

权益层不从公司支薪,其唯一的收益来自企业生产经营的剩余利润。从传统意义上来说是企业激励安排的主体。而在股权高度分散化的现代企业中,权益层(股东)往往是委托董事会行使其权利,这就造成了激励权益层的巨大困难。我们对这一阶层激励的目的是保持其对企业投资的兴趣,并积极参与企业的治理与监督。我们一方面要努力提高公司业绩,另一方面要做好宣传促销活动,使投资者对公司的前途充满希望,只有这样才能有效抑制"用脚投票"行为的出现。

(二)经营层激励实务

一般而言,经营层都是在企业支薪的,同时享受以绩效为基础的报酬政策。企业经营层对企业效率起着决定性作用,因而是企业激励的主要对象。对经营者激励主要有以下方式:

1. 报酬激励。可以实行风险年薪制,企业经营得好,可以拿到全额年薪,包括基本年薪、风险年薪和奖励年薪;企业经营业绩差,可视具体情况拿到部分年薪。通过实行年薪制,可以使经营者的灰色收入明朗化,同时可以激励经营者提高风险意识。

2. 股票期权。股票期权是以股票为标的物的一种合约,期权合约的卖方通过收取权利金,将执行或不执行该项期权合约的选择权让渡给期权合约的买方。持权人将根据约定价格和股票市场价格的差异情况决定执行或放弃该项期权合约。股票期权给予经理人员购买本公司股票的选择权,是一种有效的长期激励措施。当然受权人行权需满足一定的条件,如从受权到行权有一定的时间限制等。

3. 管理层收购(Management Buyout,MBO)。是指目标公司的管理者或经理层利用借贷所融资本购买本公司的股份,从而改变公司所有者结构、控制权结构和资产结构,进而达到重组本公司的目的,并获取预期收益的一种收购行为。MBO 能够有效地激励和约束管理层。

4. 经营者持股。即管理层持有一定数量的本公司股票并进行一定期限的锁定。激励对象在拥有公司股票后，成为自身经营企业的股东，与企业共担风险，共享收益，这样可以有效地减少管理层的短期行为，同时也可以更好地保护中、小股东的利益。

5. 虚拟股票(Phantom Stocks)。它是指公司授予激励对象一种“虚拟”的股票，激励对象可以据此享受一定数量的分红权和股价升值收益，此时的收入(即未来股价与当前股价的差价)没有表决权，不能转让和出售，在离开企业时自动失效。这样经理人员就会做长远经营的打算。

6. 业绩股票。它指公司根据被激励者的业绩水平，以普通股作为长期激励形式支付给经营者。通常是公司年初确定业绩目标，如果激励对象在年末达到预定目标，则公司授予其一定数量的股票或提取一定的奖励基金购买公司股票。

当然针对经营层的激励方法远不止上述所列，不同的企业应根据本企业的具体情况采用不同的激励方法。

(三)操作层激励实务

操作层在具体的生产经营过程中，指的是除经营层以外的所有人员，主要是普通员工。在知识经济时代的今天，员工是企业最重要的资产之一，因此对操作层的激励不容小视。

1. 员工持股计划。由公司内部员工个人出资认购本公司部分股票，并委托公司进行集中管理。员工持股制度为企业员工参与企业所有权分配提供了制度条件，持有者真正体现了劳动者和所有者的双重身份，能够激发员工主人翁精神。

2. 股票增值。它是公司给予激励对象的一种权利，经营者可以在规定时间内获得规定数量的股票股价上升所带来的收益，但不拥有这些股票的所有权、表决权和配股权。

3. 目标激励。企业目标是企业凝聚力的核心，它体现了员工工作的意义，能够在理想和信念的层次上激励全体员工。企业要使员工了解企业目标，了解自己在目标实现过程中的作用及组织目标与个人目标是如何结合的。

4. 工作激励。日本著名企业家稻山嘉宽在回答“工作的报酬是什么?”时指出“工作的报酬就是工作本身!”。因此，管理者在激励员工时要较多地考虑如何才能使工作本身更具有内在意义和更高挑战性，给员工一种自我实现感。

5. 参与激励。现代人力资源管理的实践经验和研究表明，现代员工都有参与管理的要求和愿望，创造和提供一切机会让员工参与管理是调动他们积极性的有效方法。

6. 荣誉激励。荣誉是众人或组织对个体或群体的崇高评价，是满足人们自尊需要、激发人们奋力进取的重要手段。它可以调动人们的积极性，形成一种内在的精神力量。

7. 情感激励。加强与员工的感情沟通，尊重员工，使员工始终保持良好的情绪以激发员工的工作热情。创造良好的工作环境，加强管理者与员工之间的沟通与协调，是情感激励的有效方式。

8. 组织文化激励。组织文化把尊重人作为它的中心内容，在这种尊重人的价值观指导下，人们所受到的激励是传统的激励方法所不能比拟的。组织文化所起的激励作用不是被动消极地满足人们对自身价值实现的心理需求，而是通过组织文化的塑造，使企业成员从内心深处自觉产生为企业拼搏的献身精神。企业的价值观一旦被成员认同，就会成为一种黏合剂，从各方面把其成员团结起来，产生一种巨大的向心力和凝聚力。

本章小结

企业对激励是很重视的,激励员工可以吸引人才、留住人才;调动积极性,挖掘员工潜能和创造力;提高管理效能。本章不仅介绍了激励理论中比较重要的内容型激励理论和过程型激励理论,还介绍了改造型激励理论和综合激励理论,能够使读者清楚现代激励理论的架构体系。

复习思考

1. 什么是激励,激励的过程是什么?
2. 内容型激励理论包括哪几种理论?试着比较几种理论的异同。
3. 公平理论给管理实践带来哪些启示?试举出化解不公平的几种办法。
4. 比较内容型激励理论和过程型激励理论的差异。
5. 试举例说明挫折能够激励人的事件。
6. 在激励中你会应用哪些技巧?

实训设计

1. 实训项目:改善员工满意度,激励员工干劲。
2. 实训目的:通过实训活动,让学员进一步体会实践激励是如何进行的。
3. 实训内容:小组在调研的基础上,了解员工不满意、工作没有干劲的原因。汇总报告研究解决方案。
4. 实训考核:分成若干小组进行讨论,评议各组解决方案,最后由老师总结并核定成绩。

案例分析

小白辞职

白泰铭在读大学时成绩不算突出,老师和同学都不认为他是很有自信和抱负的学生,认为他今后无多大作用。他的专业是日语,毕业后便被一家中日合资公司招为推销员。他很满意这份工作,因为工资高而且固定,不用担心未受过专门训练的自己比不过别人。若拿佣金,比人少得太多就会丢面子。

刚上班的头两年,小白的工作虽然兢兢业业,但销售成绩只属一般。可是随着他对业务和他与客户越来越熟悉,他的销售额也渐渐上升了。到了第三年年底他已被列入全公司几十名销售员中前20名了。下一年他很有信心估计自己当属推销员中的冠军了。不过公司的政策是不公布每人的销售额,也不鼓励互相比较,所以他还不能很有把握自己一定会坐上第一把交椅。去年,小白干得特别出色。尽管定额比前年提高了25%,到了九月初他就完成了这个销售额。根据他的观察,同事中间还没有人完成定额。

十月中旬,日方销售经理召他去汇报工作。听完他用日语做的汇报后,日本经理对他格外客气,祝贺他已取得的成绩。在他要走时,那经理对他说:“咱公司要再有几个像你一样的推销明星就好了。”小白只微微一笑,没说什么,不过他心中思忖,这不就意味着承认他在销售员队伍中出类拔萃，独占鳌头么？今年，公司又把他的定额提高了25%，尽管一开始不如去年顺利，他仍是一马当先，比预计干得要好。他根据经验估计，十月中旬前他准能完成自己的定额。

可是他觉得自己并不舒畅。最令他烦恼的事，也许莫过于公司不告诉大家干得好坏，没个反应。

他听说本市另两家也是中外合资的化妆品制造企业都搞销售竞赛和有奖活动。其中一家是总经理亲自请最佳推销员到大酒店吃一顿饭；而且人家还有内部发行的公司通讯之类小报，让人人知道每人销售情况，还表扬每季和年度最佳销售员。

想到自己公司这套做法，他就特别恼火。其实一开头他并不关心排名第几的问题，如今却重视起来了。不仅如此，他开始觉得公司对推销员实行固定工资制是不公平的，一家合资企业怎么也搞大锅饭？应该按劳付酬。

上星期，他主动去找了那位日方经理，谈了他的想法，建议改行佣金制，至少按成绩给奖金制。不料那日本上司说这是既定政策而拒绝了他的建议。

昨天，令公司领导吃惊的是，小白辞职而去，到另一家公司了。

案例思考

1. 本案例中是什么事情让小白感到恼火？公司领导应当如何处理小白的建议？
2. 是什么原因导致小白跳槽？公司应当采取何种措施防止优秀员工跳槽？

第七章

企业薪酬与福利管理

学习目标

知识目标

☞了解薪酬及其相关的概念。
☞了解薪酬水平的影响要素。
☞掌握薪酬管理的原则、基本内容以及流程。
☞掌握岗位评价方法、薪酬调查的两个关键内容(外部市场薪酬调查与内部薪酬满意度调查)、薪酬结构设计。
☞掌握企业常用的几种工资制度。
☞了解企业福利制度的设计。

技能目标

☞能够运用薪酬设计方法为企业制定适用、合理的薪酬体系。
☞能够运用所掌握的薪酬设计理念分析企业薪酬制度中可以借鉴的地方与存在的不足。

引导案例 >>>

一碗"牛肉面"引发的难题

我跟朋友在路边一个不起眼的小店里吃面,由于客人不多,我们就顺便和小老板聊了会儿。谈及如今的生意,老板感慨颇多,他曾经辉煌过,那是兰州拉面最红的时候,他在闹市口开了家拉面馆,日进斗金啊!后来却不做了。朋友纳闷地问他为什么。

"现在的人心眼贼呢!"老板说,"我当时雇了个会做拉面的师傅,但在工资上总也谈不拢。"

"开始的时候为了调动他的积极性我们是按销售量分成的,一碗面给他5毛的提成,经过一段时间,他发现客人越多他的收入也越多,这样一来他就在每碗里放超量的牛肉来吸引回头客","一碗面才四块,本来就靠薄利多销,他每碗多放几片牛肉我还赚哪门子钱啊!"

"后来看看这样不行,钱全被他赚去了!我就换了种分配方式,给他每月发固定工资,工资给高点也无所谓,这样他不至于多加牛肉了吧?因为客多客少和他的收入没关系。"

"但你猜怎么着?"老板有点激动了,"他在每碗里都少放许多牛肉,把客人都赶走了!""这是为什么?"现在开始轮到我们激动了。"牛肉的分量少,顾客就不满意,回头客就少,生意肯定就清淡，他（大师傅）才不管你赚不赚钱呢，他拿固定的工钱，巴不得你天天没客人才清闲呢！”

结果一个很好的项目因为工资分配的问题而黯然退出市场，尽管被管理者只有一个。

（资料来源：中国电力人力资源网）

此案例说明，薪酬分配是人力资源管理当中至关重要的一环，稍有不甚将直接导致管理难题的出现。薪酬作为吸引人才、留住人才、激励人才的手段，它必须兼顾内外公平、具竞争力、经济性、激励性等原则，因此薪酬管理大有学问。

第一节　薪酬管理概述

薪酬管理是企业为实现其目标，由人力资源部负责、其他职能部门参与、涉及薪酬系统的一切管理工作，也是制定吸引人才、留住人才、激励人才的薪酬体系的过程，它是保证企业生产经营正常运行的必要条件。

一、与薪酬相关的概念

薪酬是员工为企业提供劳动而从雇主那里获得的各种经济收入以及有形的服务和福利，是得到的各种货币与实物报酬的总和。

（一）报酬

通常情况下，我们将一位员工因为为某个组织工作而获得的所有各种他认为有价值的东西通称为报酬。因此报酬并非仅仅是一种金钱或者能够折算为金钱的实物概念，它还包括一些心理上的收益，如图 7-1 所示。

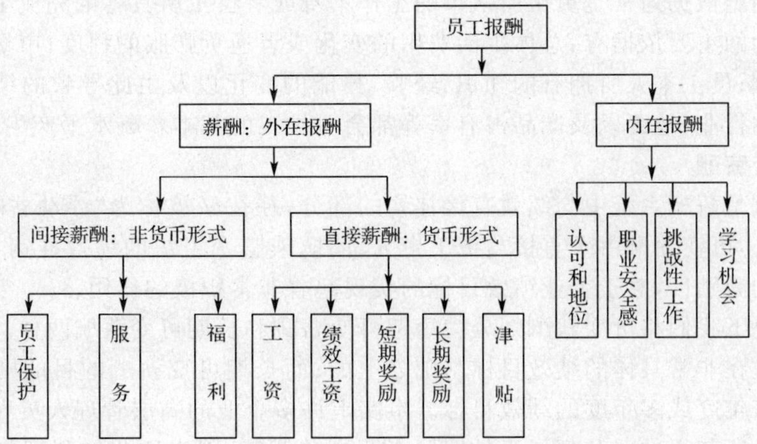

图 7-1　企业对员工支付的报酬

报酬一般可以用两种不同的方式进行分类。一种将报酬划分为经济报酬和非经济报酬，它们之间的界线是某种报酬是不是以金钱形式提供的，或者能否以货币为单位来加以衡量；另一种将报酬划分为内在报酬和外在报酬，它们之间的区别在于，某种报酬对劳动者所产生的激励是一种外部刺激还是一种发自内心的心理激励。

(二)工资

薪酬和工资两者有许多相同点,在许多地方可以混用。但从习惯上说,两者在使用的场合和使用的对象上存在一定的区别。

从字面含义看,薪酬是名词化的动词,含有薪水、酬劳、酬谢之意,这样就更容易与激励机制联系起来,给管理者以发挥的余地。而工资是名词,往往与生活费用相联系,似乎是必然的分配结果,是企业应该付给的,管理者没有发挥的余地。在我国,习惯用工资一词来涵盖企业、机关、学校、社会团体等各单位的劳动者报酬。而一些企业为了以示区别,愿意采用薪酬,用以特指员工的劳动报酬。因此薪酬是指企业对员工为企业所作出的贡献,包括其绩效、付出的努力、时间、学识、技能、经验与创造等所付给的相应报酬或答谢。它是员工从事企业所需要的劳动而得到的货币或非货币形式的补偿。

(三)福利

薪酬一般是个人(或团体)与劳动者(或劳动者群体)的劳动量相联系的劳动报酬,无论是以现金支付还是以非现金支付,它都有很强的目的性。而福利是不与劳动者的个别劳动量或群体劳动量相联系的,每个人都有权利享受,一般具有重复性与长期性的特点。

二、薪酬的表现形式

(一)基本薪酬

基本薪酬是指一个组织根据员工所承担或完成的工作本身或者员工所具备的完成工作的技能或能力而向员工支付的相对稳定的报酬。基本薪酬往往又被称为"固定薪酬"。

基本薪酬是一位员工从企业那里获得的较为稳定的经济性报酬,它不仅为员工提供了基本的生活保障和稳定的收入来源,而且往往是确定可变薪酬的一个主要依据。员工基本薪酬的确定依据通常是员工所从事的工作本身或者员工所具备的完成工作的技能或能力。其变动的主要依据有:总体生活费用的变化或者通货膨胀的程度;市场上同质劳动力的基本薪酬;员工本人所拥有的知识、经验、技能的变化以及由此导致的绩效变化。此外企业所处的行业、地区以及产品占有率等都会对员工的基本薪酬水平产生影响。

(二)可变薪酬

可变薪酬是薪酬系统中与绩效直接挂钩的部分,往往又被称为"浮动薪酬"、"激励薪酬"或"奖金"。可变薪酬由于直接与员工个人、团队或整个组织的绩效挂钩,因此对于员工具有很强的激励性,对于企业绩效目标的实现起着非常积极的作用。

通常情况下我们将可变薪酬划分为短期可变薪酬和长期可变薪酬两种。短期可变薪酬一般是建立在非常具体的绩效目标基础之上的;而长期可变薪酬的目的则在于鼓励员工努力实现跨年度或多年度的绩效目标。事实上许多企业的高层管理人员和一些核心的专业技术人员所获得的红利都属于长期可变薪酬的范畴,因为这些红利都与企业长期目标(如投资收益、净资产收益等)的实现挂钩。

(三)间接薪酬(有形服务和福利)

间接薪酬(有形服务和福利)不是以员工为企业工作的时间为计算单位的,不与劳动者的个别劳动量或群体劳动量相联系,每个人都有权利享受。

间接薪酬这种支付形式有其独特的价值。首先,由于减少了以现金形式支付给员工的薪酬,因此企业通过这种形式能达到适当避税的目的;其次,福利为员工将来的退休生活和一些可能发生的不测事件提供了保障(如员工养老保险、医疗保险等)。

三、影响企业薪酬政策的主要因素

所谓企业薪酬政策,也称薪酬组合方案,就是管理者对薪酬管理运行的目标、任务、途径和手段所做的选择,以及企业对员工劳动报酬所采取的方针或策略。企业薪酬政策的制定必须考虑到企业外部与内部的各种影响因素。

(一)外部影响因素

1.劳动力市场的供求状况

劳动力市场供求状况的变化,决定企业对员工成本的投入,从而影响企业员工薪酬水平的变化。如果社会上可供企业使用的劳动力大于企业需求时,则企业员工的薪酬水平相应会降低;反之,企业员工的薪酬水平相应会提高。

2.政府的政策调节

在市场经济条件下,政府对企业薪资水平的干预,包括直接调节与间接调节,主要表现为以培育、发展和完善劳动力市场为中心,用宏观经济政策调节劳动力供求关系,引导市场。

3.经济发展状况与劳动生产率

一般来说,当地的经济发展处在一个较高水平,其劳动生产率高,企业员工的薪酬会较高;否则,反之。我国的劳动力价格在不同地区有所不同,这是由于各地的消费水平、劳动力结构、劳动生产率等因素不同引起的。

4.物价变动

在货币薪酬水平不变,或变动幅度小于价格上涨的情况下,会导致员工实际薪酬水平下降;否则,反之。一般来说,在生活必需品价格普遍上涨的情况下,企业必须加薪,以保证员工的基本生活需要与企业的生产经营不受影响。

5.地区的生活水平

所在地区的生活水平从两个层面影响企业的薪酬政策。一是生活水平高,员工对个人生活的期望也高,对企业薪酬水平的压力就大;二是生活水平高也可能意味着物价指数持续上涨,为了保持员工生活水平不降低,企业会给员工增加薪酬。

6.行业薪酬水平的变化

行业薪酬水平的变化主要取决于行业产品的市场需求和行业劳动生产率两大因素。当产品需求上升时,薪酬水平可有所提高;当行业劳动生产率上升时,薪酬水平也可以在企业效益上升的范围之内按比例提高。

(二)内部影响因素

1.企业的支付能力

企业经济效益的好坏直接决定了员工个人收入水平的高低。薪酬是劳动力的价格和价值的表现形式,它和其他劳动要素成本的价格一样,随着企业效益的变动而变动。企业薪酬中的非货币薪酬部分与企业效益的联系更为密切。

2.企业的发展阶段

企业的发展阶段不同,其经营战略不同,企业的赢利能力也不同,因此,企业的薪酬战略也不同,企业薪酬战略应与企业战略相适应。表7-1解释了如何将薪酬战略与企业不同发展阶段的经营战略相匹配。

表 7-1　　薪酬战略与发展阶段的关系

组织特征	企业发展战略			
	初创阶段	增长阶段	成熟阶段	衰退阶段
经营战略	以投资促发展	以投资促发展	保持利润与保护市场	收获利润并开展新领域投资
风险水平	高	中	低	中～高
薪酬战略	个人激励	个人一集体激励	个人一集体激励	奖励成本控制
短期激励	股票奖励	现金奖励	利润分享、现金奖励	
长期激励	股票期权(全面参与)	股票期权(有限参与)	股票购买	
基本工资	低于市场水平	等于市场水平	大于或等于市场水平	低于或等于市场水平
福利	低于市场水平	低于市场水平	大于或等于市场水平	低于或等于市场水平

3.工作的“劳动”价值

工作需要的“劳动”价值不同,其薪酬水平也不同。一般来说,工作需要员工的学历较高时,工资也较高,因为学历越高,员工自身的投资也越大;员工的工龄越长,工资也越高,福利也越好,因为工龄长意味着对企业的贡献多;员工的能力越强,绩效也越高,其报酬也应该越高。

4.经营层领导的态度

薪酬管理策略的选择与设计在很大程度上是由企业领导的态度决定的。高层领导对于薪酬问题的理解和重视程度,对于保持和提高士气、吸引高质量的员工、降低离职率、改善员工的生产水平的种种愿望,以及对员工本身的认识态度等,都会对企业的薪酬水平和薪酬策略产生影响。

四、薪酬管理的基本原则

(一)战略导向性

战略导向性原则强调企业设计薪酬时必须从企业的角度进行分析,薪酬政策和薪酬制度必须体现企业发展战略的要求。企业的薪酬不仅仅是一种制度它更是一种机制,合理的薪酬制度驱动和鞭策那些有利于企业发展战略的因素的成长和提高,同时使那些不利于企业发展战略的因素得到有效地遏制、消退和淘汰。因此,企业设计薪酬时必须从战略的角度进行分析,哪些因素重要,哪些因素不重要,并通过一定的价值标准给予这些因素一定的权重,同时确定它们的价值分配,即薪酬标准。

(二)公平性

薪酬管理要公平,这是最主要的原则。公平性包括三个层次:外部公平性、内部公平性、个人公平性。

1.外部公平性

外部公平性即指企业的薪酬应与同行业或同一地区或同等规模的不同企业中类似岗位的薪酬达到基本一致。它强调的是本企业薪酬水平与其他组织的薪酬水平比较时的竞争力,关注企业之间薪酬水平的相对高低,其目的是为了吸引和留住最优秀的员工。

2.内部公平性

内部公平性即指同一企业内部中不同岗位所获得的薪酬应正比于各自的贡献。这意味着组织内的报酬水平相对高低应以工作的内容为基础或是以工作所需要的技能复杂程度为基础，根据工作对组织整体目标实现的相对贡献为基础，对事不对人。

3. 个人公平性

个人公平性即指同一企业中相同工作的人获得的薪酬间的比较。只要在相同职务上，做出相同的业绩，都将获得相同的报酬。具体地讲，就是员工报酬水平因相关因素产生的差异应合理，如个人绩效差异、承担相同工作或同技能员工的资历差异等。

（三）竞争性

竞争性是指企业的薪酬要能在社会上或人才市场上具有吸引人才的作用，能够战胜其他企业，招聘到所需要的人才。企业可根据自己的薪酬战略、财力水平、所需人才可获得性的高低、所想留住人才的市场价格等具体条件决定到底给员工何种市场水平的薪酬；但要具有竞争力，企业的薪酬水平至少不应低于市场平均水平。

微型案例 >>>

华为激励人的"三高"机制

在任正非眼中，华为是"三高"企业：高效率、高压力、高工资。他坚信，高工资是第一推动力，重赏之下才有勇夫。其实，华为给员工的不仅有高工资，还有股权和其他待遇。

应届毕业生报到时的路费和行李托运费等可以享受实报实销：从学校所在地到深圳的单程火车硬卧车票、市内交通费（不超过 100 元）、行李托运费（不超过 200 元）、体检费（不超过 150 元）。上述费用所有票据在报到后的新员工培训期间统一收取、报销，并在报到的当月随工资发放。

一位辞职的华为人说："华为对技术开发人员的确很够意思，像我 1995 年刚进公司的时候，他们就开出了 6500 元的月薪，后来慢慢长到了一万二，加上其他的补助，拿到手上的数字还要高一些。"这位工程师在办好一切辞职手续后，意外地发现自己还拿到了一大笔年终分红，吃惊与意外之余说："我几乎都有点后悔离开华为了。"

（四）激励性

激励性是指薪酬系统对员工要有强烈的激励作用。在企业内部各类、各级职务和薪酬水平上，适当拉开差距，真正体现按劳分配的原则。在国有企业中，尤其要克服过去那种平均主义"大锅饭"的现象，根据职位对企业的重要性程度，根据员工个人绩效，在员工收入上适当拉开差距。

（五）经济性

一般来说，薪酬系统要具有竞争性与激励性，使员工感到安全，但也应该接受成本控制，也就是在成本许可的范围内制定薪酬，因此，它不能不受经济性的制约。而且企业薪酬系统的各个方面都要平衡，基本工资、奖金或奖励、津贴与福利的结构都要注意经济性的原则。

（六）合法性

企业薪酬制度必须符合国家的法律法规，如有抵触，要坚决服从国家法律。例如我国劳动法中，有许多有关薪酬方面的法律条文，它应作为企业在制定薪酬制度时的法律依据。

五、薪酬管理的内容和流程

(一)薪酬管理的主要内容

1.薪酬体系决策

薪酬体系决策的主要任务是明确企业确定员工基本薪酬的基础是什么。国际上通行的薪酬体系主要有三种，即职位(岗位)薪酬体系、技能薪酬体系、绩效薪酬体系，其中以职位薪酬体系的运用最为广泛。职位薪酬体系是指企业在确定员工的基本薪酬水平时所依据的员工所从事工作的自身价值。

2.薪酬结构决策

薪酬结构指员工薪酬的各构成项目及各自所占的比例。一个合理的薪酬结构应该是既有固定薪酬部分，又有浮动薪酬部分。这样才可以既能以稳定的收入水平吸引人才，又可以以绩效挂钩的浮动部分激励人才。

3.薪酬水平决策

薪酬水平决定了企业的外部竞争性。在进行企业薪酬水平决策过程中，我们应该关注不同企业职位和职位之间或者不同企业中同类工作之间的薪酬水平对比。与薪酬水平决策相对应的薪酬管理实务工作是外部市场薪酬调查。

4.企业薪酬制度设计与完善

企业薪酬制度设计与完善是企业薪酬管理的一项重要任务，包括工资结构设计与完善，即确定并调整不同员工薪酬项目的构成，以及各薪酬项目所占的比例；还包括工资等级标准设计、薪酬支付形式设计，即确定薪酬计算的基础是按照劳动时间还是按照生产额、销售额计算。不同企业的薪酬制度有不同的适用对象和范围，它们有的简单，有的复杂，关键是要选择与企业总体发展战略以及实际情况相适应的薪酬制度。

(二)薪酬管理的流程

企业薪酬管理是依据一系列的科学原则，按照一定的步骤分以下环节来完成的，这些环节将在本章第二节中进行相关阐述。如图7-2所示。

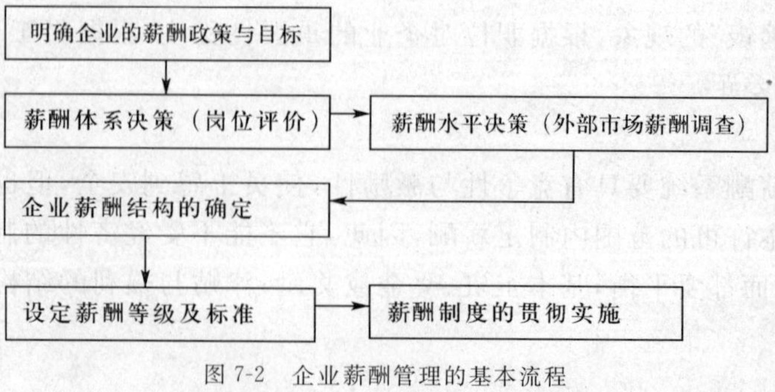

图7-2 企业薪酬管理的基本流程

第二节　薪酬管理实务

薪酬管理实务包括岗位评价与薪酬等级、薪酬调查、薪酬结构的确定、薪酬制度的制定等。

一、岗位评价与薪酬等级

(一)岗位评价方法

第一节中提到的职位薪酬体系就是首先对职位本身的价值做出客观的评价，然后根据这种评价结果赋予承担这一职位的人与该职位价值相当的薪酬。职位薪酬体系的设计流程如图 7-3 所示。

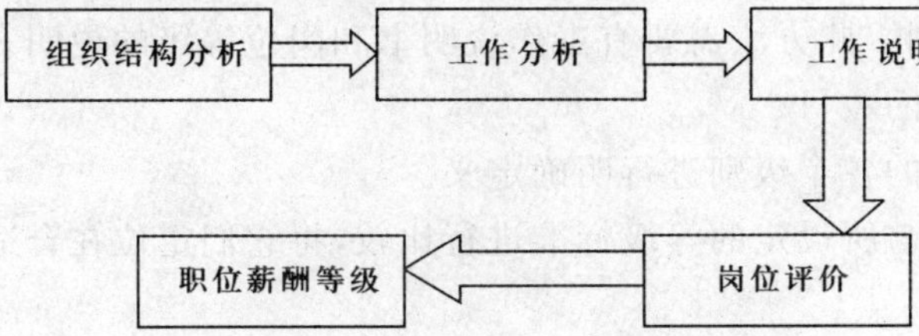

图 7-3　职位薪酬体系的设计流程

岗位评价是制定科学合理的基本薪酬的前提和依据，通过工作岗位分析和评价，能够明确岗位所承担责任的大小、劳动强度的大小、工作环境的优劣以及劳动者所应具备的工作经验、专业技能、学识、身体条件等方面的具体要求。同时可以对企业内各个层次和职级的工作岗位的相对价值做出客观的评价，并依据评价结果，将各个岗位价值的重要性进行排列，以此作为确定企业基本薪酬的依据。岗位评价的方法主要有四种：岗位排序法、岗位分类法、要素计点法、要素比较法。因为要素比较法比较复杂，这里将不予阐述。

1. 岗位排序法

岗位排序法是一种简单的岗位评价方法。它根据总体上界定的职位的相对价值或者职位对组织成功所作出的贡献来将职位进行从高到低的排列。运用这一方法要求评价者对需要评价的岗位内容相当熟悉。小型企业的工作岗位不多，运用这种方法比较有效，但不太精确。岗位排序法主要有：

(1)直接排序法。其工作程序是：简单地根据职位价值大小从高到低或从低到高对职位进行总体上的排序，如表 7-2 所示。

表 7-2　　直接排序法举例

重要性高 ↑	总裁
	首席建筑师
	设计师
	高级技师
	技师
重要性低	接待员

(2)成对比较排序法。其工作程序是:将企业中所有工作岗位,成对地加以比较。表7-3中的岗位工作价值从高到低排列为甲、丁、丙、乙。

表 7-3 成对比较排序法

工作岗位	甲	乙	丙	丁	总分
甲	—	1	1	1	3
乙	0	—	0	0	0
丙	0	1	—	0	1
丁	0	1	1	—	2

2. 岗位分类法

岗位分类法是按一个假设的量表,把工作岗位划分为几个类别,每个类别常有明确的界限,有时举例加以说明。根据所判断的岗位的整个价值与几种分类描述的关系,把一种工作岗位划入特定类别。此方法需要有工作说明书和岗位等级的说明。工作程序是:

(1)确定岗位类别的数目。

(2)对各岗位类别的各个级别进行明确定义。

(3)将被评价岗位与所设定的等级标准进行比较,将它们定位在合适的岗位类别中的合适的级别上。

(4)当岗位评价完成以后,以此为基础设定基本薪酬等级。

岗位分类法较为简单,但等级说明过于一般化,容易引起被评价岗位的工作者与岗位评价者的争论。

3. 要素计点法

要素计点法要求确定几个薪酬要素(如知识经验、对决策的影响、沟通、监督管理、职责、解决问题能力、工作环境等),每个要素应分等,并要求各岗位中每个要素的等级都是目前岗位的现实情况。其具体的操作步骤是:

(1)确定要评价的岗位系列。由于不同部门的岗位差别很大,通常使用多种点值评定方案来评价组织中所有的岗位。

(2)收集岗位信息。包括岗位分析、制定岗位描述和岗位说明书。

(3)选择薪酬要素。可供选择的薪酬要素有教育、身体需求或技术等,通常不同的岗位系列有不同的薪酬要素。

(4)界定薪酬要素。仔细界定每个薪酬要素,以确保评价人员在应用这些要素时能保持一致。这些通常由人力资源专家来做。

(5)确定要素等级。确定每个要素的等级后,评估者才可以评定每个岗位的要素等级。每个要素包括的等级不超过5～6个,实际等级数主要取决于评价者的评价需要。

(6)确定要素的相对价值,即确定每个要素的权重。对于不同的岗位系列,各要素的重要性不同。下面是确定权重的常用方法。

①对权重最高的要素赋值100%,然后根据相对第一个要素重要性的百分比,确定序列次高要素的赋值,以此类推。例如,决策:100%;解决问题:85%;知识:60%。

②将各赋值加总(在此例是:100%＋85%＋60%＝245%)。然后将其转化为

100%值：

决策　　　　$100 \div 245 = 0.4082 \times 100\% = 40.8\%$

解决问题　　$85 \div 245 = 0.3469 \times 100\% = 34.7\%$

知识　　　　$60 \div 245 = 0.2449 \times 100\% = 24.5\%$

(7)确定各要素及各要素等级的点值。例如，假设计划的总点值为 500，而“决策”要素的权数为 40.8%，因此它的点值为：40.8%×500＝204。

接下来是把 204 点在“决策”要素内部分配。这意味着最高层次的决策能力的点值为 204。然后以等差的形式确定最高要素等级和最低要素等级的点值。例如，用等级数 5 除 204，公差是 40.8。于是最低等级的点值为 41；第二等是 82；第三等是 123；第四等是 164；最后一等即最高等级的点值是 204。对每个要素都可以作这种类似处理(如表 7-4 所示)。

表 7-4　　各要素等级点值的确定

	第一等级点值	第二等级点值	第三等级点值	第四等级点值	第五等级点值
决策	41	82	123	164	204
解决问题	35	70	105	140	174
知识	24	48	72	96	123

(8)编写岗位评价指导手册。采用要素计点法进行岗位评价的最后一步是编写“点值指南”或“岗位评价指导手册”。这步是把各要素及其等级的定义、点值汇编成一本便于使用的指导手册。

(二)岗位评价与薪酬等级的关系

岗位与薪酬的对应关系可以是线性关系的，如图 7-4 中所示的曲线 A、曲线 B，但两条曲线反映了不同的薪酬差距，曲线 A 比曲线 B 的岗位之间薪酬差距大，激励作用大。

岗位与薪酬的对应关系也可以是非线性关系的，如图 7-4 中的曲线 M，反映了岗位等级低的薪酬增长的速度快于岗位等级高的。实际上曲线 M 在企业中比较常用，表示岗位等级低的，工资水平低，提高比较少的工资就能产生激励作用；而岗位等级高的，工资也高，需要增加较多的工资才能达到激励效果。

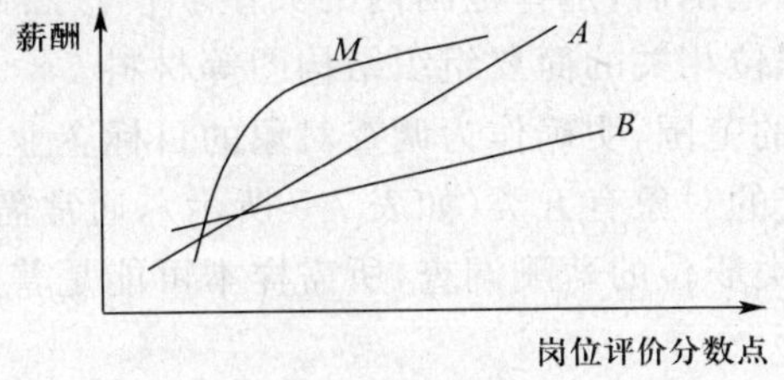

图 7-4　岗位评价与薪酬的比例关系

二、薪酬调查

确定员工的薪酬水平时要做到保持一个合理的度，既不能多支付，造成成本增加；也不能少支付，难以保持企业发展所需的人力资源、保持对外竞争力。要做到这点，企业必须进行薪酬调查。薪酬调查包括外部市场薪酬调查和企业员工薪酬满意度调查两方面。

(一)外部市场薪酬调查

外部市场薪酬调查是指企业通过收集信息来判断其他企业所支付的薪酬状况。主要是了解市场上相关企业薪酬水平和薪酬结构等方面的信息。

1. 外部市场薪酬调查的目的

(1)调整薪酬水平。大多数企业都会定期调整自己的薪酬水平,调整依据主要有生活成本的变动、员工绩效的改善、企业的经营状况与支付能力,还有竞争对手的薪酬水平的变化。最后这个调整依据需要进行薪酬调查来了解竞争对手的薪酬变化情况。

(2)调整薪酬结构。现在许多企业利用外部薪酬调查来了解被调查对象的薪酬构成情况,以此评价自身企业薪酬结构的有效性。

(3)估计竞争对手的劳动力成本。对于在产品市场上竞争压力比较大的企业,劳动力成本是决定企业竞争优势的一个重要来源,这类企业既不能因为薪酬水平太低而失去优秀的员工,也不能因为薪酬水平过高而影响公司产品的竞争性。所以可以利用薪酬调查数据对竞争对手的定价以及制造实践进行财务分析。

(4)了解其他企业薪酬管理实践的最新发展和变化趋势。由于薪酬调查中所要了解的数据不是仅限于基本薪酬,还包括奖金、长期激励、休假等各种福利以及加班时间、加薪频率等多方面的信息。因此企业可以了解同行竞争企业在薪酬管理方面的各方面信息,从而决定自己是否仿效。

2. 外部市场薪酬调查的流程

不论企业的规模大小,在确定一个或更多岗位的工资时,实际上都需要进行薪酬调查。国外绝大多数企业都利用外部市场薪酬调查来确定员工的薪酬水平。外部市场薪酬调查的流程如下:

(1)审查企业薪酬管理现状,确定调查的必要性。通过对企业员工整体离职情况、工作效率和产出情况的把握,通过对政府有关薪酬方面政策法规的了解,通过对企业既有薪酬管理制度和收支情况的审核,确定是否需要进行外部市场薪酬调查。

(2)确定准备调查的职位及层次。先必须确定到底调查哪些职位,如果企业的关注点在于管理人员的薪酬,那么只要将公司高层和部门经理一级的职位包括进来就可以了。

确定准备调查的职位范围后,选择范围内的典型职位。然后需要提供将要调查职位的职位描述与将要调查职位相关的简要组织结构图等材料。

(3)界定劳动力市场的范围,明确作为调查对象的目标企业及其数量。在选择调查对象时,一般来说,可供调查的对象有五类(如表 7-5 所示),通常需要在 10 家以上企业。值得注意的是,如果是管理类职位的薪酬调查,所需样本可能是普通类职位调查样本的两倍左右。

表 7-5　外部市场薪酬调查中可供选择的调查对象

第一类	同行业中有相似岗位或工作的企业
第二类	其他行业中有相似岗位或工作的企业
第三类	与企业雇用同一类劳动力,可构成人力资源竞争对象的企业
第四类	本地区在同一劳动市场上招聘员工的企业
第五类	经营策略、信誉、报酬和工作环境比较接近的企业

同时，对于不同的职位，调查的地域和行业也不同。一般而言，对于低层级的职位来说，比如文员、一般技术人员和半技术人员，所调查的区域应该是和公司在地理位置上比较接近的地方。对于中高级职位而言，比如市场部经理、人力资源副总等，所调查的区域应该更大。对于低层级的职位来说，行业之间的差别并不大；而对于中高级管理人员和技术人员来说，最好是选择可能与公司竞争人才的行业。

(4)选择所要收集的薪酬信息内容。外部市场薪酬调查所要收集的薪酬信息内容一般包括基本薪酬及其结构、年度奖金和其他年度现金支付、股票期权等长期激励计划、各种补充福利计划以及薪酬政策等方面的其他信息。

(5)选择调查方式。调查目标、对象和内容等不同，那么所需的信息、选择使用的方法是有差异的。通常，一些较明确、简单、规范的岗位只需简单的信息就可以实现目标，因此可选择使用简单的调查方法，如企业之间相互调查、公开信息的调查；反之，则需要使用较为复杂的方法，如调查问卷。

(6)调查问卷设计并实施。在进行调查以前，应准备一份有关调查的封面信，封面信至少应包括以下内容：调查目的，希望回复的日期，调查大致内容，保密保证，共享调查结果的承诺以及对参与者的感谢等。

(7)调查资料统计分析。薪酬调查的数据一定要真实、可靠。在统计分析时应选用那些可靠的数据进行统计和分析。统计分析的方法有以下四种：

第一，数据排列。先将调查的同一类数据由高至低排列，再计算出数据排列中的中间数据，即25%点处、中点即50%点处和75%点处。薪酬水平高的企业应注意75%点处甚至是90%点处的薪酬水平；薪酬水平低的企业应注意25%点处的薪酬水平；一般的企业应注意中点处薪酬水平。表7-6所示是调查的会计岗位的数据。

表7-6　会计岗位薪酬调查数据

企业名称	平均月工资(元)	排列	
A	2 500	1	
B	2 200	2	90%点处=2 200元
C	2 200	3	
D	1 900	4	75%点处=1 900元
E	1 700	5	
F	1 650	6	
G	1 650	7	
H	1 650	8	中点即50%点处=1 650元
I	1 600	9	
J	1 600	10	
K	1 550	11	
L	1 500	12	25%点处=1 500元
M	1 500	13	
N	1 500	14	
O	1 300	15	

第二，频率分析。如果被调查企业没有给出准确的薪酬水平数据，只能了解到该企业的平均薪酬情况时，可以采取频率分析法，记录在各薪酬额度内各企业平均薪酬水平出现

的频率,从而了解这些企业薪酬的一般水平。表7-7分析的是会计岗位的薪酬频率。

表 7-7　　会计岗位的薪酬频率

薪酬额度(元)	出现频率
2 400～2 599	1
2 200～2 399	2
2 000～2 199	1
1 800～1 999	3
1 600～1 799	4
1 400～1 599	1

第三,回归分析。可以利用一些数据统计软件如SPSS等所提供的回归分析功能,分析两种或多种数据之间的关系,从而找出影响薪酬水平、薪酬差距、薪酬结构的主要因素以及影响程度,进而对薪酬水平、薪酬差距或者薪酬结构的发展趋势进行预测。

第四,制图。制图是一种形象的分析工具,可以直观地反映调查数据,包括直线图、柱状图、饼状图等。

(二)企业员工薪酬满意度调查

1. 确定调查对象。薪酬满意度调查的对象是企业内部所有员工。

2. 确定调查方式。由于调查人数较多,比较常用的方式是发放调查表。

3. 确定调查内容。调查的内容包括员工对薪酬福利水平、薪酬福利结构比例、薪酬福利差距(与市场比较、与企业内部其他员工比较)、薪酬福利的决定因素、薪酬福利的调整、薪酬福利的发放方式等方面的满意度。薪酬满意度调查内容见表7-8。

表 7-8　　薪酬满意度调查内容表

薪酬满意度调查内容	对薪酬福利水平的满意度
	对薪酬福利结构、比例的满意度
	对薪酬福利差距的满意度
	对薪酬福利决定因素的满意度
	对薪酬福利调整的满意度
	对薪酬福利发放方式的满意度
	对工作本身(如自主权、成就感、工作机会等)的满意度
	对工作环境(如企业管理、工作时间、办公设施等)的满意度

三、薪酬结构的确定

薪酬结构指员工薪酬的各构成项目及各自所占的比例。一个合理的组合薪酬结构应该是既有固定薪酬部分如基本工资、岗位工资、技能或能力工资、工龄工资等,又有浮动薪酬部分如效益工资、业绩工资、奖金等,如图7-5所示。固定薪酬、浮动薪酬和特殊津贴所占的比例,需要根据公司情况、岗位性质、员工性质等加以确定。比如,国有企业的员工,其固定薪酬占其总薪酬的比例一般会比民营企业的高些,行政岗位的固定薪酬占该岗位总薪酬的比例肯定要比营销岗位的高些,普通员工的固定薪酬占其总薪酬的比例肯定要比中高层员工的高些。

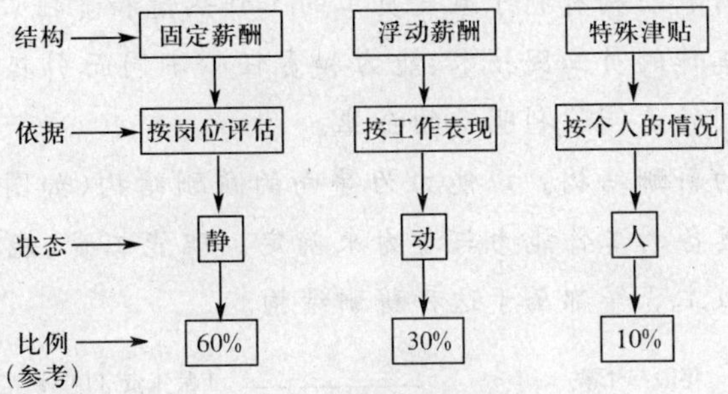

图 7-5　薪酬结构比例

相关链接 >>>

●传统的薪酬结构类型

传统的薪酬结构类型主要有以绩效为导向的薪酬结构、以工作为导向的薪酬结构、以能力为导向的薪酬结构和组合薪酬结构等。

1. 以绩效为导向的薪酬结构。以绩效为导向的薪酬结构（如图 7-6 所示），特点是员工的薪酬主要根据其近期劳动绩效来决定，员工的薪酬随劳动绩效量的不同而变化，并不是处于同一职务（或岗位）或者技能等级的员工都能保证拿到相同数额的劳动薪酬。计件工资、销售提成工资、效益工资等都属于这种薪酬结构。

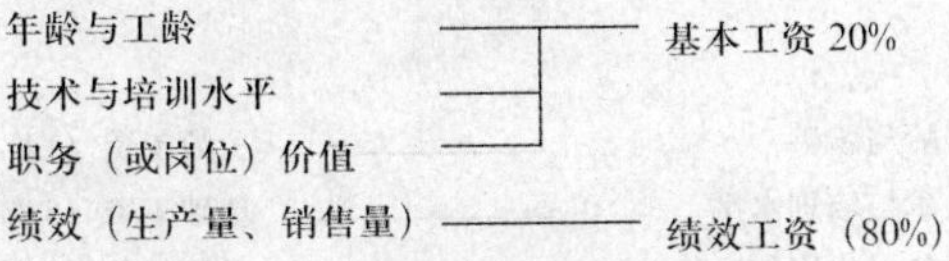

图 7-6　以绩效为导向的薪酬结构

以绩效为导向的薪酬结构，其显著优点是激励效果好，但也存在一定的缺陷，如使员工只重视眼前效益，不重视长期发展，没有学习新知识、技能的动力；只重视个人绩效，不重视与人合作、交流。以绩效为导向的薪酬结构比较适用于以下类型的企业：任务饱满，有超额工作的必要；绩效能够自我控制，员工可以通过主观努力改变绩效等。

2. 以工作为导向的薪酬结构。以工作为导向的薪酬结构（如图 7-7 所示），指员工的薪酬主要根据其所担任的职务（或岗位）的重要程度、任职要求的高低以及劳动环境对员工的影响等来决定。薪酬随着职务（或岗位）的变化而变化，岗位工资制、职务工资制等都属于这种薪酬结构。

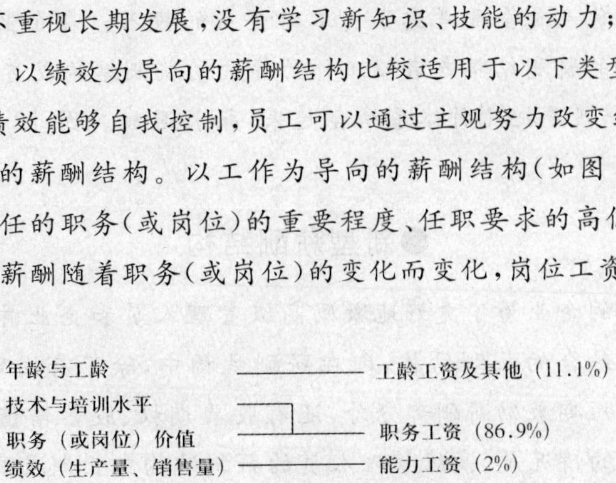

图 7-7　以工作为导向的薪酬结构

以工作为导向的薪酬结构有利于激发员工的工作热情和责任心。缺点是无法反映在同一职务(或岗位)上工作的员工因技术、能力和责任心不同而引起的贡献差别。该结构比较适用于各工作之间的责、权、利明确的企业。

3. 以能力为导向的薪酬结构。以能力为导向的薪酬结构(如图 7-8 所示),指员工的薪酬主要根据员工所具备的工作能力与潜力来确定。职能工资、能力资格工资及我国过去工人实行的技术等级工资等都属于这种薪酬结构。

年龄与工龄	工龄工资(14%)
技术与培训水平	基础工资(33%)
职务(或岗位)价值	岗位工资(24%)
绩效(生产量、销售量)	奖金(29%)

图 7-8　以能力为导向的薪酬结构

以能力为导向的薪酬结构的优点是有利于激励员工提高技术、能力。但也有不足,如忽略了工作绩效及能力的实际发挥程度等因素,企业薪酬成本也比较高,而且适用范围窄,只适用于技术复杂程度高、劳动熟练程度差别大的企业,或者是处在艰难期,急需提高企业核心能力的企业。

4. 组合薪酬结构。组合薪酬结构(如图 7-9 所示),其特点是将薪酬分解成几个组成部分,分别依据绩效、技术和培训水平、职务(或岗位)、年龄和工龄等因素确定薪酬额。组合薪酬结构使员工在各个方面的劳动付出都有与之对应的薪酬,某员工只要在某一个因素上比别人出色,都能在薪酬上反映出来。岗位技能工资、薪点工资、岗位效益工资等都属于这种薪酬结构。

年龄与工龄	工龄工资(14%)
技术与培训水平	基础工资(33%)
职务(或岗位)价值	岗位工资(24%)
绩效(生产量、销售量)	奖金(29%)

图 7-9　组合薪酬结构

组合薪酬结构的优点是全面考虑了员工对企业的投入。在企业实际薪酬管理中,单纯采用以绩效为导向的薪酬结构或者以工作为导向的薪酬结构或者以能力为导向的薪酬结构的情况并不多,一般是把几种体系结合起来,扬长避短。因此,组合薪酬结构适用于各种类型的企业。

●新型薪酬结构

现在有越来越多的企业为了更好地激励高级管理人员和企业骨干人员,建立了将短期激励与长期激励相结合的薪酬结构,即在薪酬结构中,除了有固定薪酬部分和效益工资、业绩工资、奖金等短期激励薪酬部分外,还有股票期权、股票增值权、虚拟股票等长期激励薪酬部分。一般的情况是,高级管理人员的薪酬结构中长期激励部分比重较大,而中级管理人员的薪酬结构中长期激励部分比重较小。如图 7-10 所示。

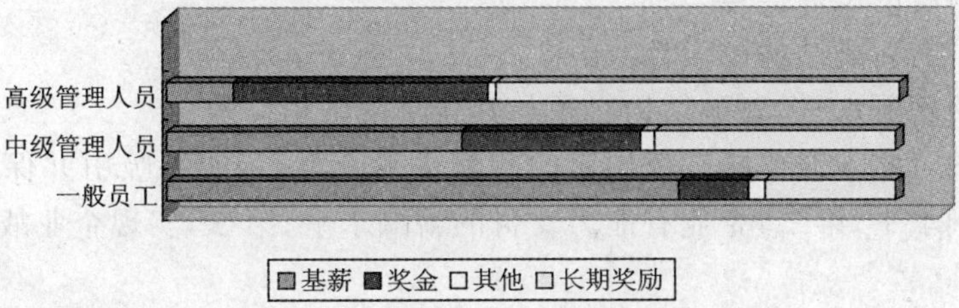

图 7-10　企业不同人员薪酬结构

四、薪酬制度的制定

(一)薪酬制度的设计程序

薪酬制度的设计是一个系统工程,它以岗位分析与评价、薪酬调查和绩效考核为基础,主要包括薪酬调查、分析比较、增资实力、薪酬策略、薪酬结构、岗位评价、绩效考核、特殊津贴、长期激励、调资政策、评估调整等。薪酬制度设计的主要步骤如图 7-11 所示。

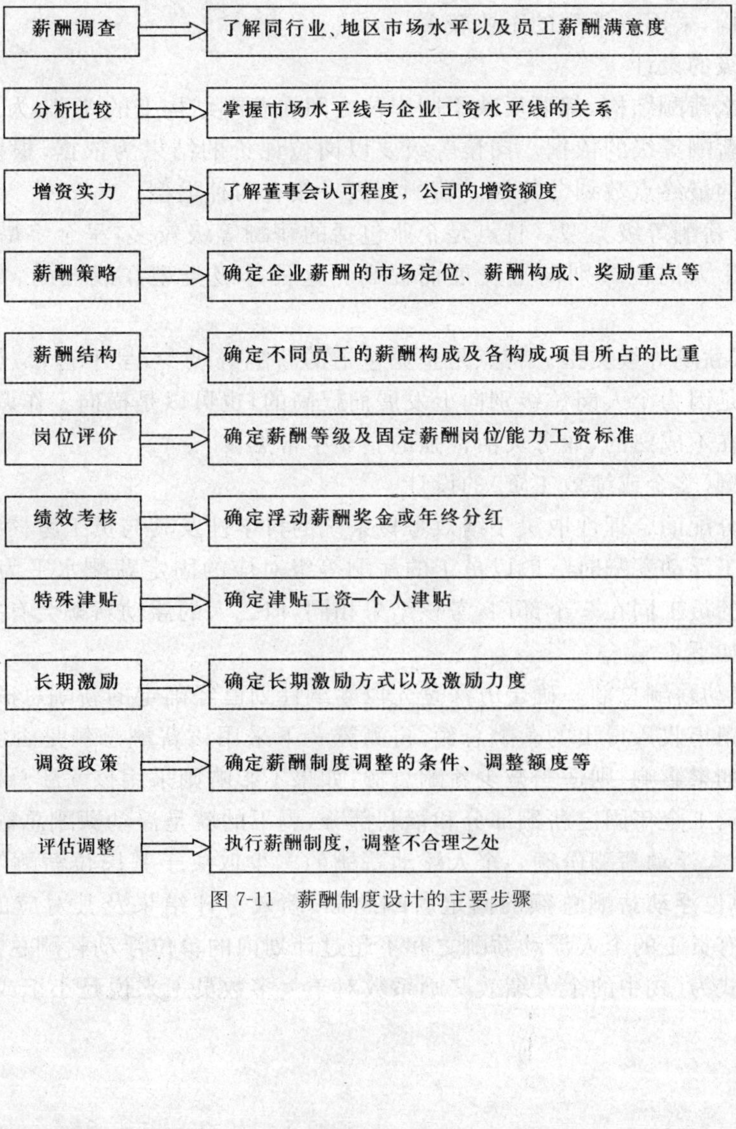

图 7-11　薪酬制度设计的主要步骤

(二)薪酬制度的设计要点

1. 薪酬水平与薪酬结构的设计

企业选择的薪酬水平、薪酬结构必须与其薪酬策略相一致。

企业的薪酬策略一般包括三个层次的薪酬水平。第一,能够吸引并保留适当员工所必须支付的薪酬水平;第二,企业有能力支付的薪酬水平;第三,实现企业战略目标所要求的薪酬水平。

尽管薪酬结构的类型有很多种,但从性质上可以分为三类。首先是高弹性类,该类薪酬结构的特点是:员工的薪酬在不同时期个人收入起伏较大,绩效工资与奖金占的比重较大。以绩效为导向的薪酬结构属于这种类型。其次是高稳定类,该类薪酬结构的特点是:员工的薪酬与实际绩效关系不太大,而是主要取决于年功及企业整体经营状况,员工的薪酬相对稳定,给人一种安全感,采用这类薪酬结构的企业,员工薪酬中基本薪酬所占的比重相当大,而奖金的发放则根据公司整体经营状况,按照个人基本工资的一定比例发放,如日本的年功工资。最后是折中类,既有高弹性成分,以激励员工提高绩效,又有高稳定成分,以促使员工注意长远目标。如以能力为导向的薪酬结构、以岗位为导向的薪酬结构及组合薪酬结构,采用该类型的企业较多。

2. 薪酬等级的设计

无论是什么薪酬结构,都要反映不同岗位之间在薪酬结构上的差别,为此要确定若干岗位等级作为薪酬等级的依据。岗位等级要以岗位评价的结果为依据,根据岗位评价得到的每个岗位的最终点数划分等级。薪酬等级一般有两种类型:

(1)分层式薪酬等级类型。特点是企业包括的薪酬等级较多,呈金字塔形排列,员工薪酬水平随着个人岗位级别向上发展而提高。这种等级类型在成熟的、等级型企业中常见。

(2)宽泛式薪酬等级类型。特点是企业包括的薪酬等级少,呈平行形,员工薪酬水平的提高既可以是因为个人岗位级别向上发展而提高的,也可以是横向工作调整而提高的。这种等级类型在不成熟的、业务灵活性强的企业中常见。

3. 浮动薪酬(奖金或绩效工资)的设计

浮动薪酬分配的合理性取决于绩效考核系统的科学性及其与员工考核结果挂钩的程度。在计算员工浮动薪酬时一般以员工的薪酬等级对应的固定薪酬水平为基数,即两个不同薪酬等级的员工同在一个部门,考核结果相同,但二人的浮动薪酬会有差别。浮动薪酬的设计方法如下:

(1)确定浮动薪酬总额。确定方法是先以薪酬计划已经确定的薪酬总额/销售收入的比值乘以实际销售收入得出的薪酬总额,再测算一下采用该薪酬总额是否影响企业预计利润的实现。如果影响,则适当减少薪酬总额;如果不影响则采用该薪酬总额。将此薪酬总额减去所有员工全年固定薪酬部分和福利部分,剩下的就是浮动薪酬总额。

(2)确定个人浮动薪酬份额。个人浮动薪酬的多少取决于其岗位薪酬等级所对应的固定薪酬数、单位浮动薪酬总额的固定薪酬总额、绩效考评结果及其对应的绩效奖励系数。单位内所有员工的个人浮动薪酬之和不超过计划内的单位浮动薪酬总额。个人浮动薪酬的计算公式为(式中的个人绩效奖励系数对于大多数员工来说是小于或等于 1 的):

$$个人全年浮动薪酬=\frac{个人全年固定薪酬}{单位员工全年固定薪酬}\times单位全年浮动薪酬总额\times个人绩效奖励系数$$

(三)薪酬制度的内容

薪酬制度大体上是通过薪酬等级表、薪酬标准表、技术(业务)等级标准及岗位名称表等具体形式加以规定的。薪酬制度中必须明确的内容有:薪酬分配政策、原则、工资支付方式、工资标准、工资结构、薪酬等级及级差、奖金、津贴、过渡方法及其他规定等。

微型案例 >>>

薪酬留“才”

当各类企业间为雇用并留住优秀员工展开激烈竞争时,人才流失便成为制约企业发展的关键因素之一,如何留住人才自然成为企业面临的重要课题。

把人用好,让人才得以充分发挥,并给予相应的回报,这就需要薪酬体系、激励机制等一整套相关机制的建立。在人才争夺战中,薪酬是最强有力的杀手锏之一。

对规模小的企业中的多数员工,和对较大企业中的核心员工,用感情留人的方法还是很有用的。但感情留人不是长久之计,合理的薪酬体系才能体现对人才的尊重和认可。

收入是一个人劳动价值的具体表现,当一个人的收入不能体现其应有的社会价值时,人才的流失就成为必然。正因为价值规律的存在,所以薪酬缺乏竞争力成为导致人才流失的主要原因,而且越是中心地区、中心城市,薪酬竞争就越是激烈。

薪酬设计的基础是工作分析和工作评价,通过周密的调查,确定每个岗位在组织中的价值和社会中的价值,做到对内公平和对外公平。“对内公平”要解决管理层和普通员工、骨干与非骨干之间的心理平衡问题;而“对外公平”要参照具体岗位在社会上的平均价值,跟社会均价大致相当,最好是略高一筹,以保持竞争力。

(资料来源:中国人力资源开发网)

五、常见的几种企业工资制度

目前常见的企业工资制度有计件工资制、销售提成制、技术等级工资制、岗位或职务等级工资制、结构工资制、岗位技能工资制、薪点工资制等。

(一)计件工资制

计件工资是以员工完成的合格产品或工作量以及事先规定的计件单价计算出的薪酬。员工计件工资的多少取决于员工完成的合格产品数量或工作量,还取决于计件单价的高低。

$$员工计件工资=产品量(工作量)\times计件单价$$

计件工资适用于生产目的是提高产量、生产有连续性和稳定性、员工或部门/班组的产量或工作量可以计量、有科学的定额等制度的企业。

(二)销售提成制

销售提成制是根据员工所销售产品的数量和事先确定的销售单位产品可以得到的提

成金额或提成比例计算工资的一种工资制度，提成金额或提成比例的高低取决于商品销售的难易程度，难销售的商品提成多一些，反之则少一些。销售提成制的适用对象是销售人员。

(三)技术等级工资制

技术等级工资制是根据劳动复杂程度、繁重程度、精确程度和工作责任大小等因素划分技术等级，按等级规定工资标准的一种工资制度。它由工资等级表、技术等级标准和工资标准三项组成。技术等级工资制适用于技术复杂程度高、劳动熟练程度差别大的工种。

(四)岗位或职务等级工资制

岗位或职务等级工资制是按照岗位或职务规定工资标准的一种工资制度。它根据各岗位或职务的重要性、责任大小、技术复杂程度等因素，按照岗位或服务评价高低规定统一的工资标准，由岗位或职务等级表、工资标准等组成。岗位或职务等级工资制适用于各类企业。

(五)结构工资制

结构工资又称为多元化工资、组合工资、分解工资。它将构成工资标准的诸因素按其作用的差别划分为几个部分，并分别规定工资数额，构成劳动者的全部薪酬。结构工资通常由五个部分组成：基本(基础)工资，职务(岗位)工资，技能工资，年功(工龄)工资，奖励工资(效益工资)。结构工资制适用于企业的生产、管理、技术等各类员工。

(六)岗位技能工资制

岗位技能工资制是根据按劳分配原则，以劳动技能、劳动责任、劳动强度、劳动条件等基本要素的岗位评价为基础，以岗位和技能工资为主的企业基本薪酬制度。它由岗位工资与技能工资两个单元组成。

(七)薪点工资制

薪点工资制是用点数和点值来确定员工的工资，即员工的工资由薪点数乘以点值确定。企业工资标准表不是用金额表示，而是用薪点数表示。薪点工资是一种用量化考核方法确定员工实际薪酬的分配形式。

相关链接 >>>

工资制度的有关法规

●最低工资

在《劳动法》中明确规定：国家实行最低工资保障制度。所以，最低工资制度不仅是一项工资制度，也是一项法律制度，企业如果违反了它，将会受到法律的惩罚。

“最低工资”是指劳动者在法定工作时间内提供了正常劳动的前提下，其所在企业应支付的最低劳动报酬。最低工资率是指单位劳动时间的最低工资数额。最低工资率的确定实行政府、工会、企业三方代表民主协商原则。最低工资率应参考政府统计部门提供的当地就业者及其赡养人口的最低生活费用、员工的平均工资、劳动生产率、城镇就业状况和经济发展水平等因素确定，高于当地的社会救济金、失业保险金标准，低于平均工资。

最低工资应以法定货币按时支付。下列各项不作为最低工资的组成部分：加班加点工资;中班、夜班、高温、低温、井下、有毒有害等特殊工作环境、条件下的津贴;国家法律、法规和政策规定的劳动者保险、福利待遇。

●工作时间

根据国家关于职工每日工作8小时,每周工作时间40小时的规定,以及法定节假日中元旦1天、春节3天、清明节1天、劳动节1天、端午节1天、中秋节1天、国庆节3天的规定,用人单位在劳动者完成定额或规定的工作任务后,根据实际需要安排劳动者在法定标准工作日以外工作的,应按以下标准支付工资:

用人单位依法安排劳动者在日法定标准工作时间以外延长工作时间的,按照不低于劳动合同规定的劳动者本人日或小时工资标准的150%支付劳动者工资;

用人单位依法安排劳动者在休息日工作,而又不能安排补休的,按照不低于劳动合同规定的劳动者本人日或小时工资标准的200%支付劳动者工资;

用人单位依法安排劳动者在法定休假节日工作的,按照不低于劳动合同规定的劳动者本人日或小时工资标准的300%支付劳动者工资。

实行计件工资的劳动者,在完成计件定额任务后,由用人单位安排延长工作时间的,应根据上述规定的原则,分别按照不低于其本人法定工作时间计件单价的150%、200%、300%支付其工资。

六、薪酬计算

(一)编制工资表

编制工资表,要求把工资的所有数据全部设计并包括在工资表中。通常每个员工的工资均由两部分组成。

实发工资=应发工资-应扣款=应发工资-(代扣款+直接扣款+代缴款)

例如:代扣的水电、托儿费,代缴的个人所得税、公积金,直接扣款如事假扣款等。表7-9是常用的一种工资表。

表7-9　　某企业工资表

姓名	工资代码	岗补	基本工资	工龄工资	补发工资	应发工资	水电费	社保缴费	公积金	其他应扣款	个人所得税	应扣工资	实发工资

(二)不同工资形式的具体计算方法

目前,我国普遍采用的工资形式主要有两种:计时工资和计件工资。

1.计时工资。计时工资包括三种形式:小时工资制、日工资制、月工资制。

(1)小时工资制

$$小时工资标准=\frac{月工资标准}{月法定工作小时数}$$

$$实付工资=小时工资标准\times 实际工作小时$$

(2)日工资制

$$日工资标准=\frac{月工资标准}{月计算日数(天数)}$$

$$实付工资=日工资标准\times 实际工作天数$$

(3)月工资制

根据月工资标准与实际工作日而定。

2.计件工资

$$实际计件工资 = \sum_{i=1}^{n}(w_i \times p_i)$$

式中 w_i—— 表示完成的任务数；

p_i—— 表示该完成任务数量档次的单价。

微型案例 >>>

计算计件工资

某企业为了奖励、鼓励员工多做工作，以实现按期按量完成合同的目标，对于多完成任务的员工实施奖励政策。若搬运 4 000 块砖，单价为 0.08 元；若搬运到 4 000 块砖以上，则每多搬一块砖可得 0.10 元/砖。现在员工王某已搬了 5 000 块砖，计算一下他的工资。

解：根据计件工资公式，可得：

$$王某的工资 = 4\,000 \times 0.08 + (5\,000 - 4\,000) \times 0.10 = 420 元$$

(三)个人所得税的计算和统计

根据《中华人民共和国个人所得税法》，个人的工资、薪金所得、经营所得、劳动报酬所得、稿酬、财产租赁和转让所得、特许权使用费所得、偶然所得、利息、股息、红利所得以及经国务院财政部门确定征税的其他所得，均需缴纳个人所得税，通常由个人所在的单位代扣代缴。根据税法规定，不同来源的个人所得额，应按不同的税率缴纳个人所得税，而工资、薪金所得则采用超额累进税率，如表 7-10 所示。

$$个人所得税 = \sum_{i=1}^{n}(A_i \times B_i)$$

式中 A_i—— 是指在 B_i 段税率下的应纳税所得额；

B_i—— 是指在应纳所得额范围内的对应税率。

表 7-10　　工资、薪金所得税率

全月应纳税所得额	级 数	税 率(%)	速算扣除数
$X \leqslant 500$ 元	1	5	0
$500 < X \leqslant 2\,000$	2	10	25
$2\,000 < X \leqslant 5\,000$	3	15	125
$5\,000 < X \leqslant 20\,000$	4	20	375
$20\,000 < X \leqslant 40\,000$	5	25	1 375
$40\,000 < X \leqslant 60\,000$	6	30	3 375
$60\,000 < X \leqslant 80\,000$	7	35	6 375
$80\,000 < X \leqslant 100\,000$	8	40	10 375
$100\,000$ 元 $< X$	9	45	15 375

依照《中华人民共和国个人所得税法》的第六条规定，将员工全月收入额减去费用800元的余额或者减除附加、减除费用后的余额，计算其应缴纳的个人所得税。

相关链接 >>>

免纳个人所得税的项目

省级人民政府、国务院部委和中国人民解放军以上单位，以及外国组织、国际组织颁发的科学、教育、技术、文化、卫生、体育、环境保护等方面的奖金；国债和国家发行的金融债券利息；按照国家统一规定发给的补贴、津贴；福利费、抚恤金、救济金；保险赔款；军人的转业费、复员费；按照国家统一规定发给干部、职工的安家费、退职费、退休工资、离休工资、离休生活补助费；依照我国有关法律规定应予免税的各国驻华使馆、领事馆的外交代表、领事官员和其他人员的所得；中国政府参加的国际公约、签订的协议中规定免税的所得；经国务院财政部门批准免税的所得。

第三节　福利管理

福利是薪酬制度中的另一重要组成部分，它是企业为满足员工的生活需要，除基本薪酬与奖金以外的向员工个人及其家庭所提供的实物和服务等一切待遇。

一、福利概述

(一)福利的特点

1.针对性

企业为员工提供的福利，如消费品与劳务等都具有明显的针对性。一项福利往往是针对员工的某项需要而设立的，因而有时会有很强的时间性，如防暑费、取暖费等。

2.集体性

企业为员工提供的福利设施一般是员工集体消费或共同使用的公共物品，如员工食堂、员工俱乐部等都具有集体性这一重要特征。

3.补偿性

企业提供的福利只起到满足员工生活有限需求的作用，不像工资是满足基本需要的，福利只是对员工为企业提供劳动的一种物质补偿，也是员工工资的一种补充形式。

4.均等性

这是指企业所提供的福利是针对所有的履行劳动义务的本企业员工，不管是谁，只要符合条件都可以享受。因此，福利在一定程度上起着平衡劳动者收入差距的作用。

(二)福利的类型

根据福利的内涵、享受对象、性质和表现形式的不同，可以把福利划分为以下不同的类型。

1.广义福利和狭义福利

(1)广义福利。广义的福利包括三个层次：一是作为一个合法的公民，应享有或有权享受政府提供的文化、教育、卫生、社会保障等公共福利和公共服务；二是作为企业员工，享有企业兴办的各种集体福利；三是薪资以外的，企业为员工个人及家庭所提供的实物和服务等福利形式。

(2)狭义福利。狭义的福利又称职业福利或是劳动福利，是为了满足员工的生活需要，在工资收入之外企业向员工本人和家庭提供的货币、实物及其他服务形式。

2. 集体福利和个人福利

(1)集体福利。集体福利是指全部员工可以享受的公共福利设施，包括员工集体生活设施，如员工食堂、托儿所、幼儿园等；集体文化体育设施，如图书馆、健身室、浴池(室)、体育场(馆)；医疗设施，如医院、医疗室等。

(2)个人福利。个人福利是指个人具备国家及所在企业规定的条件时可以享受的福利，如探亲假、病假、婚丧假等，又如冬季取暖补贴、子女医疗补助、生活困难补助、房租补贴等。

3. 法定福利和补充福利

(1)法定福利。法定福利又称为基本福利，是指按照国家法律、法规和政策规定必须发生的福利项目，其特点是只要企业建立并存在，就有义务、有责任且必须按照国家统一规定的福利项目和支付标准支付，不受企业所有制性质、经济效益和支付能力的影响。法定福利包括：

第一，社会保险，包括养老保险、医疗保险、失业保险、工伤保险、生育保险以及疾病、伤残、遗属三种津贴。

微型案例 >>>

企业和员工每月分别应缴纳多少保险费

某市基本养老保险企业缴费率为19%，个人为7%；医疗保险企业缴费率为10%，个人为2%+3；失业保险企业缴费率为1.5%，个人为0.5%；工伤保险费率为0.3%。某企业有6类员工共18人，其工资标准及人员分布情况如表7-11所示。

表7-11　　某企业工资标准与人员分布情况表

序号	员工类别	工资标准(元)	员工人数
1	A	4 000	1
2	B	3 500	2
3	C	3 000	4
4	D	2 500	6
5	E	2 000	3
6	F	1 500	2

●企业每月四项保险共需缴纳的保险费数额：

(4 000×1+3 500×2+3 000×4+2 500×6+2 000×3+1 500×2)×(19%+10%+1.5%+0.3%)=14 476(元)

●各类员工每人每月需缴纳的保险费数额：

A 类员工：4 000×(7%+2%+0.5%)+3=383(元)

B 类员工：3 500×(7%+2%+0.5%)+3=335.5(元)

C 类员工：3 000×(7%+2%+0.5%)+3=288(元)

D 类员工：2 500×(7%+2%+0.5%)+3=240.5(元)

E 类员工：2 000×(7%+2%+0.5%)+3=193(元)

F 类员工：1 500×(7%+2%+0.5%)+3=145.5(元)

第二，法定带薪假日。根据 2007 年 12 月国务院颁布的《国务院关于修改〈全国年节及纪念日放假办法〉的决定》(国务院令第 513 号)，企业员工全年法定节假日 11 天为带薪假日。

第三，特殊情况下的工资支付，是指除属于社会保险，如病假工资或疾病救济费(疾病津贴)、产假工资(生育津贴)之外的特殊情况下的工资支付，如婚、丧假工资、探亲假工资等。

第四，工资性津贴，包括上下班交通费补贴、洗理费、书报费等。

第五，工资额外补贴，如计划生育独生子女补贴、高温降暑补贴等。

(2)补充福利。它是指在国家法定的基本福利之外，由企业自定的福利项目。企业根据自身的经济效益和企业的经营战略目标，以及企业的经营理念和文化确定补充福利项目。补充福利项目繁多，经常见到的有：交通补贴、房租补贴、免费住房、工作午餐、女工卫生费、通信补助、互助金、员工生活困难补助、财产保险、人寿保险、法律顾问、心理咨询、贷款担保、内部优惠商品、搬家补助、子女医疗费补助等。

4. 经济性福利与非经济性福利

(1)经济性福利。它是指货币或实物形式的福利。前面我们介绍的集体福利与个人福利、法定福利与补充福利等均是以货币或实物形式表现的，是经济性福利。这些福利直接发生经济成本。

(2)非经济性福利。这类福利表现为服务或员工工作环境的改善，不涉及金钱实物，故称为非经济性的，旨在全面改善员工的工作生活质量。这类福利的形式包括：咨询性服务，如免费提供法律咨询和员工心理健康咨询；保护性服务，如平等就业权利保护、隐私权保护；工作环境保护，如实行弹性工作时间，缩短工作时间，员工参与民主化管理等。

(三)福利的作用

1. 有利于吸引和保留住人才

人们在寻找职业时，越来越把优厚的福利作为重要的选择标准。许多福利设计都和工龄有关，如带薪休假的长短都与年资的深浅有关，这些福利实际上成为员工的一种长期投资，员工一旦离开企业，就会永远失去。

2. 有利于提高企业的生产率

福利具有保留住人才的功能，间接降低了员工的离职率，节约了新员工的招聘、选拔及岗前培训费用；员工因福利而增加了满意感，减少了缺勤率。这些问题的解决，是企业提高生产率的重要原因之一。

3. 有利于增强企业的凝聚力

全面而完善的福利制度，使员工因受到周到的体贴和照顾而体会到企业大家庭的温暖,产生出一种大家庭的成员感和归属感,增强了认同与忠诚、责任心与义务感。这是企业一种宝贵的持久的激励和无价资产。

(四)福利设计的原则

福利作为激励员工、保持企业竞争优势、吸引员工的重要方式,有助于企业相关战略目标的实现。企业设计福利时应遵循以下原则:

1. 合理性与必要性

企业对福利项目的设立或废止应实行科学管理,以员工的需求为依据,采取与之相适应的措施。

2. 计划性

员工福利往往需要大量资金,而且员工已有的福利也难以缩小或废止,因此,企业在建立福利设施与确定福利项目时应具有战略观点,有计划地实施与管理。

3. 社会性

一是指企业必须遵循国家和地区政府有关福利的要求,二是指企业在建立福利与服务时应考虑与社会的关系,使企业福利成为社会福利的一种补充,承担社会责任,并扩大企业的社会效应。

微型案例 >>>

妙用福利

S设计院是一家国家甲级设计院,近几年在人才竞争激烈的建筑工程设计行业,S设计院的人力资源管理着实受到了很大挑战。但是S设计院却成功地留住了诸如注册建筑师、注册结构工程师、注册监理工程师以及高级工程师等一大批核心员工。它的人力资源部经理透露了其留人秘诀——即在洞察员工心理、揣摩员工内心的个性化合理需求的前提下,为核心员工量身打造福利项目,并出其不意地适时适势发放。S设计院的“贴心”福利成功的原因在于以下“三妙”:

“一妙”——选择福利作为留人的工具

S设计院不用其他企业惯用的如货币薪酬、晋升机会等,而偏偏选择福利作为留住核心员工的重要工具,因为S设计院认为福利作为激励手段,与货币薪酬相比,有着其无法比拟的优势:首先,福利一般不纳税,所以相对于等量的现金支付,福利对员工就具有更大的价值和意义。其次,福利具有灵活性的特点,企业可以根据员工的需求和偏好,制定出各种各样的福利项目,充分体现员工的个性化色彩。再次,从某种意义上说,福利是人本关怀的一种载体,体现了企业对员工的感情投入。而且更重要的一点是福利的本质与安全感和归属感有关。正因如此,福利才比薪酬更能有效地吸引和留住核心员工。

“二妙”——福利项目的“贴心”设计

S设计院福利项目的设计强调“贴心”。S设计院善于洞察员工心理,根据员工内心的个性化合理需求,在权衡成本收益的前提之下,精心设计福利项目,取得了良好的效果。比如去年年底S设计院留意到不少核心员工因为工作需要而在某大学自费学习英语口语,每天往返需两小时,每课时花费80元,院领导得知此事后,于今年初特地为他们聘请了一位外籍教师在办公室集体教学并为其支付授课费。学习期满后,公司还对成绩突出者给予一定奖励。如此一来,不仅省去了员工“充电”的费用,还为员工节省了在路上往返的时间。员工们对此十分感激,学习得更起劲了,工作也更认真了。S设计院巧妙利用人本关怀,对核心员工“因需制宜”,用“福利充电”这种“贴心”福利为核心员工提供“最惠待遇”,恰好击中员工合理心理需求的“要害”。

“三妙”——“贴心”福利的艺术发放

S设计院的福利发放讲究出其不意地适时适势发放,成本很小,但收益却不可衡量。比如恰逢某位注册监理工程师的妻子的生日,而此时该工程师工作在国外的某建筑工地一线。于是人力资源部工作人员就以这位工程师的名义为他的妻子送去了生日蛋糕和鲜花。后来这位因为工作而忘记妻子生日的工程师知道后,对S设计院此举非常感激,工作更努力了,即便后来不少设计院来“挖”他,他都不为之所动。想员工之所未想,自然赢得员工的感激和对企业的忠诚。S设计院此举不但融洽了核心员工的夫妻感情,而且还获得了核心员工家属对其工作的支持,最重要的是赢得了核心员工的忠诚——可谓“一举三得”!这种艺术发放福利的方式自然提升了福利项目本身的价值,故称其妙。

(资料来源:中国人力资源开发网)

二、福利制度的设计与管理

(一)福利制度的设计

同其他的薪酬制度一样,企业设计合理的福利制度,应该遵循以下步骤:

1.明确福利目标

设计福利制度应建立特定的目标,且该目标应该考虑企业的规模、企业所处的地区经济环境、企业的赢利能力及行业竞争对手情况等。最重要的是要和企业经营战略相一致,以及考虑企业的目标与薪酬策略等。

2.福利调查与基准确定

企业要设计出具有竞争性的福利制度,一个重要的工作就是要了解企业竞争对手的情况。通过各种有利的途径与方法对竞争对手的福利计划组合、福利标准等情况进行调查,以确定企业的福利制度。

3.福利基金的筹集

员工的福利基金是企业依法筹集的、专门用于员工福利支出的资金。管理者在进行福利设计时,必须确定基金的来源渠道。一般有三种筹集渠道:按法规从企业财产和收入中提取,企业自筹,向员工个人征收等。

4.福利成本控制

企业通过其销售量或利润估算出最高的、可能支出的总福利费用,以及年福利成本占工资总额的百分比,确定主要福利项目的成本,确定每一个员工每年的福利项目成本,制订相应的福利项目成本计划。

5.福利的组织与实施

在组织与实施员工福利的过程中,应做好以下工作:一是做好福利沟通工作,了解员工的福利需要；二是进行员工的福利调查，收集员工对企业各项福利项目的态度与看法；三是组织实施福利计划，这是最关键的一步。

(二)福利管理

福利管理在现代企业管理中日益受到重视。一方面是由于政府法律的不断完善，要求企业必须作出具体的福利计划以及对员工和组织作出承诺；二是人们认识到福利的激励功能越来越重要。因此企业必须密切关注和加强福利管理。

1.鼓励员工参与福利管理

如果企业希望福利投资能够获得收益，那么企业首先应积极征询员工的意见，鼓励员工参与制订福利计划，并成立管理者与员工共同组成的专门委员会来执行、解释和统筹福利政策，使福利项目尽可能满足员工需要。

2.实施福利的动态管理

为了更好地实现福利目标，员工福利计划必须适应现实社会经济环境的变化，尤其是劳动力结构以及员工生活方式等方面的变化。同时，福利组合对员工队伍的构成也会产生重要影响，企业应以此来实施福利的动态管理。

3.制订灵活性的福利计划

为了满足员工个人需要，灵活性、适应性强的福利计划已成为重要的发展趋势或福利制度设计的创新。这种福利计划能使员工自己选择最合适其某些需求的福利，避免因设立某些员工不需要的福利而造成浪费。这种福利计划的主要表现是：(1)“一揽子”计划，即企业不再把工资和福利分开管理，而是将它们组成一个有机体，对工作的劳动报酬适合货币工资的，则采用货币方式；反之，采用福利的方式。(2)弹性福利计划(也称自助餐计划)，即允许员工根据个人的需要就所参与的福利类型及福利项目数量进行选择。企业在运用弹性福利计划时应采用一些控制手段，避免增加福利成本。

本章小结

薪酬管理是企业人力资源管理的一项战略任务，薪酬管理实务包括岗位评价与薪酬等级、薪酬调查、薪酬结构的确定、薪酬制度的制定等。

薪酬制度的设计以岗位分析与评价、薪酬调查和绩效考核为基础，主要包括薪酬调查、分析比较、增资实力、薪酬策略、薪酬结构、岗位评价、绩效考核、特殊津贴、长期激励、调资政策、评估调整等。制定薪酬制度要符合对外具有竞争性和对内具有公平性的原则。企业选择的薪酬水平、薪酬结构必须与其薪酬策略相一致。

福利是薪酬制度中的重要组成部分，它是企业为满足员工的生活需要，除工资与奖金以外向员工个人及其家庭所提供的实物和服务等一切待遇。在我国，随着市场经济体制改革的深入以及现代企业制度的建立，员工福利日益受到企业和员工的重视，并在企业薪酬管理中发挥越来越重要的作用。

复习思考

1.什么是薪酬？薪酬管理包括哪些主要内容？

2.要素计点法的工作程序包括哪些步骤？

3. 开展外部市场薪酬调查的具体流程有哪些？

4. 薪酬制度包括哪些内容？

5. 常见的企业工资制度有哪些？分别是什么？

6. 福利有什么特点？福利管理有哪些作用？

7. 集体福利和个人福利项目各有哪些？

实训设计

1. 实训项目：某组织薪酬体系的调查与分析。

2. 实训目的：

(1)培养运用理论知识解决实际问题的能力；

(2)培养收集信息资料的能力；

(3)培养团队作业的能力。

3. 实训内容：

(1)按 7～9 人/组进行分组；

(2)以组为单位调查一家企业，并获取相关信息资料(包括：组织结构、人员配备、岗位职责、不同岗位员工的薪酬构成)。

4. 实训考核：

(1)分析所调查对象的薪酬管理现状。

(2)目前现状存在哪些问题，如何进行改进？

(3)每组提交一份薪酬管理现状调查报告与改进方案。

案例分析

可口可乐的薪酬管理

可口可乐公司进入中国大陆后，为了有效发挥薪酬的激励功能，其薪酬制度随着外界环境和公司战略的变化而不断变化。

进入中国大陆之初，公司采用的是强调外部竞争性的高薪政策。在 20 世纪 80 年代初，中国刚开始改革开放，人们生活水平较低。可口可乐中国公司针对当时中国物质不丰富、员工收入水平低的状况，采用高薪政策以吸引和激励人才。当时可口可乐公司的薪酬结构由基本工资、奖金、津贴和福利构成。公司提供给员工的基本工资是当时国内饮料行业员工基本工资的两至三倍(尽管可口可乐中国公司在中国大陆处于初创期，但是母公司资本雄厚，不存在流动资金紧张的情况，因而薪酬中基本工资部分很高)。该公司的薪酬政策同时强调内部均衡，管理人员和工人的工资差距较小，薪酬体系具有很强的平均色彩。奖金则是公司根据员工绩效，经考核后，在月底和年底向员工发放。由于采取极具竞争力的高薪政策，可口可乐公司在当时吸引了中国大批人才加盟其中，并且员工的离职率很低，有力地促进了该公司战略目标的实现。

处于快速成长时期时，为了增强对人才资源竞争的优势，可口可乐中国公司于 1995 年根据劳动力市场薪酬调查报告，作出每年给员工多发三个半月的基本工资的决定，以提高工资总量，保持公司总体薪酬水平处于美商在华企业平均薪酬的3/4水平上。在福利方面，除了按政府的规定为员工支付基本养老金、住房公积金、失业保证金外还根据公司情况增加补充养老保险金，向员工提供普通团体意外险和住房贷款计划等。此外，在强化佣金、奖金等短期激励措施的同时，开始注重采用股票期权等长期激励手段。这样，通过薪酬制度的改变，该公司对外更具竞争力，对内更具激励性和导向性。

从1999年起，可口可乐中国公司在中国投资扩张的速度开始放缓，大规模办厂也告一段落，公司开始进入稳定发展阶段。当时与可口可乐竞争的企业不仅有百事可乐，还有国内的健力宝、汇源、娃哈哈、露露、统一、康师傅等企业。产品的市场竞争以及由此带来的人才市场竞争激烈，加上内部不尽完善的薪酬制度导致可口可乐公司人员辞职率上升、员工绩效下降的现象。为了扭转这种局面，2000年，可口可乐中国公司首先进行了重大的组织结构改革，然后对所有的职位进行全面的职位分析和职位评价，并在此基础上对薪酬制度作了重大调整，开始推行全面薪酬制度，将经济性和非经济性的薪酬真正融为一体，把薪酬范畴扩展到包括基本工资、绩效奖金、福利、股权、培训计划、职业生涯开发、员工沟通与参与、员工满意度提高等各个方面。同时，还为本地员工向国际化人才发展并进行国际间人才交流创造了条件。

案例思考

根据上面的介绍，请从可口可乐中国公司薪酬制度不断变化的视角谈谈你对薪酬设计与企业所处发展阶段关系的看法。

第八章

员工培训

学习目标

知识目标

☞了解员工培训的概念及培训目的、作用和原则。
☞掌握培训需求分析的方法，学会设计培训规划及培训课程。
☞能够熟练掌握、使用一定的培训方法完成培训任务。
☞了解评估程序，掌握培训评估方法。

技能目标

☞能正确地进行员工培训需求的调查分析，并能完整地写出培训需求分析报告。
☞会制订员工培训计划。
☞能正确地进行培训实施过程中的基础性管理。
☞能灵活地选择员工培训方法。
☞能初步进行培训效果评估并写出培训效果评估报告。

引导案例 >>>

培训永远是企业发展的不竭动力

目前，摩托罗拉公司正处于事业发展的上升时期，但其领导人仍然担心竞争对手可能随时会赶上来，因此对产品质量的要求越来越高。他们相信，在未来10年的商战中，最重要的武器就是接受能力、适应能力和创新能力，而这一切的保证就是加强员工培训。

重视员工教育和培训给摩托罗拉公司带来了许多好处。摩托罗拉公司在澳斯汀新建的MOS－ZT是世界上少数几家最精密的芯片制造厂之一，其电路的精细度是头发丝的1/200。这样一家工厂一般要3～4年的准备才能开工，而摩托罗拉公司只用了18个月的准备时间。成就这一绩效的最主要原因就是公司拥有一批接受能力和适应能力极强的雇员。公司在20世纪80年代中期的一项调查表明，每1美元的培训投资在未来3年内可以实现40美元的生产效益。素质良好的公司雇员们已通过技术革新和节约操作为公司创造了数亿美元的财富。

（资料来源：中国人力资源开发网）

这个案例给我们的直接启示是：培训永远是企业发展的新动力。由于现今时代正处于知识爆炸和科技高速发展阶段，社会环境以及市场不断发生的变化，使每个人的知识和技能都在快速老化，而一个企业要使自己的员工不断地适应新形势的发展要求，提高企业员工素质尤为重要。要不断地提高企业经营管理效益，以及要使自己的企业能在国内外激烈的市场竞争中始终保持人力资源的优势，使自己永远立于不败之地，就必须十分重视对本企业员工的培训和人力资源的开发。这是关系到企业的生存和发展的一项根本性的战略任务。

第一节　员工培训概述

员工培训，是指组织为了提高劳动者素质和提高劳动生产率及个人对职业的满足程度，直接有效地为组织生产经营服务，从而采取各种方法，对组织里的各类人员进行的教育培训投资活动。员工培训的出发点和归宿是“企业的生存与发展”。

一、员工培训的目的和特点

(一)员工培训的目的

1. 适应企业内外部环境的发展变化

企业的发展是内外因共同作用的结果。一方面，企业要充分利用外部环境所给予的各种机会和条件，抓住时机；另一方面，企业也要通过改革内部组织去适应外部环境的变化。企业不是一个封闭的系统，而是一个不断与外界相交互、适应的升级系统。这种适应并不是静态的机械的适应，而是动态的积极的适应，这就是所谓的系统权变观。外因通过内因起作用，企业要在市场竞争中立于不败之地，关键在于企业内部的机制问题。企业的生存和发展具体可以落实到如何提高员工素质、调动员工的积极性和发挥员工的创造力上。企业作为一种权变系统，作为企业主体的人也应当是权变的，即企业必须不断培训员工，才能使他们跟上时代，适应技术及经济发展的需要。

2. 满足员工自我成长的需要

员工希望学习新的知识技能，希望接受具有挑战性的任务，希望晋升，这些都离不开培训。因此，通过培训可增强员工满足感。事实上，这些期望在某种情况下可以转化为自我实现诺言。期望越高，受训者的表现越佳。反之，期望越低，受训者的表现越差。这种自我实现诺言现象被称为皮格马利翁效应。

3. 提高工作绩效

员工通过培训，可在工作中减少失误，生产中减少工伤事故，降低因失误造成的损失。同时，员工经培训后，随着技能的提高，可减少废品、次品，减少消耗和浪费，提高工作质量和工作效率，提高企业效益。

4. 提高企业素质

员工通过培训，知识和技能都得到提高，这仅仅是培训的目的之一。培训的另一个重要目的是使企业中具有不同价值观、信念，不同工作作风及习惯的人，按照时代及企业经营要求进行文化养成教育，以便形成统一、和谐的工作集体，使劳动生产率得到提高，并使员工工作及生活质量得到改善。

(二)员工培训的特点

1. 员工培训是一个完整的组织管理系统，它具有目的性、计划性和针对性，与绩效管理系统等其他子系统之间存在密切的联系。

2. 员工培训是一种企业人力资本的投资行为，可以对它的成本和收益进行衡量。

3. 员工培训是创造智力资本的基本途径，是企业赢得智力资本竞争优势的重要手段。智力资本由专业知识、基本技能、高级技能和自我激发的创造力等项目组成。

4. 员工培训是持续的学习过程，是构建学习型组织的组织文化的基础。学习型组织是指员工不断学习新知识、新技术并运用于实践以提高产品和服务质量的组织。

二、员工培训的原则

1. 战略性原则

员工培训是企业管理的重要一环，这要求企业在组织员工培训时，一定要从企业的发展战略出发去思考相关问题，使员工培训工作构成企业发展战略的重要内容。

2. 长期性原则

员工培训需要企业投入大量的人力、物力和财力，这对企业的运营肯定会有或大或小的影响。有的员工培训项目有立竿见影的效果，有的则需要一段时间后才能反映到员工工作绩效或企业经济效益上来，尤其是管理人员和员工观念的培训更是如此。因此，要正确认识智力投资和人才开发的长期性和持续性，抛弃那种急功近利的员工培训态度，坚持员工培训的长期性。

3. 按需培训原则

普通员工和最高决策者所从事的工作不同，创造的绩效不同，个人能力所应当达到的工作标准也不同，因此员工培训工作应当充分考虑培训对象的工作性质、任务和特点，实行按需培训。

4. 实践培训原则

培训不仅是观念的培训、理论的培训，更重要的是实践的培训。因此培训过程中要创造实践条件，以实际操作来印证、深化培训的具体内容，这样更有利于实践成果的转化。如在课堂教学过程中，要有计划地为受训员工提供实践和操作机会，使他们通过实践提高工作能力。

5. 多样性培训原则

企业中不同员工的能力有偏差，具体的工作分工也不同，因此员工培训要坚持多样性原则。多样性原则包括培训方式的多样性，如岗前培训、在岗培训、脱产培训等；也包括培训方法的多样性，如专家讲授、教师示范、教学实习等。

6. 企业与员工共同发展原则

对企业而言，员工培训是调动员工工作积极性、改变员工观念、提高员工凝聚力的一条重要途径；对员工个人而言，员工培训使员工学习并掌握新知识和技能，提高个人的管理水平，有利于个人职业的发展。因而有效的员工培训，会使员工和企业共同受益，促进员工和企业共同发展。

7. 全员培训与重点培训结合原则

全员培训是指对所有员工进行培训，以提高企业全员素质；重点培训是指对企业技术中坚、管理骨干（特别是中高层管理人员）加大培训力度，进行重点培训。

8. 反馈与强化培训效果原则

反馈的作用在于巩固学习技能、及时纠正错误和偏差。反馈的信息越及时、准确，培训的效果就越好。强化是将反馈结果与受训人员的奖励和惩罚相结合，它不仅应在培训结束后马上进行，而且应该体现在培训之后的上岗工作中。

9. 注重投入提高效益原则

员工培训是企业的一种投资行为，和其他投资一样，也要从投入产出的角度考虑效益大小及远期效益、近期效益问题。

三、员工培训系统及工作流程

(一)员工培训系统的含义及构成

现代企业员工培训系统是指企业从自身的生产发展需要出发，积极通过学习训练等手段提高员工的工作能力、知识水平及潜力发挥，最大限度地使员工的个人素质与工作需求相匹配，促进员工现在和未来工作绩效的提高，最终能够有效地改善企业的经营业绩这样一个系统化的行为改变过程。企业正是通过这个行为改变过程，最终能够满足企业和员工的需要。同时，要按照系统论的观点、原则和要求，全面研究培训系统中各种要素、结构、功能及其相关方面，让培训系统中各个要素得以合理配置，使之相互协调，充分发挥其功能，在良好的培训环境支持下，实现培训过程的最优化，并通过完善的维护措施使企业培训系统保持稳定状态。

现代企业员工的培训系统应当由培训需求分析、培训规划、培训组织实施和培训效果评估等四个子系统组成，这四个子系统在培训中都分别发挥着自己的重要作用。

(二)员工培训系统的作业流程

员工培训项目的全过程，按时间顺序应包含：需求确认、培训计划的制订、教学设计的制定、培训计划的实施、培训效果评估五个部分。每个部分又包含若干项具体的工作。

第二节　员工培训需求分析与设计

一、培训需求分析

(一)培训需求分析的作用

培训需求分析具有很强的指导性，是确定培训目标、设计培训计划、有效实施培训的前提，是现代培训活动的首要环节，是进行培训评估的基础，对企业的培训工作至关重要，是使培训工作准确、及时和有效的重要保证。它的具体作用如下：有利于找出差距确立培训目标；有利于找出解决问题的方法；有利于进行前瞻性预测分析；有利于进行培训成本的预算；有利于促进企业各方达成共识。

(二)培训需求的层次分析

1. 战略层次分析

战略层次分析一般由人力资源部发起，需要企业的执行层或咨询小组的密切配合。战略层次分析要考虑各种可能改变组织优先权的因素，如引进一项新的技术、出现了临时性的紧急任务、领导人的更换、产品结构的调整、产品市场的扩张、组织的分合，以及财政的约束等；还要预测企业未来的人事变动和企业人才结构的发展趋势(如高中低各级人才的比例)，调查了解员工的工作态度和对企业的满意度，找出对培训不利的影响因素和对培训有利的辅助方法。

2.组织层次分析

组织层次分析主要分析的是企业的目标、资源、环境等因素，准确找出企业存在的问题，并确定培训是否是解决问题的最佳途径。组织层次分析应首先将企业的长期目标和短期目标作为一个整体来考察，同时考察那些可能对企业目标发生影响的因素。企业目标决定着培训目标，如果企业目标不明确，那么培训采用的标准就难以确定，培训工作就失去了指导方向和评估标准。因此，人力资源部必须弄清楚企业目标，才能在此基础上做出一份可行的培训规划。

3.员工个人层次分析

员工个人层次分析主要是确定员工目前的实际工作绩效与企业员工绩效标准对员工知识、技能、态度等方面的要求之间是否存在差距，为将来培训效果和新一轮培训需求的评估提供依据。对员工目前实际工作绩效的评估主要依据员工业绩考核的记录、员工技能测试成绩，以及员工个人填写的培训需求调查问卷等资料来进行。

(三)培训需求的对象分析

1.新员工培训需求分析：对企业文化、制度、工作岗位的培训，通常使用任务分析法。

2.在职员工培训需求分析：新技术、技能要求的培训，通常使用绩效分析法。

(四)培训需求的阶段分析

1.目前培训需求分析：针对目前现有的工作进行分析。

2.未来培训需求分析：针对未来可能出现的问题进行分析。

二、培训规划设计

(一)培训规划的内容

1.培训项目的确定

(1)在培训需求分析的基础上，列出各种培训需求的优先顺序，并根据企业的资源状况优先满足那些排在前面的需求。

(2)明确培训的目标群体及其规模，考虑他们在企业中的作用、目前的工作状况和知识、技能、态度水平，进行后续的目标设定和课程安排等。

(3)确定培训目标群体的培训目标，要考虑到个体的差异性和培训的互动性，并对培训预期达到的结果、完成任务的条件、达到目的的标准(即完成任务的速度或工作规范)给予明确、清晰的描述。

2.实施过程的设计

(1)合理安排培训进度，把培训内容以问题或能力为中心分解成多个学习单元，按照各个单元之间的相互关系和难易程度确定讲授顺序、详细程度和各自需要的时间，形成一个完备的培训进度表。

(2)合理选择教学方式，根据教师期望对培训的控制程度和受训者的参与程度并结合培训内容，确定以什么方式更能达到效果。

(3)全面分析培训环境，培训时的环境应尽量与实际工作的环境相一致，以保证培训结果在具体工作中能够得到很好的应用。

3.评估手段的选择

评估手段的选择，要注重从以下几个方面考虑：

(1)如何考核整个培训的成败。

(2)如何进行中间效果的评估。

(3)如何评估培训结束时受训者的学习效果。

4. 培训资源的筹备

培训需要的资源包括人、财、物、时间、空间和信息等的筹备与使用。资源分析实际上也是可行性分析,以此确定培训能否开展,是采取企业内部培训还是外部委托的方式培训,或者是与外部机构进行合作培训。

5. 培训成本的预算

培训规划需要得到高层管理者的批准,而高层管理者除了关心规划是否完善可行外,更关注培训的成本效益分析。因此,进行成本预算是得到高层批准的必要环节,同时,成本预算也是对培训实施过程中各项支出的一个参考。

(二)培训规划制订的过程和方法

培训规划设计是个复杂的过程,为叙述方便,这里将它分成九个步骤,每个步骤都有自己的目标和实现目标的方法。在实践中,这几个步骤不能截然分开,每个设计者可根据自己的爱好与习惯来确定各个步骤的先后顺序,还可以根据需要来确定是否跨过或重复其中一个或几个步骤。培训规划制订的过程与方法如表 8-1 所示。

表 8-1　　培训规划制订的过程与方法

步　骤	目　标	方　法
1. 培训需求分析	明确业务员具有的技能和水平与理想状态之间的差距	测评现有成绩,并评估他与理想水平的差距
2. 工作说明	收集有关新工作与现有工作要求的数据	查阅有关的报告文章
3. 任务分析	明确工作对培训的要求;预测培训中的潜在困难	对将要涉及的培训进行分类和分析
4. 排序	排定学习各项任务或议题的先后顺序	界定各项任务或议题的地位及其相互关系,并据此进行排序
5. 陈述目标	编制目标手册	回顾工作说明和有关摘要,润色,加工说明文字
6. 设计测验	创造测评工具(评估培训规划)	设计测验以获取或模拟目标规划的成绩
7. 制定培训战略	挑选能够适应由工作技能带来的培训要求和受训者特征的方法	回顾任务分析结果以确定必须适应的条件和采取的措施
8. 设计培训内容	将策略转化为具体的培训	创造或选择有关的工具、技术或培训类型、培训内容
9. 实验	已发现有缺点,并进行改进	对规划进行诊断和修改

(三)年度培训计划的内容

1. 目的。即从企业整体的宏观管理讲,培训计划要解决的问题或者要达到的目的。

2. 原则。即制订和实施计划时的原则或规则。

3. 培训需求。即在企业运营和管理过程中,什么地方与现实需要存在差距,需要弥补。

4. 培训的目的或目标。即培训计划中的培训项目需要达到一个什么样的培训目的、目标或结果。

5. 培训对象。即回答培训计划中的培训项目是对什么人或者什么岗位的任职人员进行的，他们的学历、经验、技能状况如何。

6. 培训内容。即回答培训计划中每个培训项目的内容是什么。

7. 培训时间。培训时间包括三方面内容：培训计划的执行或者有效期；培训计划中每一个培训项目的实施时间或者培训时间；培训计划中每一个培训项目的培训周期或者课时。

8. 培训地点。培训地点包括两方面内容：一是每个培训项目的实施地点；二是实施每个培训项目时的集合地点或者召集地点。

9. 培训形式和方式。即培训计划中的每个培训项目所采用的培训形式和培训方式。如：是外派培训还是内部组织培训；是外聘教师培训还是内部人员培训；是半脱产培训、脱产培训还是业余培训等。

10. 培训教师。培训计划中每个培训项目的培训教师由谁来担任，是内聘还是外聘。

相关链接

健民药业：高绩效内部讲师制

企业的内部讲师制是为了充分整合内部资源，加大知识的分享和继承。内部讲师制不仅能激励员工加强自我开发，锻炼员工的演讲能力、沟通能力、策划能力等，更重要的是可以解决培训资源的来源问题，降低培训成本，有利于讲师采用针对性的教学方法，设计更适合培训需求的内容。

1. 三层级内部讲师制

对于武汉健民药业这样的大型集团而言，规范的讲师制显得更有必要。人力资源部的重要价值之一体现在对政策和规则的制定上，并使员工在这个政策和规则中能够发挥最大的效能，内部讲师推行工作的第一步就是制定规则，明确职责和权限。

健民药业内部讲师制度分为选拔、聘任、培养、激励、退出机制等部分，明确了内部讲师的具体职责、聘用条件、选拔与聘用程序、培养方式、激励措施以及取消内部讲师资格等具体内容，这样就保证了内部讲师制的推行有具体的规则作为操作指引，也树立了员工对内部讲师工作的信心。

为了区别内部讲师的层级，设计对应的课程内容，激励讲师自我发展，健民药业将内部讲师划分为三个层级：

荣誉讲师：主要由集团高管和公司顾问担任，讲授战略发展、组织文化、行业态势、政策等内容。

主讲师：主要从公司中层管理人员及专业领域权威专家中产生，负责讲授财务、人力资源、生产管理等专业内容。

助理讲师：由具有专业背景并对内部讲师工作感兴趣的员工担任，评审合格者可担任助理讲师，配合对应专业主讲师开发课程，在小范围和低层次上尝试授课，努力向主讲师晋升。

目前在集团的14个专业领域中，每个领域都建立了由荣誉讲师、主讲师和助理讲师构成的内部讲师团队。

此外，集团还规定每个专业领域须按照重要性和发展现状配置对应的荣誉讲师、主讲师和助理讲师，并在1～2年内建立一支40人的集团内部讲师队伍。每个专业领域由讲师团队组成课程开发小组，每年至少开发一门课程，在集团内部的授课时数不得少于7学时。专业领域的讲师小组通过持续授课、总结经验、完善课程，最终成长为业务骨干，对专业知识进行提炼、传播，从而提高公司全体员工的工作效能。

2. 五个阶段甄选合格培训师

首先是讲师的选拔。在内部讲师制推行之初，集团第一步主要是通过内部网络、OA办公系统等渠道发出《集团内部讲师征询函》，明确内部讲师政策、工作思路以及报名时间。结果，在两周的时间内，就有26名员工自愿报名。报名者主要集中在通用管理、营销、技术、质量等领域。接着，我们以营销为突破口，首先确定主讲师人选，然后根据报名情况为主讲师配备助理讲师，建立产品知识、终端销售技巧、商务销售技巧、市场分析等小组，明确授课课程内容，并在人力资源部的支持和要求下开展课程开发工作。

其次是人选评审。根据报名者的情况划分授课类别，并与内部讲师候选人充分沟通后，将主讲师和助理讲师候选人组成小组开发相应课程，人力资源部从中协助，在课程框架、PPT制作、资料收集等方面给予帮助。课程开发完毕后，安排两次试讲，第一次是小范围(报名者和人力资源部相关人员)的试讲，对暴露出来的问题进行纠正，完善后在公司学习例会上进行演示。第二次试讲是配合公司的实际培训需求，相对比较规范完整。然后，人力资源部组织召开正式的内部讲师评审会，针对每位讲师30分钟的现场授课进行评估，决定他们能否最终成为内部讲师候选人。

第三是培训与开发。内部讲师是公司知识和经验的传播者，一言一行都会对员工的思想和行为产生影响，必须受过系统、良好的培训才能胜任此项工作。

A. 内部培训：人力资源部开发了《内部讲师初阶培训》课程，邀请参加过内部讲师认证的员工分享经验。培训的重点在内部讲师角色认知、素质和能力要求、如何制作标准课程、基本授课方法和技巧等方面，主要目标是通过内部的初阶培训，使他们了解内部讲师的使命，掌握课程开发的程序，形成符合公司要求的标准课件，这是内部讲师的基础训练。

B. 讲师团活动与交流会议：不定期召开内部讲师团活动和内部交流会议，探讨课程开发和授课过程中遇到的问题，通过这个机会进行试讲，锻炼演讲能力。

C. 提供资料自我学习：人力资源部提供给课程开发小组各种学习资料，以协助课程开发。

D. 外部机构专业TTT课程：经过公司内部的培训和学习后，参加专业的TTT培训课程。此阶段的培训称之为内部讲师提升训练。

另外，作为集团内部讲师人选，享受优先参加各种外部培训课程和旁听所有内部培训课程的机会。

第四是讲师的聘任与认证。

最后是工作的规划与步骤。

(资料来源：中国人力资源开发网)

11. 培训组织人。培训组织人包括两个方面的人员：培训计划的执行人或者实施人；培训计划中每一个培训项目的执行人或者责任人。

12. 考评方式。每个培训项目实施后，对受训人员的考评方式，分为笔试、面试、操作三种方式。笔试又分为开卷和闭卷，笔试和面试的试题类型又分为开放式或者封闭式试题。

13.计划变更和调整方式。计划变更或者调整的程序及权限范围。

14.培训费预算。它分两个部分：一部分是整体计划的执行费用；一部分是每一个培训项目的执行或者实施费用。

15.签发人。本培训计划的审批人或者签发人。培训计划可以像上面介绍的那样，制订得较为详细，也可只制定一个原则和培训方向，在每个培训项目实施前再制订详细的实施计划。

年度培训计划既可以制订得较为详细，也可以只制定一个原则和培训方向，在以后每个单项培训项目实施前再结合具体情况制订详细的实施计划。

三、培训课程的设计

(一)培训课程的要素

1.课程目标。

2.课程内容。

3.课程教材。

4.教学模式。教学模式是指学习活动的安排和教学方法的选择，它与课程目标直接相关。

5.教学策略。教学策略主要指教学程序的选择和教学资源的利用，它与学习活动密切相关，是学习活动的一个组成部分。

6.课程评价。课程评价是用来评估学员对学习内容掌握的广度和深度，以及课程目标完成的程度。课程评价的方法有定性方法和定量方法两种。

7.教学组织。教学组织形式主要包括面向学员的班级授课制和分组式授课制。

8.课程时间。课程设计者要巧妙地配置有限的课程时间。

9.课程空间。课程空间主要指教室，以及其他可以利用的场所，如图书馆、实验室、艺术室、研讨室，甚至运动场等。

10.培训教师。培训教师根据培训课程的目标和内容要求而定，培训课程要求培训教师的能力广泛，能驾驭课程，引导学员达到课程目标。

11.学员。要全面考察学员的学习背景和学习能力，并考虑在培训过程中充分调动学员参与培训过程学习的积极性，使培训效果最佳、效益最优。

(二)课程设计文件的格式

1.封面

封面主要用于描述设计文件的用途、设计者的姓名、起草日期、审查人员的姓名，以及他们的签字栏。

2.导言

(1)项目名称。包括课程名称、课程的发布、版本或修订次数序号。

(2)项目范围。描述项目涉及的领域。

(3)项目的组成部分。包括培训解决方案的构成(包括印刷资料和电子资料)。

(4)班级规模。描述班级的最大、最小和最优化规模。

(5)课程时间长度。估算学员完成本课程所需的时间。

(6)学员的必备条件。描述学员在参加本课程之前必须完成的课程、必须参加的资格培训、测试或其他条件。

(7)学员。描述培训对象的特点,如岗位职务、工作责任、服务年限、社会背景、工作经验、现有能力、教育程度、态度、学习习惯、思想作风、兴趣偏好、具备的条件,以及对课程的期望值等。

(8)课件意图。介绍课程的目标、培训的意图、培训如何与课程相协调(如果培训适用的话)、培训如何使学员受益、培训成功的绩效标准等。

(9)课程评估。根据培训方案的要求对培训课程的内容和实效作出全面分析,包括:学员对培训活动过程的反馈和学员对学习层次的判断,对学员的测试,并根据绩效目标来确定他们的学习层次(高、中、低)。

3. 内容大纲

(1)教学资源。列举提供给学员、教师和考官的课程资料和表格,其中包括印刷资料或电子资料,以及得到资料的前提条件,如网络链接、邮寄等。

(2)资料结构。描述构成课程的每个部分,如单元、章节、课时和练习。

(3)课程目标和绩效目标。说明课程的目标,并列出课程的所有绩效目标。

(4)教学顺序和活动。描述课程题目的次序,并对每个课题做简短的概念性描述。

(5)内容。描述每个内容片段,其中包含课程结构的所有层次,如单元、章节、课时、练习。为了清晰地表明课程的内容,应该在本部分列出课程所涉及的项目清单。

(6)交付时间。说明交付课程的时间,包括完成每个内容片段所需的预期时间,也就是课程交付的时间表。

第三节　培训实施与管理

一、培训课程的实施与管理

(一)培训准备阶段

1. 确认并通知参加培训的学员

如果先前的培训计划已有培训对象,在培训实施前必须先进行一次审核,看是否有变化,须考虑的相关因素如下:学员的工作内容,工作经验与资历,工作意愿,工作绩效,公司政策,所属主管的态度等。

2. 培训后勤准备

确认培训场地和设备,须考虑的相关因素如下:培训性质,交通情况,培训设施与设备,行政服务,座位安排,费用(场地、餐费)等。

3. 确认培训时间

须考虑的相关因素如下:能配合员工的工作状况,合适的培训时间长度(原则上白天8个小时,晚上3个小时为宜);符合培训内容,教学方法的运用,时间控制。

4. 相关资料的准备

主要包括课程资料编制,设备检查,教学用的活页纸、学员手册、活动资料准备,座位或签到表印制，结业证书等。

5.确认理想的培训师

尽可能与培训师事先见面，授课前说明培训目的、内容。需要考虑的相关因素如下：符合培训目标，培训师的专业性，培训师的配合性，培训师的讲课报酬在培训经费预算内。

6.学员分组

团队学习是学员之间互相学习的重要方式。要考虑如何分组才能创造一个效率最高的学习环境，应避免同一部门或单位的人在一组。

(二)培训实施阶段

1.课前工作

(1)准备茶水、播放音乐；

(2)学员报到，要求在签到表上签名；

(3)引导学员入座；

(4)课程及讲师介绍；

(5)学员心态引导、宣布课堂纪律。

2.培训开始的介绍工作

做完准备工作以后，课程就要进入具体的实施阶段。无论什么培训课程，开始实施以后要做的第一件事都是介绍。具体内容包括：

(1)培训主题介绍；

(2)培训者的自我介绍；

(3)后勤安排和管理规则介绍；

(4)培训课程的简要介绍；

(5)培训目标和日程安排的介绍；

(6)学员自我介绍。

3.培训器材的维护、保管

对培训的设施、设备要懂得爱护，小心使用，不能粗暴，如：收录机或录像机的磁带要轻轻地插入或取出；使用麦克风时，要注意保持麦克风清洁，以免传播疾病等；对设备要定期除尘，不要把食物、饮料放在设备上。

4.培训课程过程中的服务与协调工作

(1)注意观察讲师的表现、学员的课堂反应，及时与讲师沟通、协调；

(2)协助上课、休息时间的控制；

(3)做好上课记录(录音)、摄影、录像工作。

5.对学习情况进行总结和评价

一般在培训的最后阶段，当学员听到“现在我们来总结一下所学的内容”时，他们就会松弛下来，认为培训已经结束，该下课了。实际上，这个时候需要对整个培训中的学习情况进行总结，具有承上启下的作用，因为它既要高度概括培训的中心内容及主要意义，又要简要、中肯地对学员学习情况进行评价，还要提示学员注意将所学内容应用到今后的工作中去。

(三)培训结束阶段

培训结束后，需要做的工作包括：向培训师致谢，作问卷调查，颁发结业证书，清理、检查设备,培训效果评估等。

二、企业外部培训的实施

员工除了在企业内培训外,也会存在很多外出培训的机会,因此可按企业培训需求和培训计划,允许和鼓励员工外出参加培训,为便于管理,外出培训的员工,需做好以下工作:

1.自己提出申请,如:填写《员工外出培训申请表》,经部门同意后交人力资源部审核,按管理权限上报企业主管领导审批,最后由人力资源部备案。

2.需签订员工培训合同,合同规定双方的责任、义务。

3.要注意外出培训最好不要影响工作,没有什么特殊的情况,不宜提倡全脱产学习。外出学习在工作日的时间视同在公司上班,但要提供学习考勤、学习成绩单。

第四节　培训方法的选择

正确而合理的培训方法是取得好的培训效果的重要保证。因此,合理选择和有效实施培训方法是员工培训管理的重要一环。员工培训中所使用的方法,主要有以下几种类型:

一、直接传授型培训法

(一)讲授法

讲授法是指教师按照准备好的讲稿系统地向受训者传授知识的方法。它是最基本的培训方法。适用于各类学员对学科知识、前沿理论的系统了解,主要有灌输式讲授、启发式讲授、画龙点睛式讲授三种方式。讲课教师是讲授法成败的关键因素。

(二)专题讲座法

专题讲座法形式上和课堂教学法基本相同,但在内容上有所差异。课堂教学一般是系统知识的传授,每节课涉及一个专题,接连多次授课;专题讲座是针对某一个专题知识,一般只安排一次培训。这种培训方法适合于管理人员或技术人员了解专业技术发展方向或当前热点问题等。

(三)研讨法

研讨法是指在教师引导下,学员围绕某一个或几个主题进行交流,相互启发的培训方法。研讨法又可以分为以教师或受训者为中心的研讨,以任务或过程为取向的研讨,任务一过程取向的研讨等。任务取向的研讨着眼于达到某种目标,过程取向的研讨着眼于讨论过程中成员之间的相互影响,重点是相互启发,进行信息交换,并增进了解,加深感情。任务一过程取向的研讨既能得出某个结论,又能达到相互影响的目的。

二、实践型培训法

实践型培训法简称实践法,主要适用于以掌握技能为目的的培训。实践法是通过让学员在实际工作岗位或真实的工作环境中,亲身操作、体验,掌握工作所需的知识、技能的培训方法,在员工培训中应用最为普遍。

(一)工作指导法

工作指导法又称教练法、实习法,是指由一位有经验的工人或直接主管人员在工作岗位上对受训者进行培训的方法。指导教练的任务是教受训者如何做,提出如何做好的建议,并对受训者进行激励。

(二)工作轮换法

工作轮换法是指让受训者在预定时期内变换工作岗位,使其获得不同岗位的工作经验的培训方法。以管理岗位的工作轮换培训为例:让受训者有计划地到各个部门学习,如生产、销售、财务等部门,在每个部门工作几个月。实际参与所在部门的工作,或仅仅作为观察者,以便了解所在部门的业务,扩大受训者对整个企业各环节工作的了解。

(三)特别任务法

特别任务法是指企业通过为某些员工分派特别任务对其进行培训的方法,此法常用于管理培训。其具体形式有:委员会或初级董事会;行动学习。这是让受训者将全部时间用于分析、解决其他部门而非本部门问题的一种课题研究法。

(四)个别指导法

个别指导法和我国以前的"师傅带徒弟"或"学徒工制度"相类似。目前我国仍有很多企业在实行这种"传帮带"式培训方式,主要是通过资历较深的员工的指导,使新员工能够迅速掌握岗位技能。

三、参与型培训法

参与型培训法是调动培训对象积极性,让其在培训者与培训对象双方的互动中学习的方法。这类方法的主要特征是每个培训对象积极参与培训活动,从亲身参与中获得知识、技能,掌握正确的行为方式,开拓思维,转变观念。其主要形式分为:

(一)案例研究法

案例研究法是一种信息双向性交流的培训方式,它将知识传授和能力提高两者融合到一起,是一种非常有特色的培训方法,可分为案例分析法和事件处理法两种。

案例分析法又称个案分析法,它是围绕一定的培训目的,把实际中真实的场景加以典型化处理,形成供学员思考分析和决断的案例,通过独立研究和相互讨论的方式来提高学员的分析及解决问题的能力的一种培训方法。

事件处理法是指让学员自行收集亲身经历的案例,将这些案例作为个案,利用案例研究法进行分析讨论,并用讨论结果来警戒日常工作中可能出现的问题。

(二)头脑风暴法

头脑风暴法又称"研讨会法"、"讨论培训法"。头脑风暴法的特点是培训对象在培训活动中相互启迪思想、激发创造性思维,它能最大限度地发挥每个参加者的创造能力,提供解决问题的更多、更好的方案。具体操作时,只规定一个主题,即明确要解决的问题,保证讨论内容不泛滥。把参加者组织在一起无拘无束地提出解决问题的建议或方案,组织者和参加者都不能评议他人的建议和方案。事后再收集各参加者的意见,交给全体参加者。然后排除重复的、明显不合理的方案,重新表达内容含糊的方案。组织全体参加者对各可行方案逐一评估，选出最优方案。

(三)模拟训练法

模拟训练法以工作中的实际情况为基础，将实际工作中可利用的资源、约束条件和工作过程模型化，学员在假定的工作情境中参与活动，学习从事特定工作的行为和技能，提高其处理问题的能力。其基本形式是：进行仿真练习，由人和机器共同参与模拟活动，人与计算机共同参与模拟活动等。

相关链接 >>>

模拟培训：在“扮演”中学习

1. 身临其境，在“扮演”中体验工作情境

通过全方位模拟有形与无形的工作情境，模拟培训让受训者在扮演式的参与中全面认识自己的本职工作。

有形情境，即受训者在今后工作中可能接触到的各种环境，包括办公室、会议室甚至客服中心。美国一家快递公司的客户服务中心，其新员工培训是在与真实环境完全一致的模拟客服中心。新员工们扮演客服人员，回答模拟顾客来电。员工如有错误，会立刻获得反馈及建议。之前在传统的课堂培训中，许多新员工似乎都没问题，但是在客服中心的正式工作中，却因办公环境嘈杂、无法应付过快的工作节奏而离职。现在，新员工离职率已大为降低，不适合这份工作的人，无论公司或员工自己都能尽早发现。

无形情境，就是受训者在今后工作中可能接触到的人，包括各部门同事，以及公司的合作伙伴与客户等。IBM培训市场营销人员时，让学员扮演销售员，由教员扮演客户，向学员提出各类刁钻问题，以测试他们应对客户的能力。与IBM相反，在德州仪器为期两天半的“客户忠诚度”训练营中，来自各部门高层的学员扮成本公司客户，即各大手机厂商。培训师则扮演学员们平时的角色，为下游厂商供应关键部件。他们常常延期交货，为学员的“手机制造”业务带来不小的麻烦。第一次，这些高管如此直接地感受到客户的不满。

从换位思考中，学员们切身体会到本部门的工作将会如何影响客户，以及今后怎样才能更好地服务客户。

2. 感同身受，在“扮演”中提升职业素质

在有形与无形的情境中，模拟培训可以同时提升学员有形与无形的职业素质，从而强化自身的职业角色意识。

模拟培训提升的有形职业素质，多为财务、运营、客服等具体技能。虽然不是学院派的系统学习，但其实践导向的速成效果，可以让外行迅速“入门”。

一个典型例子来自泰科医疗，全球最大的医用器材公司之一。该公司经理人多数是医学技术出身，但缺乏财务经验。为此，培训师将来自不同部门的经理人编作四人一组，由他们模拟运作一家医药制造型企业。学员通过沙盘模拟来演练生产、库存、资产方面的财务工作，并合作完成损益表和负债表，这与其日常工作中遇到的问题非常相似。特别是

培训将现金通过代币直观表现出来，有效说明了财务工作的流程和商业决策的影响力。

模拟培训提升的无形职业素质，就是一种工作态度，让员工跳出工作看工作，以公司、客户、合作伙伴的大局来审视自己的本职工作。

最有代表性的就是IBM内部培训中的“阿姆斯特朗案例练习”，它假设了一组由连锁饭店、海洋运输、零售批发、制造业、体育用品等部门组成的复杂国际业务。在这个项目中，受训者可以扮演从工程师、财务经理、市场营销人员、管理人员到总部执行人员的各类“角色”，从中学员可以学习到以“己所不欲，勿施于人”的态度展开团队合作和客户服务。同样，上文中提到的泰科和德州仪器，也在模拟培训中让员工对公司整体利益、其他部门以及潜在客户“感同身受”。

（资料来源：中国人力资源开发网）

（四）敏感性训练法

敏感性训练法（Sensitivity Training）简称ST法。敏感性训练要求学员在小组中就参加者的个人情感、态度及行为进行坦率、公正的讨论，相互交流对各自行为的看法，并说明其引起的情绪反应。它的目的是要提高学员对自己的行为和他人的行为的洞察力，了解自己在他人心目中的“形象”，感受与周围人群的相互关系和相互作用，学习与他人沟通的方式，发展在各种情况下的应变能力，在群体活动中采取建设性行为。

敏感性训练法适用于组织发展训练；晋升前的人际关系训练；中青年管理人员的人格塑造训练；新进人员的集体组织训练；外派工作人员的异国文化训练等。

（五）管理者训练

管理者训练（Manager Training Plan）简称MTP法，是产业界最为普及的管理人员培训方法。这种方法旨在使学员系统地学习，深刻地理解管理的基本原理和知识，从而提高他们的管理能力。这种方法适用于培训中低层管理人员掌握管理的基本原理、知识，提高管理能力。一般采用专家授课、学员间研讨的培训方式。企业可进行大型的集中训练，以脱产方式进行。

四、态度型培训法

态度型培训法主要针对行为调整和心理训练，具体包括角色扮演法和拓展训练等。

（一）角色扮演法

角色扮演法是在一个模拟真实的工作情境中，让参加者身处模拟的日常工作环境之中，并按照他在实际工作中应有的权责来担当与实际工作类似的角色，模拟性地处理工作事务，从而提高处理各种问题的能力。

（二）拓展训练

拓展训练是指通过模拟探险活动进行的情景式心理训练、人格训练、管理训练。它以外化型体能训练为主，学员被置于各种艰难的情境中，在面对挑战、克服困难和解决问题的过程中，使人的心理素质得到改善。它包括场地拓展训练和野外拓展训练两种形式。

场地拓展训练是指需要利用人工设施（固定基地）的训练活动，包括高空断桥、空中单杠、缅甸桥等高空项目，和扎筏泅渡、合力过河等水上项目等。

野外拓展训练是指在自然地域，通过模拟探险活动进行的情景体验式心理训练。该类拓展训练包括远足、登山、攀岩和漂流等项目。这些活动是参加者的一种媒介，使他们可以了解自身与同伴的力量、局限和潜力。

五、科技时代的培训方式

随着现代社会信息技术的发展，大量的信息技术被引进到培训领域。在这种情况下，新兴的培训方式不断涌现，如网上培训、虚拟培训等，这些培训方式在很多公司受到欢迎。

除了上面的培训方法之外，还有函授、业余进修，开展读书活动，参观访问等方法，这些方法是通过参加者的自身努力、自我约束能够完成的，公司只起鼓励、支持和引导作用。

第五节　员工培训效果的评估

一、培训效果与培训评估的含义

培训效果是指企业和受训者从培训当中所获的收益，即通过系统的培训，员工可以端正工作态度，学习新的行为方式，掌握新的技术技巧；而企业则可以提高产品质量，增加产品产量，促进销售额的上升，提高顾客的满意度，取得更高的经济和社会效益。员工培训评估是指企业组织在员工培训过程中，依据培训的目的和要求，运用一定的评估指标和评估方法，检查和评定培训效果的活动过程。

员工培训效果评估是企业培训工作最后的也是极为重要的一个阶段。它是通过建立培训效果评估指标和标准体系，对员工培训是否达到了预期的目标，培训计划是否有效地实施等进行全面的检查、分析和评价，然后将评估结果反馈给主管部门，作为以后制订修订员工培训计划，以及进行培训需求分析的依据。

二、培训效果评估的作用和内容

(一)培训前评估的作用和主要内容

1.评估的作用

(1)保证培训需求确认的科学性。

(2)确保培训计划与实际需求的合理衔接。

(3)帮助实现培训资源的合理配置。

(4)保证培训效果测定的科学性。

2.评估的内容

(1)培训需求整体评估。

(2)培训对象知识、技能和工作态度评估。

(3)培训对象工作成效及行为评估。

(4)培训计划评估。

(二)培训中评估的作用和主要内容

1.评估的作用

(1)保证培训活动按照计划进行。

(2)培训执行情况的反馈和培训计划的调整。

(3)可以找出培训的不足,归纳出教训,以便改进今后的培训;同时能发现新的培训需要,从而为下一轮的培训提供重要依据。

(4)过程监测和评估有助于科学解释培训的实际效果。

2.评估的内容

(1)培训活动参与状况监测:目标群体的确认,培训项目的覆盖效率,培训对象的参与热情和持久性。

(2)培训内容监测:培训的构成或成分,培训强度,提供的培训量,培训的频率,培训的时间安排。

(3)培训进度与中间效果监测评估:培训组织准备工作评估,培训学员参与培训情况评估,培训内容和形式的评估,培训讲师和培训工作者的评估,现代培训设施应用的评估。

(4)培训环境监测评估。

(5)培训机构和培训人员监测评估:培训机构的规模和结构特征,培训机构的内部分工状况,培训机构服务网点的分布状况,培训机构的领导体制,培训机构的沟通和协调机制,培训者的素质和能力,培训者的工作安排,培训者的工作态度。

(三)培训后评估的作用和主要内容

1.评估的作用

(1)可以对培训效果进行正确合理的判断,以便了解某一项目是否达到原定的目标和要求。

(2)可以了解受训人知识技术能力的提高或行为表现的改变是否直接来自培训的本身。

(3)可以检查出培训的费用效益,评估培训活动的支出与收入的效益如何,使资金得到更加合理的配置。

(4)可以较客观地评价培训者的工作。

(5)可以为管理者决策提供所需的信息。

2.评估的内容

(1)培训目标达成情况评估。

(2)培训效果效益综合评估。

(3)培训工作者的工作绩效评估。

三、培训效果评估的形式

(一)非正式评估和正式评估

1.非正式评估

非正式评估是指评估者依据自己的主观性的判断,而不是用事实和数字来加以证明,虽然非正式的培训评估是建立在评估者的主观看法上,但在有些时候能够发挥很大的作用。

2.正式评估

在一些正式的场合,尤其当评估结论要被高级管理者用来作为决策的依据,或者为了向特定群体说明培训的效果时，就需要进行正式评估。正式评估往往具有详细的评估方案、测度工具和评判标准。它尽量剔除主观因素的影响，从而使评估更有信度。

（二）建设性评估和总结性评估

1. 建设性评估

建设性评估就是在培训过程中以改进而不是以是否保留培训项目为目的的评估，如果评估结论表明培训并不像培训者所期望的那样良好地运转，就可以对培训项目做出适当的调整，如改变培训的形式等。建设性评估经常是一种非正式的主观的评估。

2. 总结性评估

总结性评估是指在培训结束时，对受训者的学习效果和培训项目本身的有效性所进行的评估。这种评估经常是正式的和客观的。

四、培训效果评估的层级体系和方法

（一）培训效果的层级体系

美国培训专家柯克帕特里克曾提出了划分培训效果四个基本层级的框架体系。他认为，第一层级是受训者对培训的反应；第二层级是受训者的学习收获；第三层级是员工态度、行为的变化；第四层级是受训者的实际成果。第一、二层级的培训效果信息是在受训者返回工作岗位之前，在员工培训的过程中收集的，而后两个层级的培训效果信息是在受训者培训之后，在工作实践的活动中取得的。因此，在建立培训效果评估标准时，对四个层级培训成果的考评内容和重点也就十分清晰明确了。

（二）培训效果评估的层级体系

1. 反应评估

反应评估是第一级评估，即在课程刚结束时，了解学员对培训项目的主观感觉或满意程度。第一级评估目标包括对培训项目的肯定式意见反馈和既定计划的完成情况。

2. 学习评估

学习评估是第二级评估。着眼于对学习效果的度量，即评估学员在知识、技能、态度或行为方式等方面的收获。评估的方法很具体，无论是测试、模拟、技能练习还是教师的评价，都是为了评估学习的情况。往往在培训之中或之后进行，由教师或培训辅导员来负责实施。

3. 行为评估

行为评估是第三级评估。行为评估主要评估学员在工作中的行为方式有多大程度的改变。行为层面的评估主要有观察、主管评价、客户评价、同事评价等方法。这个层级评估的优点是：可以直接反映培训的效果；可以使高层领导和直接主管看到培训的效果，使他们更支持培训。

4. 结果评估

结果评估是第四级评估。通过对质量、数量、安全、销售额、成本、利润、投资回报率等企业或学员上司关注的并且可量度的指标进行考查，与培训前进行对照，判断培训成果的转化情况。

(三)培训效果评估的方法

1.培训效果的定性评估方法

培训效果的定性评估方法是指评估者在调查研究、了解实际情况的基础之上,根据自己的经验和相关标准,对培训效果作出评价的方法。这种方法的特点在于评估的结果只是一种价值判断,如"培训整体效果较好""培训讲师教学水平很高"之类的结论。因此它适合于对不能量化的因素进行评估,如员工工作态度的变化,目前国内大多数企业采用这类培训评估方法。

2.培训效果的定量评估方法

定性评估法只能对培训活动和受训人员的表现作出原则的、大致的、趋向性的判断,而定量评估法能对培训作用的大小、受训人行为方式改变的程度及企业收益多少给出数据解释,通过调查统计分析来发现与阐述行为规律。从定量分析中得到启发,然后以描述形式来说明结论,这在行为学中是常见的处理方法。企业在培训中所获得的成果主要是硬性指标,如成本收益分析、生产率提高、产量增加、废品减少、质量改进、成本节约、利润增加等。

在实际采用这些评估方法时,需要采取更具体的采集信息和分析信息的方法,如问卷调查法、访谈法、观察法、座谈法、内省法、笔试法、操作性测验法和行为观察法等。

五、撰写培训效果评估报告

(一)撰写培训效果评估报告的要求

1.调查培训结果时必须注意接受调查的受训者的代表性,必须保证他们能代表整个受训者群体回答评估者提出的问题,避免因调查抽样缺少代表性而作出不充分的归纳。

2.组织对培训投入大量的时间和精力,必然力图通过评估来证明培训的价值。在这种情况下,评估者(尤其是内部评估者)在撰写评估报告时要尽量实事求是,切忌过分美化和粉饰评估结果。

3.评估者必须综观培训的整体效果,避免以偏概全。

4.评估者必须以一种圆熟的方式论述培训结果中的消极方面,避免打击有关培训人员的积极性。

5.当评估方案持续一年以上时间时,评估者需要作中期评估报告。

6.要注意报告的文字表述与修饰。

(二)培训评估报告的主要内容

撰写评估报告的目的在于向那些没有参与评估的人提供评估结论并对此做出解释。通常,组织的主管人员会对培训的产出感兴趣,而那些要求对其员工进行培训的部门领导则关注培训期间员工的培训效果。制作评估报告正是向这些不同的需要者提供关于培训的有关情况、评估结论及其建议。评估报告的内容大致如下:

1.导言。首先,说明评估实施的背景,即被评估的培训项目的概况。如:被评估培训项目的性质是什么?哪些人掌管培训机构?培训已进行多长时间?哪些因素阻碍着培训的顺利进行?受培训者对培训的参与状况如何?撰写者应该通过对这些问题的回答,使读者对被评估的培训项目有一个大致的了解。其次，撰写者要介绍评估目的和评估性质。评估实施的目的是评定培训参与者的绩效，还是提高培训参与者的参与程度，或者是为了改善组织关系。评估者着重进行的是需求分析、过程分析，或是产出分析、成本一效益分析。再次，撰写者必须说明此评估方案实施以前是否有过类似的评估。如果有的话，评估者能从以前的评估中发现哪些缺陷与失误。

2. 概述评估实施的过程。评估实施过程是评估报告的方法论部分。撰写者要交代清楚评估方案的设计方法、抽样及统计方法、资料收集方法和评估所依据的量度指标。说明评估实施过程是为了使读者对整个评估活动有一个大概的了解，从而为读者对评估结论的判断提供一个依据。

3. 阐明评估结果。结果部分与方法论部分是密切相关的，撰写者必须保证两者之间的因果关系，不能出现牵强附会现象。

4. 解释、评论评估结果和提供参考意见。

5. 附录。附录的内容包括收集和分析资料用的图表、问卷、部分原始资料等，加附录的目的是让别人可以鉴定研究者收集和分析资料的方法是否科学，结论是否合理。

6. 报告提要。提要是对报告要点的概括，是为了帮助读者迅速掌握报告要点而写的，要求简明扼要。在内容上要注意主次有别，详略得当，构成有机联系的整体。为此，在撰写前应当认真拟订写作提纲，按照一定的主题及顺序安排内容。

第六节　培训制度的建立

一、企业培训制度的内涵

培训制度，即能够直接影响与作用于培训系统及其活动的各种法律、规章、制度及政策的总和。它主要包括培训的法律和规章、培训的具体制度和政策两个方面。

企业培训的具体制度和政策是企业员工培训健康发展的根本保证，是企业在开展培训工作时要求人们共同遵守并按一定程序实施的规定、规则和规范。企业培训制度的根本作用在于为培训活动提供一种制度性框架和依据，促使培训沿着法制化、规范化轨道运行。

企业培训涉及两个培训主体——企业和员工，这两个培训主体参与培训的目的存在一定的差别。在一定的制度条件下，这种差别将导致培训无法达到目的或效果很差。因此，要想提高培训的效率，就必须建立一套完整的培训制度，通过制度来明确双方的权利和义务、利益和责任，理顺双方的利益关系，使双方的目标和利益尽量相容。由于培训制度是由企业制定的，所以制度的主要目的是调动员工参与培训的积极性，同时也使企业的培训活动系统化、规范化、制度化。

二、企业培训制度的构成

在企业员工培训与开发的管理活动中，各类企业根据自己的实践经验和具体情况，制定一系列的员工培训管理制度。一般来说，包括培训服务制度、入职培训制度、培训激励制度、培训考核评估制度、培训奖惩制度和培训风险管理制度等六种基本制度。此外，还有培训实施管理制度、培训档案管理制度、培训资金管理制度等，从而给予培训活动自上而下、全方位的制度支持。

三、岗位培训制度

岗位培训制度是企业培训制度最基本和最重要的组成部分。

岗位培训的制度化包括培训立法及相应的政策，也包括岗位培训各个环节的规范化，其核心是培训、考核、使用、待遇一体化的配套措施的实行。它将人才规格、人才培训、人才使用有机地结合起来，为实现培训与用人在制度上衔接配套创造了有利条件。岗位培训制度由管理制度、教学制度、考核制度、评估制度、劳动制度、人事制度、工资制度、岗位资格证书制度等一系列配套制度组成。

企业的培训制度制定以后，并非是一成不变的。培训制度在贯彻、落实过程中会遇到一些问题。产生这些问题的原因可能是制度的某些条款不适合企业的实际情况，也可能是企业的外部环境和内部条件已发生了变化，此时需要对制度做出修改。只有这样，培训制度才能逐步完善，为企业的培训工作发挥必要的作用。

四、起草与修订培训制度的要求

根据企业外部环境和内部条件发生的变化，应当及时提出制度的修订方案。起草或修订企业员工的培训制度时，应体现以下几方面的要求：

1. 培训制度的战略性

培训本身要从战略的角度考虑，要以战略的眼光去组织企业培训，不能只局限于某一个培训项目或某一项培训需求。因此，制定和修订培训制度时也要从战略角度出发，使培训与开发活动走向制度化和规范化。

2. 培训制度的长期性

培训是一项人力资本投资活动，要正确认识人力资本投资与人才开发的长期性和持久性。要用“以人为本”的指导思想和管理理念制定培训制度，保证制度的稳定性和连贯性。

3. 培训制度的适用性

培训制度是开展日常培训工作的指导方针。因此，培训制度应有明确、具体的内容或条款，充分体现管理与实施的需要。这些内容或条款针对培训过程中的某一方面作出了明确的规定，保证在具体实施过程中出现问题时可以照章办理。

起草培训制度草案或对某项具体培训制度进行修订时，不但要坚持以上三条原则，还应当深入实际进行调查研究，掌握各种培训制度在未制定前与制定之后以及在实施过程中的变化。如：它解决了哪些问题，取得了什么样的效果，还存在着哪些困难和问题亟待克服和解决。只有掌握真实全面的信息，才能“对症下药”，切实保证企业培训制度的科学性和可行性。

本章小结

员工培训是人力资源开发管理的重要组成部分。由于现代科学技术飞速发展，要求企业员工不断地适应新形势的发展要求，企业就必须重视对员工的培训，以保持企业的人力资源优势。本章介绍了员工培训的概念、培训目的、特点及原则；重点叙述了在负责员工培训任务时，如何能够分析培训需求，制订培训规划，进行培训课程设计；掌握不同的培训方法处理不同类型的培训；运用不同的培训制度对参加培训的员工进行管理；同时能够依据培训的目的和要求，在培训结束后运用一定的评估指标和评估方法，检查和评定培训效果。

复习思考

1. 什么是员工培训，为什么要进行员工培训？
2. 试述员工培训的目的和作用。
3. 如何在新形势下发挥员工培训的作用，提升企业的竞争力？

实训设计

1. 实训项目：模拟进行某皮具厂新员工培训项目的设计。

2. 实训目的：通过实训操作，将员工培训内容的理论与实际相联系，真正掌握员工培训的流程、内容、方法及评估设计。

3. 实训内容：小组在调研的基础上，为某培训项目编制一套完备的培训项目计划与实施系统方案（要求包括培训需求分析、确定培训目的、制订培训计划、计划实施过程、培训效果评估）。

4. 实训考核：分成若干小组进行讨论，选出代表进行演讲，由其他小组进行评议，最后由老师总结并核定成绩。

案例分析

麦当劳的员工培训

麦当劳为人们所熟知的，并不仅仅是它那著名的大写“M”。在企业界，管理者和专业培训师们经常提及的一个词汇是：麦当劳培训模式。

麦当劳是无可争议的国际品牌；吃过麦当劳快餐的消费者都知道，在任何一个麦当劳餐厅，你所得到的汉堡都是一样的。这就是麦当劳的连锁标准化管理。麦当劳的员工培训，也同样有一套标准化管理模式。从一位新员工加入麦当劳的第一天起，可以说他就进入到了一个培训的世界和王国。新员工对业务不熟悉，采取何种方式进行培训呢？这里的新员工直接走向了工作岗位。每名新员工都由一名老员工带着，一对一地训练，直到新员工能在本岗位上独立操作。但这并不代表这位新员工在这个岗位上的工作就合格了，他还要通过由经理负责鉴定的《岗位观察检查表》(SOC),上面有岗位工作操作步骤以及各类注意事项。麦当劳的每名员工都必须通过三个岗位的SOC,而且必须在最初的一个月内通过,以后再慢慢地通过其他的SOC,最终精通所有的业务。尤其重要的是,作为一名麦当劳新员工,从进店伊始,就在日常的点滴工作中边工作边培训,在工作和培训合二为一中贯彻麦当劳的Q. S. C&V黄金准则:即麦当劳顾客至上,顾客永远第一,提供服务的最高标准。Q. S. C&V分别是质量(Quality)、服务(Service)、清洁(Clean)和价值(Value)。Quality是专指麦当劳为保障食品品质制定了极其严格的标准。Service是指按照细心、关心和爱心的原则,提供热情周到的快捷服务。Clean是指麦当劳制定了必须严格遵守的清洁工作标准。Value代表价值,指麦当劳向顾客提供有价值的高品质理念。这就是麦当劳培训新员工的方式,不似培训班那般浪费资源,效果却要明显许多。边学边用比学后再用的学习速度要快许多,在工作、培训一体化中将组织文化逐渐沉淀到麦当劳每一位员工的日常行为中。

对普通员工来说,晋升对每个人是公平合理的,既不作特殊规定,也不设典型职业模式。适应快、能力强的人能迅速掌握各个阶段的技术,从而更快地得到晋升。首先,面试合格的人要做4～6个月的见习经理。在此期间,他们以普通员工的身份投入到餐厅的各个基层工作岗位,如炸薯条、做汉堡包等。同时,他们将参加培训中心开设的BOC课程(基本营运课程),课程着重于基本应用,使得见习经理学会最佳的楼面管理。经过考核的见习经理可以升迁为第二副理,升迁之后,他们将负责餐厅的日常营运,在此期间,他们将参加BMC(基本管理课程)和IOC(中间管理课程),经过这些培训后第二副理就已经能独立承担餐厅的部分管理工作,如订货、接待、训练等。表现优异的第二副理在进行完IOC课程培训之后,将接受培训部和营运部的考核,考核通过后,将被升迁为第一副理,即餐厅经理的左膀右臂。

以后他们的培训,全部由在美国和香港的汉堡大学完成。汉堡大学都配备有先进的教学设备及资深的具有麦当劳管理知识的教授,并提供两种课程的培训,一种是基本操作讲座课程;另一种是高级操作讲习课程(AOC)。美国的芝加哥汉堡大学(Hamburger University)是对麦当劳餐厅经理和重要职员进行培训的基地,是一所名副其实的大学,也是国际培训中心,他们接待来自全世界的企业和餐厅经理。2001年7月,为配合麦当劳在中国的不断发展,麦当劳在香港建立了其全球的第七所汉堡大学,其课程已经陆续得到一些知名大学的评鉴认证。例如,凡完成麦当劳训练课程的毕业生就读香港理工大学管理文凭课程,可减免15个学分;而它的高级管理课程也由北京大学学术评鉴后,被评定等同于北大光华管理学院生产作业管理课程的3个学分;清华大学也对麦当劳的管理课程给予了学术评鉴。一个有才华的年轻人升至餐厅经理后,麦当劳公司依然为其提供了广阔的发展空间。经过针对下一阶段的培训,他将成为总公司派驻其下属企业的代表,成为"麦当劳公司的外交官"。其主要职责是往返于麦当劳公司与各下属餐厅,沟通传递信息。同时,营运顾问还肩负着诸如组织培训、提供建议之类的重要使命,成为总公司在这一地区的全权代表。

麦当劳的培训理念是:培训就是让员工得到尽快发展。麦当劳中国发展公司董事总经理赖林胜说:“麦当劳的每个人面前都有个梯子,你不要去想我会不会被别人压下来,你爬你的梯子,你争取你的目标。”

(资料来源:中国人力资源开发网)

案例思考

1. 麦当劳员工培训模式的主要内容和特点是哪些?

2. 你认为麦当劳员工培训方案成功的地方是哪些方面?

3. 假设现在有一家国内大型快餐店要你参加该店员工培训方案设计的讨论,你对该培训方案有何建议?

第九章

企业文化与人力资源管理

学习目标

知识目标

☞理解企业文化的含义与类型。

☞掌握企业文化的构成要素和内容。

☞了解企业文化的建设。

☞掌握企业文化对人力资源管理的影响与对策。

技能目标

☞通过本章的学习，使学生掌握建立和维持企业文化的方法。

引导案例 >>>

摩托罗拉——"肯定个人尊严"

作为世界上最大的通信、电子业跨国公司，摩托罗拉在中国改革开放之初就通过销售产品(无线对讲系统、蜂窝电话系统等)方式进入中国市场。1992 年 3 月 25 日，摩托罗拉(中国)电子有限公司在天津经济技术开发区成立，首期投资 1.2 亿美元。1994 年 10 月，1995 年 6 月，摩托罗拉(中国)电子有限公司上海分公司和广州分公司分别成立。

如今，摩托罗拉在中国进行广泛的商业活动。具体内容包括：(1)继续在中国投资及技术转让；(2)加速从技术人员到高层管理人员的本土化进程；(3)提高产品国产化成分，协助中国建立电子基础工业；(4)以独资为基础，发展与中国电子行业的合资合作。

截止到 1997 年 4 月，摩托罗拉在中国的投资项目包括：在天津建立 8 英寸亚米半导体芯片厂，在北京成立中华总部，建立 6 个合资企业和 5 家合作项目，建立摩托罗拉大学培训中心，建立多个项目研究中心，转让一系列世界领先技术等。举世闻名的摩托罗拉公司这样阐述自己对人力资源的看法："人才是摩托罗拉最宝贵的财富和胜利源泉。摩托罗拉公司将对人才的投资摆在比追求单纯的经济利益更重要的位置。尊重个人是摩托罗拉在全球所提倡的处世信念。为此，摩托罗拉将深厚的全球公司文化融合在中国的每一项业务中，致力于培养每一个员工。"尊重个人，肯定个人尊严，构成了摩托罗拉企业文化的最主要内容。

具体来说，摩托罗拉将"尊重个人"理解为：以礼待人，忠贞不渝，提倡人人有权参与，重视集体协作，鼓励创新。摩托罗拉公司通过为员工提供培训、教育、专业发展机会，后勤保障，公司内部沟通等方式，来实现对个人尊严的肯定。

一、培训和专业发展机会

公司制订了培训计划，向公司中层和高层输送管理人才，以实现由中国人负责公司的管理和决策，从而加速人才本土化的进程。目前，在摩托罗拉(中国)电子有限公司中，经理主管一级已有100多名中国人，占该层管理者的51%。在几年的时间里，摩托罗拉每年都选派600多名中国员工到其美国工厂去参加技术会议、工程师设计会议以及技术培训。

除内部教育和培训外，摩托罗拉还支持、组织员工参加全国经济统计专业职称技术资格考试、职称外语考试、质量认证培训等。

二、众多沟通方式

1998年4月，摩托罗拉(中国)电子有限公司推出了“沟通宣传周”活动，内容之一就是向员工介绍公司的12种沟通方式。比如：

我建议：书面形式提出您对公司各方面的改善建议，全面参与公司管理。

畅所欲言：保密的双向沟通渠道，您可以对真实的问题进行评论、建议或投诉。

总经理座谈会：定期召开的座谈会，您的问题会在当场得到答复，7日内对有关问题的处理结果予以反馈。

报纸及杂志：《大家》、《移动之声》等杂志可以使您及时了解公司的大事动态和员工生活的丰富内容。

公司每年都召开高级管理人员与员工沟通对话会，向广大员工代表介绍公司经营状况、重大政策等，并由总裁、人力资源总监等回答员工代表的各种问题。

三、一块铜匾

如果参观者来到摩托罗拉摆满奖杯奖状的“荣誉厅”，就会看到一块“先进党组织”的铜匾，这令很多人感到诧异。有人问：不是外资企业吗？怎么还允许党组织存在？党员活动受不受限制？外国老板怎样看中共党员？事实上，在摩托罗拉，“党员公开、组织公开、活动公开”，这里的老板对党员活动给予方便、给予支持、给予经费，真正做到肯定个人的尊严。他们自己这样解释：“有这么多的党员，如果不发挥他们的作用，就是资源的浪费！”

（资料来源：代凯军．管理案例博士评点．北京：中华工商联合出版社，2000）

第一节 企业文化概述

一、企业文化的含义及其形成与发展

(一)什么是文化

文化在古拉丁文中是“耕作、耕耘”的意思，在我国古代为“教化”的意思。随着社会进步与发展，文化成为一种复杂的社会现象，不同时代、不同国家、不同立场的专家学者对文化的认识和理解各不相同，从不同角度论述了文化的概念，使人对文化的认识有了不同的观点和看法，英国文化人类学家泰勒对文化的概念表述是：文化是一个复杂的综合体，包括知识、信仰、艺术、道德、法律、风俗，以及人类在社会里所获得的一切能力。

在我国，文化的概念有狭义与广义之分，广义文化是人类在社会历史实践中所创造的物质财富和精神财富的总和，狭义文化是指人类所创造的精神产品，是人在社会实践中创造的社会意识形态、行为规范、活动方式、技术手段等物化的精神内容。

(二)什么是企业文化

1. 企业文化的内涵

企业文化是企业在特定的社会环境和组织的长期发展过程中逐渐形成、发展、完善起来的特定的意识形态、信仰信念、价值取向、道德、习惯、风俗与风格、行为方式与方法，以适应环境和组织发展的要求。

西方学者希斯对文化的定义为："企业文化是特定组织在适当处理外部环境和内部整合过程中出现的种种问题时，所发明、发现或发展起来的基本假说的规范。这些规范运行良好，相当有效，因此被用做教导新成员观察、思考和感受有关问题的正确方式。"

存在于特定环境中的企业组织，为使组织及其成员能够具有更强的适应能力，实现社会、组织和员工全面、协调、健康、可持续的发展，确立相应的科学的目标，制定合理的规范，采用科学先进的技术和方法，充分利用组织的各种有限资源，这一切活动的关键因素是企业文化，它在一定程度上决定组织及其成员能否适应周围的环境，能否成功实现其目标，能否实现充分的发展。从这个角度来说，企业文化是指组织在长期的社会实践中形成的、被组织成员认可、接受和遵循的具有本组织特色的符合社会发展变化规律的思想观念、价值取向、行为规范和活动方式的总和。

相关链接 >>>

对企业文化的不同解释

杰奎斯(1951年)提出的较早的企业文化定义为：(人们)做事的习惯与传统的方法，它在一定程度上被组织的所有成员共同接受，并且新加入的成员必须学习接受，至少部分接受，以使他们能被组织所接受。

谢恩(1984年)提出一个更复杂的定义：企业文化是一种基本假设的模式。它是群体在应付它的外部适应问题和内部整合问题时，创建、发现或发展的，它在运用中被认为是完全有效的。因此，它也被看做在直觉、思维和情感这些问题的关系上应具有的正确方式，而用于教育新成员。

维尔克(1989年)表达如下观点：我们将企业文化定义为一种不变的组织行为模式，它是一个整体，它连接、告知并提供一种前后一致的情景，即使组织中的每一个管理者都有其各不相同的行为时，也是如此，它有助于区别不同组织中的行为，但它没有记录在组织的正式规则中。

2. 企业文化的特点

(1)企业文化的核心是组织价值观念。企业文化的所有构成方面都是以组织及其成员的价值观念为核心，价值观念是其他各方面被选择、接受、利用的基础。

(2)企业文化的价值趋向是以人为本。在企业文化中，人是组织的重要组成部分和因素，是组织的重要资源和财富，也是企业文化的创造者、发展者。

(3)企业文化的管理方式为软性管理。这是由企业文化的内容和性质决定的。企业文化的核心因素是组织价值观念，企业文化是坚持以人为本，硬性规定不能实现价值观念等文化因素的传递和被员工认可、接受、遵守、坚持。

(4)企业文化的目的是促进组织发展。

3. 企业文化的作用

除具有文化的一般作用外,企业文化在组织发展目标的确定、实现途径的选择、管理方式与思想、组织建设与发展等方面有着特别重要的作用。

(1)企业文化是组织的无形财富和重要资源。在组织发展过程中形成和完善的企业文化对组织生存和发展有着重要的作用。为组织的生存和发展提供智力支持、指出明确的方向,增强了组织的凝聚力和战斗力,提高了组织的核心竞争力,为组织发展提供创造力,这一切都有助于组织目标的实现,也有助于组织及其成员的共同发展。

(2)企业文化是组织连接它的各个构成部分和周围环境的重要桥梁、纽带。通过企业文化,组织的各构成要素聚集在一起,发挥出巨大的整合作用,组织与其所处的环境也通过企业文化相互连接,借助这种联系,环境源源不断地把组织生存和发展所需要的人力、财力、信息、物资等资源输入到企业组织中,为组织活动提供条件和原材料,保证了组织活动的正常运转。

(3)企业文化提高了组织行为的科学性、先进性、合理性、有效性。企业文化不断调整和改善组织及其成员的行为,是行为符合客观情况、能够根据环境和任务的改变灵活调整行为的指导思想,保证行为符合事物本身的规律,能够采用现代化的技术手段,实现行为的有效性和合理性。

(4)企业文化对组织成员有着特别的意义和作用。企业文化对员工的职业生涯设计具有重要的影响,员工职业生涯的设计方向、职业生涯的过程、实现的速度与程度、成就感等方面与企业文化密不可分,例如在追逐权力与荣耀的企业文化影响下,员工会把在行政管理方面的发展作为职业发展方向。企业文化也在不断改善着组织成员的个性特征,提高了员工的组织观念,也提高了员工的社会化程度。企业文化是员工自身人力资源的形成、积累、丰富、开发、利用的源泉之一,有助于员工的自身发展和进步。

(三)企业文化的形成

企业文化是随着企业组织的建立、成长、成熟、完善、升华的过程形成和发展起来的社会现象。

1. 企业文化形成的前提

(1)企业文化的形成存在一个明确的能够为组织大多数成员认可、接受、执行的理念。企业文化的理念是文化的核心和灵魂,没有一定明确的组织理念,难以形成有效的组织实践活动,不利于形成一定的文化资源优势,难以为组织成员提供学习的内容和有效合理的方式,也容易失去准确的发展方向。

(2)企业文化的形成需要具备充分的实践活动。文化的原始含义也表明文化的形成和发展离不开实践活动,文化在实践中开始形成,在实践中发展,在实践中完善,也在实践中得到检验,实践活动是企业文化发展的源泉。

(3)企业文化的形成需要一定的榜样和示范人物或事件。这些人物或事件是企业文化的外在表现,组织成员通过接受这些人物和典型实践,逐渐调整、约束、改善自己的行为,发展组织的特有文化。

(4)企业文化的形成需要一定的物质技术和条件。企业文化的产生和发展离不开具体的物质基础和条件,这些也是企业组织进行生产活动的前提,生产技术的内涵和现代化的水平也成为企业文化产生的重要条件。在现今的流水线作业环境中自然就形成了标准化的管理思想和措施，形成以理性为核心、以效率为生命的企业文化；在农村，以畜力和人的体力为主的生产技术方式和自给自足的生产方式自然形成了邻居文化，形成远亲不如近邻的认识。

2. 企业文化的形成过程

(1)感知阶段。企业组织成员聚集在一起，形成一个有机整体，开始相互之间的接触、交流、认识、感受、了解阶段，企业文化的形成与组织成员之间的信息交流融合在一起，并随信息沟通的广泛深入逐渐形成和发展。

(2)识别阶段。企业组织自身及其周围环境为组织成员提供了纷繁复杂、多种多样并且变幻无穷的文化单元，是组织成员在相互了解的基础上，根据信息情报对企业文化单元进行对比、区分、界定、鉴别，由此进入企业文化建设的第二个阶段。这一环节是企业文化建立的基础环节。

(3)选择阶段。对组织自身和环境中提供的各种构成因素以及因素之间、企业文化与环境之间进行选择，首先要建立科学、合理、系统完整的选择标准体系；然后用标准衡量各组成部分；最后，进行选择。

(4)强化阶段。对选择的结果采用有效的方式和手段进行强化，使企业文化为更多的员工认识、理解、接受和指导，采用较为有效的激励强化手段，使企业文化的理念等深深扎根于组织成员脑海里，能够有效地影响组织行为。

(5)宣传阶段。采取有效措施，广泛宣传，扩大其影响，深化人对企业文化的认识和了解。

二、企业文化的构成要素

企业文化是企业系统的一个构成部分，自身又由许多因素组成，这些因素相互作用、相互影响、相互制约形成一个完整的系统。企业文化的主要构成因素如下：

1. 企业文化的精神层

这是企业文化的核心构成要素，包括企业的组织精神、组织理念、组织价值观、组织道德、组织理想和追求、组织的信仰等。

2. 企业文化的制度层

这是企业文化的中间构成要素，包括管理机构设置、管理规范、风俗习惯、组织形象、管理风格、组织作风等。

3. 企业文化的物质层

这是企业文化的表层构成要素，包括组织成员的具体行为表现、生产生活方式、生产技术、机器设备、工作场所、办公设施和设备，组织成员的仪容仪表、言谈举止等。

三、企业文化的建设

(一)企业文化建设的内容

企业文化建设是企业提高核心竞争力，充分开发和利用人力资源，实现组织目标和愿望，实现组织成员自身愿望，促进企业组织及其员工实现可持续发展的重要保障。

企业文化建设的内容主要有以下几个方面：明确的企业精神和理想；企业文化建设的原则、途径和具体措施；企业文化建立的主体；企业文化建设的条件；企业文化的传播；企业文化的巩固和发展等。

(二)企业文化建设的原则、过程和途径

1.企业文化建设的原则

(1)目标原则。建设企业文化作为重要的管理行为需要有明确的目标做指导，保证企业文化建设的正确、合理、有效。企业文化建设的目标是在正确认识组织及其环境的基础上，发现其中的问题，进而深入分析有关方面情况、全面总结经验与教训，建立完整合理的目标体系。用目标来衡量企业文化建设的各方面，提高行为效率。

(2)效率原则。在企业文化建设过程中，需要组织投入大量的人力、物力、财力，而且企业文化也是组织管理活动的重要资源，为实现企业文化建设目标，需要坚持科学的思想，选择合理的行为方式和方法，注重效果和效率，充分利用组织的各方面资源。

(3)功绩原则。企业文化建设以组织成员为组织作出的贡献为核心，它在思想观念、行为规范、方式方法、价值准则等方面，都体现出一定的行为结果和这种结果对组织的重要意义，包含功绩思想、宣扬奉献精神，建立以功绩为基础的价值衡量体系，实现组织的生存和发展。

(4)利益相关原则。在建设企业文化的过程中，组织成员之间、成员与组织之间、组织及其成员与环境之间有着密切的利益关系，他们之间有极大的相关性，各方面相互作用、相互影响、相互制约，形成一个有机整体。

(5)创新原则。在新的环境下，根据组织出现的新情况，探讨新的思想观念，采用新的形式和方法，充分利用环境提供的新的便利条件和机会，创建适应环境需要的新的企业文化。

(6)信任原则。企业文化建设的过程也是组织成员以及社会成员之间相互认识、了解、接受、融合的过程，是在信任的基础上建立起来的有机系统。

(7)人性原则。文化是人类活动的结果，是人性不断完善的过程和反映，是人性的发展过程。建设企业文化，要以人性发展为核心，实现人的健康、协调、可持续的发展。

2.企业文化建设的过程

(1)调查了解组织的基本情况。企业文化建设的目标、方向、内容、方式方法、利用的资源离不开对组织相关情况的调查分析。通过调查，发现问题，确定目标方向，了解组织可利用的资源情况。

(2)分析现实的企业文化。企业文化建设和管理建立在现实企业文化基础上，一般情况下，组织的思想观念、价值准则、行为规范、行为方式与方法等具有一定的传承作用，为企业文化建设提供材料。

(3)评价现实的企业文化。根据社会环境发展需要、组织生存和发展需要、组织成员的进步和发展需要，建立现实企业文化评价体系，衡量评价现实企业文化，否定落后的方面，继承合理的先进的因素。

(4)制定企业文化建设的目标。根据对组织环境情况分析、对现实企业文化的认识和评价，根据组织及社会环境的发展趋势，结合组织管理的目标确定企业文化建设的目标体系。

(5)拟订企业文化建设的方案和途径。分析企业文化建设的目标体系，正确认识组织所拥有的资源，坚持科学有效的原则，组合分配组织的有限资源，制订不同的行动方案，寻找不同的途径，对这些方案和途径进行分析、比较、评价，作出合理的选择。

(6)确定企业文化建设的方法和措施。根据企业文化建设的方案和途径，结合组织及其成员的实际情况，选择科学的方法和措施，保证组织目标的实现和组织资源的有效利用。

(7)企业文化的传播与接受。建立起来的企业文化需要采用合理的途径和方法进行广泛宣传，创造条件和环境使组织成员能够接触到企业文化，认同企业文化，接受企业文化，在组织活动中能够体现企业文化。

(8)完善企业文化建设。对企业文化建设情况进行调查，根据组织和社会环境的价值标准体系进行评价，发现建设中存在的问题和差距，采取有效措施，纠正偏差，完善企业文化。

3.企业文化建设的主要途径

(1)规章制度的强制规定。将企业文化中核心的价值观念等内容用严格的规章制度规定下来，要求组织成员必须接受和遵循。

(2)组织良好风气的积极提倡。通过提倡良好的工作作风和生活作风，形成良好的社会风气，建立企业文化系统。

(3)先进人物、先进事迹的引导。大力表彰和广泛宣传社会和组织中的先进人物、模范分子、突出的代表人物等，合理地传播先进事迹，对组织成员的行为进行正确引导。

(4)课堂、会场的大力提倡。利用各种培训会，在合适的场合，作讲演、贴宣传报、办刊物等进行文化宣传。

(5)管理方式的包含。在组织管理方式中，在组织管理活动的各个环节，包含和体现企业文化中的价值观念和思想意识，管理者成为企业文化建立的示范和榜样。

(6)物质和精神奖励。通过物质和精神的奖惩，对组织成员的行为进行强化，奖励鼓励正确的符合企业文化的行为，提倡这种行为，惩罚和改变不符合企业文化的行为，纠正这一行为。

(7)权力划分、组织机构的设置。组织机构的建立、组织职权的划分、组织成员的选择等方面，体现和贯彻企业文化的精神，以组织的价值观念和思想认识为指导。

(8)仪式强化。通过一定的仪式，不断强化组织成员的某种思想意识，使其形成与组织要求相一致的文化价值体系。

(9)环境建设。在组织自然和人文环境建设方面体现企业文化内涵。从建筑物到设施设备摆放，严格遵循组织的价值体系要求。如美国一家银行为体现稳固、可靠、值得信赖的价值观念，将其总部大楼设计为大理石基础、仅有三层的建筑物。

第二节　企业文化对人力资源管理的影响与对策

一、企业文化对人力资源管理的影响

(一)企业文化与人力资源管理的关系

企业文化与组织人力资源管理密不可分。组织诞生后,组织开始对人力资源管理产生强大的影响力。两者相辅相成,互相影响,在企业文化建立和完善的过程中,组织人力资源管理不断创新和发展,组织的人力资源得到充分有效的开发和利用,也实现了组织的目标,促进了组织的发展。不合时宜的企业文化会给人力资源管理带来消极的影响,阻碍组织的健康发展。如台湾著名企业王安公司在选择管理人员时,实行家族继承制度,致使优秀的组织员工流失,挫伤了广大员工的积极性,导致企业组织的崩溃。

(二)企业文化对人力资源管理的作用

1. 企业文化对人力资源管理具有指导作用

人力资源管理的指导思想、具体的人力资源管理行为、管理制度、管理内容、管理方式和手段、管理评价、改革与发展等,都同企业文化密切相关,是在企业文化的指导或引导下实现的,否则人力资源管理就会失去准确的方向,人力资源就不能得到有效的开发和利用。

2. 企业文化影响组织对人力资源的利用效率

组织管理者因有不同的价值观念,因而对人及其所拥有的资源认识不同,对人力资源的开发和利用有不同的选择,用其长避其短还是用其短避其长,不同的选择使人力资源的利用效率受到影响。

3. 企业文化影响人力资源的发展方向

企业文化中的价值取向影响组织成员的行为,影响组织成员的发展方向,为组织成员开发自身资源提供了参考,企业文化的建设过程也是组织成员比较、选择、接受、发展自身资源的过程,在建设企业文化过程中,组织成员也在逐步建立和更新自己的资源体系。有的组织明确规定,考过大学英语四级的,奖励一级工资,该组织的这一政策影响组织成员学习英语知识的积极性,提高了员工对英语的认识,对其行为产生一定引导作用。

4. 企业文化影响组织与社会对人力资源的评价

对人力资源合理性、科学性、系统性、实用性等方面的评价,依赖于以企业文化为重要参考体系而形成的判断与选择标准体系,企业文化中的思想观念、价值准则、行为规范等方面相互影响构成评价人力资源的价值体系。

微型案例 >>>

创造冒险的企业文化与人力资源管理

微软公司愿意聘用那些曾经犯过错误而又能吸取经验教训的人。微软的执行副总裁迈克尔·迈普斯说:“我们寻找那些能够从错误中学会某些东西、主动适应的人。”在录用过程中,“我们总是问应聘者:你遇到的最大失败是什么? 你从中学到了什么?”以格里格·曼蒂为例:他与别人一起在1982年共同创立了爱林特计算机系统公司。10年后,由于公司入不敷出而倒闭。微软在1992年12月聘用了曼蒂,任命他为部门主管,负责筹划如何把新技术用来制造消费产品。微软从曼蒂身上发现的不仅仅是他的技术和管理经验,而且是一个敢用远见打赌的人——即使这种远见付诸东流。微软的人会告诉你:用远见打赌是公司存在的全部。许多远见最终以失败告终,但这并不重要,重要的是他们曾经尝试过。在寻求有远见的冒险时,微软喜欢尝试那些成功地处理过失败和错误的人。一位高层管理人员说:“公司接受了很多内部的失败。你不能让员工觉得如果做不成,他们就可能被解雇。如果那样,没有人愿意承担这些工作。”在微软公司,最好是去尝试机会,即使失败,也比不尝试任何机会好得多。

(三)企业文化影响人力资源管理的具体体现

1.企业文化影响组织人力资源管理的基本思想。组织人力资源的管理思想植根于企业文化之中,是从企业文化中发展出来的。企业文化及组织环境是管理思想生成的土壤,是管理思想产生的源泉。

2.企业文化对人力资源开发与管理规划的形成有重大影响。规划是在组织管理目标和思想的指导下形成的执行方案,制定的程序、机构、方法、选择的标准等方面都渗透着企业文化的作用。

3.组织的工作设计、人员招聘和录用、考核、奖惩、工资福利设计、劳动纠纷处理等方面也体现企业文化的影响,具体管理的原则、程序、方法、途径、人员等方面是企业文化的多种因素共同作用的结果。

4.人力资源管理的效果、人力资源的利用效率评价标准也是企业文化确定的标准体系的组成部分。企业文化提供合理、科学、完善的价值准则,对组织管理的各方面进行对比、评价、调整,保证行为科学、合理、高效。

二、解决企业文化影响人力资源管理的对策

在企业和其他的社会组织中,进行有效的人力资源管理需要认真考虑企业文化的作用和影响,进行深入分析,结合组织的相关情况,采用合理对策,利用企业文化这一丰富的资源,实现人力资源管理的目标和组织的目标,促进组织及其成员的进步和发展。

(一)文化接触与人员招聘

在组织发展过程中,为实现一定的目标,完成组织的工作任务,需要招聘合适的工作人员。在招聘过程中,能否获得合适的工作人员,不仅仅涉及组织许诺的种种丰厚的物质因素、良好的工作条件和环境,真正能够打动应聘者的是组织的文化因素,组织的文化资源吸引着应聘者,所谓“士为知己者死”,企业文化和应聘者自身文化素养的共性才是导致招聘活动成功的关键因素。

在招聘活动中,组织突出自身的文化因素,采用合理有效的形式,实现应聘者与企业文化的接触。在适当的场合和环境下,进一步促进应聘者对企业文化的了解,从而对组织有更深刻的认识,了解工作和职责,更好地接受工作岗位,实现组织招聘的目的,避免出现

招聘来的人员很多、留下来的却很少的情况。有关人员调查分析流动人员辞职的主要原因并非对工作本身和薪酬不满意，而是人际关系出了问题，不能接受同事的行为，进而离开组织。

（二）文化接受与人员配置

在人力资源管理中，根据组织目标实现和工作岗位的具体要求，把招聘来的工作人员进行配置，分配工作岗位，明确工作职责，熟悉工作场所。能不能接受工作安排？这样的工作安排是否合理？对我来说是否公平？工作者会提出许许多多的问题，如果不能解决这些问题，不但工作效率不高，影响组织整体发展，而且工作者自身也会受到影响，难以投入工作，没有热情，也影响自身的进步和发展。

工作者接受工作岗位和职责实质上是在接受企业文化，接受企业文化中的价值观念和行为准则。如果在组织行为当中传递着对工作岗位不利的因素，或者不承认或降低工作价值的因素和现象，让工作者接收这一岗位，并安心工作，是不可能的。在企业文化中要对职业岗位给予公平合理的定位和评价，肯定工作的价值，明确其职责权限，并在其他方面进行合理的规定。

（三）文化传承与人员培训、绩效考核

在人力资源管理中，人员培训和绩效考核是非常重要的工作，如何进行这些工作？如何保证这些工作更有成效？这些过程实际上是组织把自身特有的文化传递给组织成员。组织在发展过程中形成独特的文化资源，这些资源可以保证组织目标的实现，保证组织性更有效。如在酒店管理中提出的“顾客就是上帝”观念，有这种观念才能提供良好的有效的服务，做好自己的工作。组织如同学校一样在培养着自己的成员，把与工作和职责有关的思想观念和价值准则传输给他们，使他们更完善、更强大、更卓越。

在人员培训和绩效考核中传承企业文化，培训内容自然包含组织的经营管理理念、价值取向、行为准则、工作要求和规范、组织传统、风俗与习惯、行为方式、工作技术与技巧等方面内容。采用合理有效的形式和手段进行传播，克服各种不利因素，保证培训的效果。绩效考核是对组织成员工作行为的评价和强化，深层次上是对企业文化中某种价值观念、行为方式等方面的承认和肯定。如在有的组织中制定制度重奖创新行为，并对这一行为进行广泛的宣传和表扬。因此绩效考核的标准、程序、方式、考核内容、主体、规范、结果等方面都应体现企业文化的基本内容，与企业文化保持协调一致，并能促进企业文化的发展和进步。

（四）文化冲突与人才流失

吸引人才、招揽人才、培养人才、开发和使用人才，人力资源管理中还有一项比较重要的工作就是留住人才。企业文化建设要立足于采用有效措施和手段，调整有关方面工作，防止人才流失，稳定组织人力资源，避免对组织目标的实现和工作岗位造成不利影响。在人才流失中，更突出的原因是文化冲突，是在思想意识、价值观念等方面，受不断变化的环境因素和心理因素的影响，组织成员自身因素与企业文化出现冲突与碰撞，当组织成员和组织不能有效解决这些冲突与矛盾时，组织与其成员之间的关系就会被割断，辞职就会出现。有的组织建立意见箱、意见簿，通过有效的方式和途径缓和冲突与矛盾，不失为一种比较好的做法。

因此，为解决员工流失问题，其中一方面工作就是健全和完善企业文化，建立和完善企业文化的生产系统，开辟更多、更畅通、更快捷、更方便的传输渠道，开发更科学的文化信息，采用合理的传递方式和方法，增加组织更多方面的透明度，建立信息反馈机制和应急处理系统，及时了解员工的思想动态、工作情况、内心需求、人际关系的情况，迅速采取对策，解决问题，消除冲突和矛盾。不断发展企业文化，使之适应不断变化的环境和员工的需要，不断创新和完善，实现组织与员工的共同发展。

本章小结

企业文化是指组织在长期的社会实践中形成的、被组织成员认可、接受和遵循的具有本组织特色的符合社会发展变化规律的思想观念、价值取向、行为规范和活动方式的总和。本章论述了企业文化内容、构成要素和形成、发展过程；比较充分地分析了企业文化对人力资源管理各方面、各环节、各项任务的影响，并提出一定的对策。

复习思考

1. 企业文化的含义是什么？对人力资源管理有哪些影响？

2. 企业文化的构成因素有哪些？

3. 分析阐述企业文化的形成过程。

4. 结合实际论述人力资源管理活动如何受企业文化的影响？

实训设计

1. 实训项目：寻找企业文化。

2. 实训目的：通过学生对企业的实地调研采访，探寻该企业存在的文化特征，融会企业文化的理论知识。

3. 实训内容：由实训教师确定调研企业，并敲定调研方案和路线，实训学生了解企业建立发展的历史，尤其是企业发展中的一些重大历史事件，了解企业的发展战略目标，了解企业规定的行为规范，了解企业的经营理念或企业价值观。

4. 实训考核：撰写实训报告，并结合学生在实训中的表现综合考核。

案例分析

上海宝钢集团的企业文化

一、宝钢企业文化建设的基本情况

2003 年 6 月 12 日，宝钢提出了新一轮发展战略：跻身世界 500 强，成为拥有自主知识产权和强大综合竞争力，倍受社会尊重，“一业特强，适度相关多元化”发展的世界一流跨国公司。这一追求体现了宝钢企业文化的深刻内涵，即“严格苛求的精神，学习与创新的道路，争创一流的目标”。这一种精神、一条道路和一个目标，构成了宝钢企业文化的主线，也是宝钢 25 年来积累的精神财富和坚持先进文化前进方向的实际内容，已成为宝钢人共同追求的文化理念和价值观。“严格苛求”是企业发展的基础，严格苛求文化是一种实干和从严的文化，是一种基本的态度取向。“学习创新”是企业发展的关键，学习创新文化是一种对外开放、崇尚科学、自主发展的文化，是一种充满时代气息的开拓性文化。“争创一流”是企业发展的动力，争创一流文化是一种面向全球，为民族复兴而追求卓越的文化，是一种高层次的目标激励文化。

无论是创业期文化、转轨期文化，还是发展期文化、整合创新期文化，都体现出宝钢文化的两个基本特征：其一，宝钢文化体现了先进文化与先进管理的高度融合。宝钢文化是管理之魂，宝钢管理是文化之载体。宝钢文化与宝钢的发展水平相对称，与宝钢所面临的环境相适应，与宝钢所追求的目标相一致。宝钢的发展离不开先进文化的支撑，先进文化的培育离不开先进管理的保证。只有融合进企业管理实践的文化，才是有生命力的文化，才是有竞争力的文化。其二，宝钢文化的发展，既保持核心内涵的延续性，又体现具体内容的与时俱进。宝钢文化的核心内涵始终围绕“严格苛求的精神、学习创新的道路、争创一流的目标”这条主线。虽然核心内涵没有变化，但其具体内容却随着时间和空间的变化而不断加以丰富和完善。这正是宝钢无论外部环境怎么变化都能保持持续发展的秘诀。从这一点上讲，企业文化要体现与时俱进的特点，也就是说企业文化建设的组织者要顺应企业发展的需求继承和发展企业文化，使之成为企业的一种核心竞争力。

二、持续进行文化与管理创新，不断提升综合竞争力

西方企业经历了从人治到法治再到文化治理的过程。宝钢在以法治企、完善制度建设的过程中，不断强化文化治理。宝钢文化与管理坚持以世界一流为目标，以严格苛求为基础，走了一条学习与创新的道路。学习与创新的落脚点放在持续提高公司的综合竞争能力上。

企业文化作为公司的一种核心竞争能力，它的首要功能应该是关注影响公司发展的根本性、全局性、倾向性问题，统一员工的价值取向，规范员工的行为习惯，支撑并促进企业发展目标的实现。从这一指导思想出发，宝钢文化建设的重点是：以“三个代表”重要思想为指导，以实现公司的发展战略为目标，以正在做的事情为中心，充分发挥先进文化的渗透力、辐射力和影响力，持续进行文化创新，营造一种与企业发展相适应的文化氛围；持续进行管理创新，健全一套与企业文化相匹配的管理制度与管理流程；持续进行机制创新，造就一支与公司价值取向相一致、与公司战略目标相适应的员工队伍；持续进行党建创新，在企业文化建设中发挥中国企业的独特政治优势。

（一）持续进行文化创新，营造一种与企业发展相适应的文化氛围

为推进文化创新，宝钢开设了“观念与创新”论坛，一般每季度举办一次，围绕一个主题进行研讨，已持续数年，如今“观念与创新”论坛的举办已进行到第十五次。在该论坛上，集团公司领导与子公司领导及有关方面就影响公司发展的全局性、战略性问题进行广泛研讨，形成共识，统一思想。“观念与创新”论坛已成为宝钢进行持续文化创新的平台。

一年一度在集团公司核心企业宝钢股份召开企业文化建设大会，是我们进行文化创新的又一重要抓手。每次企业文化建设大会都抓住经营管理的关节点，提出主题，形成企业文化建设的年度阶段性目标。第一次大会提出了建设创新型强势文化的理念、目标和框架，解决了建设什么样的企业文化的问题。第二次大会，明确了公司企业文化建设的方向，系统阐述了建设以强化效率、精度、价值三个理念，提升学习、沟通、响应、改进四种能

力为主要内容的学习型组织。第三次大会，提出营造以人为本的企业氛围，构筑人才成长的事业平台，实现公司与员工的共同发展。

（二）持续进行管理创新，健全一套与企业文化相匹配的管理制度与管理流程

企业文化在实践中主要体现为企业的管理制度和管理模式。思考并不能使我们养成一种新的实践方式，而具体的实践却可以帮助我们形成一种新的思维方式。宝钢文化的核心内涵要在管理活动、管理制度、业务流程中得以体现。

宝钢建厂初期就花了 8900 万美元引进当时日本的先进管理软件，经过持之以恒的消化、吸收和发展，如今已经发展成具有宝钢特色的管理模式。伴随着文化创新，宝钢持续进行管理创新，并以管理创新引导技术创新，达到保持竞争优势的目的。

世纪之交，由于全球钢铁总量过剩、市场竞争日益加剧，迫使国际上一些著名钢铁公司在购买并重组的同时，寻找新的出路以提升竞争力，制度创新、管理创新、技术创新像一股潮流在全球涌动。尤其是宝钢的主要竞争对手韩国浦项实施 PI（过程创新）所带来的效应，对宝钢触动很大。为了提升宝钢的核心竞争力，宝钢从实际需要出发，引入了世界最先进、最前沿的管理理论和管理手段，实施 ESI（系统创新）工程，率先在产销系统进行流程再造。从美国引入 6σ 管理工具，开展了精益运营的试点。与此同时，还推出了价值链管理以及企业诚信体系建设等一系列举措。

2003 年 6 月，为应对钢铁业上下游产业集中度快速提升以及钢铁业全球整合的现实变化，宝钢适时提出了一体化运作的战略举措，并逐步推行大宗原材料集中采购和集团公司总部职能机构的扁平化管理。上述举措，赋予宝钢严格苛求、学习创新和争创一流的文化新的内涵。

（三）持续进行机制创新，造就一支与公司价值取向相一致、与公司战略目标相适应的员工队伍

企业文化建设必须坚持以人为本。宝钢严格苛求、学习创新、争创一流的文化，只有同以人为本的理念紧紧结合起来，才能具有强大的、永恒的生命力。以人为本开展企业文化建设，涉及面很广。宝钢在长期积累的基础上，提出深入推进“凝聚力工程”建设，从各个方面达到“凝聚人”的目的。

宝钢企业文化建设，有力地促进了宝钢的改革发展。2003 年，宝钢的经营业绩令人鼓舞。完成粗钢产量 1987 万吨，完成利润 131 亿元，营业收入达到 1204 亿元，有望进入世界 500 强。宝钢面对新的外部环境、新的开放格局和新的竞争机遇，将以新一轮发展目标为导向，承前启后，因势而为，主动适应。下一步宝钢要做的就是要将已有的竞争优势进行系统科学的整合、强化，培育新的竞争优势，特别是大力发展具有宝钢特色的企业文化优势。宝钢将发扬严格苛求的精神，坚持走学习创新的道路，为早日实现“办世界一流企业，创世界一流水平”的目标而努力奋斗！

案例思考

1. 宝钢的企业文化的特点是什么？
2. 宝钢的企业文化建设是如何提升企业竞争力的？

第十章

企业劳动关系与劳动管理

学习目标

知识目标

☞理解劳动关系的概念及实质。

☞把握劳动关系的管理原则。

☞掌握劳动关系的协调与管理。

技能目标

☞掌握劳动合同订立的基本能力。

引导案例 >>>

罢工事件的处理

某公司成立四年多,经营管理各方面运行尚可,通过ISO9000系列认证,在全国行业内出口额排名前列。然而由于基层管理人员无正当理由扣工资或扣工资不解释理由等原因与操作员工的关系紧张,工资问题及长期积累下来的员工不满情绪,终于导致了某部门80多人的罢工行为,为期1天,严重地影响了生产运作。

罢工事件发生后公司相继派遣人力资源部及部门直接领导者进行耐心解说和劝导,试图使其恢复生产,然而工人情绪依然激动,工人扬言要求厂方改善工资待遇、撤换管理人员等要求,罢工行为未得到抑制,有愈演愈烈之势。公司无奈只好将几个闹事的领头隔离了起来。后来,劳动相关部门人士抵达现场,总经理亲自上阵解释劝说,工人仍未理睬。最后,公司管理层断然决定,以滋扰生事、严重影响生产为由,将80多人扫地出门,永不录用,以正厂规。可以说,公司对罢工行为的发生、预防及控制是无效的,因此付出了惨重的代价。

此例说明,在人力资源管理中如何解决好员工与企业的劳动关系,进行科学规范的劳动管理,对于企业的生产经营和长远发展具有极其重要的意义。

(资料来源:销售精英网)

第一节　劳动关系概述

一、劳动关系的概念及其特点

(一)什么是劳动关系

劳动是人类最基本的活动,在劳动过程中,人们通过付出体力与智慧,利用各种生产条件，充分使用生产资料，创造出产品，满足自身及其他社会成员的生存和发展需要，并且在生产的过程中会形成各种各样的关系，满足人的情感、尊重上的精神需要。在生产过程中，组织成员的生产力发挥利用的程度如何，人力资源能否得到有效的开发，组织成员积极性的高低等，会受到许多因素的影响，人际关系是重要的影响因素之一，尤其是劳动关系。劳动关系是在社会组织中，在一定的条件下，组织成员与用人单位之间、成员之间等在劳动过程中形成的相互作用、相互影响的关系。

劳动关系是影响人的行为的基本社会关系，实质是人与人的社会关系的具体表现，决定和影响着其他的社会关系状况。人与某一社会组织达成协议，参加到公司、医院、政府等社会组织中，成为其中的一个成员。劳动关系体现着人与人之间的根本的经济利益，这是最本质的体现，也是人的行为的根本动力，是人的最原始的行为动机之一。人们不断追求合理的劳动关系，甚至有时为这种追求付出极大的代价，如牺牲生命等也在所不惜，以追求利益分配的公平与合理。

(二)劳动关系的特点

1.劳动关系产生的现实性。劳动关系是在现实的劳动中形成的，是在人力资源交换、开发、管理和使用的过程中形成的关系。

2.劳动关系双方主体关系的不对等性。劳动关系双方当事人在劳动过程中，因为对社会生产资源、生产管理信息、生产技术以及双方所处的社会环境不同，组织在一定程度上占有优势，使组织与劳动者处于现实的不平等中。

3.劳动关系的影响综合性。劳动关系是人类的最基本的实践活动，这是马克思主义的基本观点，这种活动产生、影响、制约着其他的社会关系，同时也受其他的社会关系的影响。

4.劳动关系的动态发展性。劳动关系在劳动者运动的推动下不断发展，使之更加合理、更加和谐、更加协调。

5.劳动关系中利益冲突的多方面性。在劳动关系中，劳动者个体之间、劳动者与单位之间、单位与单位之间、劳动主体与环境之间因为利益问题，出现各种各样的冲突，经常发生矛盾。只有协调好各方面关系，劳动者的积极性才能有效地被调动起来，才能有效地开发利用人力资源。

二、劳动关系的变化和发展

劳动关系的实质及其内容，受许多因素的影响不断变化，其中主要的因素有社会生产力的发展状况，自然资源的构成情况，社会经济发展水平，教育发展情况，科学技术的进步与普及程度，社会文化发展，宗教信仰等。在许多因素的共同作用下，劳动关系开始产生并不断变化，一直发展到今天，在不同的社会形态下劳动关系有不同的性质和内容，形成不同的发展阶段。

1.以血缘关系为核心形成的生产能力低下、生存资源匮乏、社会成员共生共存的平等的劳动关系。在原始状态下的劳动关系表现为以自然力为基础的平等关系，以家族为单位的生产组织更多地表现为血缘关系。在社会风俗和社会道德的作用下，维系着劳动关系，这种劳动关系表现为氏族成员对组织的极大依赖，很少出现以物质利益为出发点的社会冲突。因为社会成员自身能力的限制，其活动范围小，生存资源短缺，社会成员之间处于一无所有的平等状态，成员没有自己的利益，没有剩余产品，因此劳动关系也表现为较小范围的自由与平等，社会化程度低。

2. 以人身依附为前提形成的没有自由、没有地位的不平等的劳动关系。随着社会生产力的发展，原始的自由平等的劳动关系开始发生变化。社会化程度的提高，劳动关系的性质和内容有了新的改变，平等的劳动关系开始有了不平等。私有财产的出现，使劳动过程中有了剥削现象，少数社会成员控制大多数的社会生存资源，多数的社会成员必须依附他们，忍受他们的剥削与压迫。劳动者与雇用者之间开始发生冲突，出现矛盾，靠原始的风俗和习惯难以维持稳定和谐的关系，以国家强制力为后盾的法律规范开始被认可和制定出来。在奴隶社会和封建社会里，社会组织中的劳动者与雇用者之间表现为极端的不平等，劳动者被视为会说话的工具，没有劳动自由及其他方面的权利，人身及财产等没有保障，为了争取基本的生存与劳动权利，劳动者更多采用极端暴力的方式，改变社会地位，在一次又一次的暴力冲突中，社会生产力遭到破坏，生产效率得不到提高，造成社会人力资源的浪费。

3. 以市场交易为基础形成的以劳动契约为保证、形式平等的劳动关系。人类社会发展到资本主义社会，劳动者对自己的劳动力拥有了自主权，依照法律的规定，根据平等交换的原则，劳动者可以同资本家、雇用者进行谈判，签订劳动协议，维护自己的利益，劳动者与雇用者之间形式上是平等关系，实质上，因为劳动者除了劳动力之外一无所有，只能将自己的劳动力出卖才能生存，没有其他生存资源，所以，在劳动者与雇用者之间还是存在不平等。

4. 以公有制为基础形成的以法律为保障，自由、平等的新型的社会主义劳动关系。在社会主义公有制制度下，劳动者成为单位主人，劳动成为第一需要，大家处于平等状态，只有分工不同，没有地位高低，劳动者之间形成良好的互助、合作关系。因为发展阶段的不同，受其他因素的影响，劳动关系也会存在矛盾。

总之，劳动关系在不断的矛盾冲突中，开始由平等到极端的不平等，再由不平等逐渐发展为平等，即从形式上的平等到实质上的平等。

相关链接 >>>

劳动关系相关理论

1. 社会行动论

社会行动是社会学研究的对象或是分析单位。社会行动论的学者韦伯认为，任何行动，不论是内在的态度还是外在的行动，必定含有行动者的主观意识在里面。帕森斯认为行动的产生是由行动者与外界事物的交互作用而来的，个人对外界事物的直觉，不仅是主观的，而且也是社会的，即支配个人行为的参照架构具有社会文化的性质，而行动的表现方式也是由社会规范来制约的。

2.系统理论

邓洛普认为劳动关系的系统，不是社会经济系统的一部分，而是与之分开且独特的次级系统，但与经济和政治系统有部分的重叠和交互作用。一个劳动关系系统是由四个相互联系的基本要素所组成的：行动者、情境、将劳动关系统一在一起的意识以及导引行动者的法则。

3.统合主义

统合主义在处理劳动关系时，通过国家、企业所有者与员工进行制度性协商，制定相关政策，以降低劳方和资方之间的冲突，进而维持社会的和谐。

（资料来源：赵西萍.旅游企业人力资源管理.天津：南开大学出版社，2001）

三、劳动关系与劳动管理

和谐、良好的劳动关系是建立在科学有效的劳动管理基础之上的。如何对劳动行为、劳动关系、劳动者、劳动环境、劳动条件进行科学管理，解决好这一问题，可以减少劳动者与组织之间的冲突和矛盾，协调关系，充分发挥人力资源的作用。

劳动管理内容包括：劳动合同管理，劳动合同的签订、修改、终止等方面的管理；劳动者人身财物安全管理，建立、完善安全机构，制定安全规范，采取有效措施，确保安全第一；劳动关系的协调，矛盾的解决；劳动环境的绿化、美化、亮化，整洁有序、卫生健康、协调发展；劳动条件管理，设备先进科学，工作场地井然有序，生产或工作资料齐全。

四、劳动关系的管理原则

科学的劳动管理活动是在科学的管理原则指导下进行的管理活动。科学的劳动管理原则主要有以下几个方面：

1.合法性原则。劳动关系是社会最基本的社会关系，影响社会成员的根本利益，国家制定了大量的劳动法律规范，对劳动关系及其相关内容进行规范和调整，实现劳动关系的协调发展。因此，劳动管理活动必须依法行使，严格遵守和执行法律规范，这种行为才有效。

2.合理性原则。劳动管理活动受社会道德、风俗、习惯、传统文化等多种因素的影响，实施合理、公正的管理活动才会被成员接受，管理活动才能顺利进行下去。

3.民主参与的原则。在劳动管理过程中，征求大家意见，建立有效的渠道，了解成员的愿望和意见，调动大家的积极性，主动参与劳动管理，可以极大提高生产、工作的积极性和热情，提高工作效率。

4.创新发展的原则。劳动管理经常处于新的环境状态中，面临着不断出现的新问题，承担新的工作和任务，需要管理者更新观念，改善组织结构，创新组织行为方式，采用新的措施和方法进行管理。

第二节　劳动合同概述

劳动合同是劳动者与用人单位之间达成的有关权利和义务的协议，是规范、约束、调节、激励劳动行为和劳动关系的重要内容。劳动合同的内容、订立的过程以及对劳动合同的管理是人力资源管理的重要内容，是进行人力资源管理的重要基础。

一、劳动合同的含义

(一)什么是劳动合同

劳动合同，是劳动者与用人单位之间通过平等协商，依据国家法律签订的有关劳动行为的权利与义务的协议。劳动合同是组织员工进入组织的首要行为，是为了保证在以后的劳动过程中，双方的权利都能得到有效的保护，劳动关系更加协调和顺利，预防双方发生冲突，是劳动管理的依据。

(二)劳动合同的特点

1.劳动合同主体的特定性

劳动合同一方当事人劳动者是符合一定条件的自然人，另一方用人单位是符合法定条件的法人单位或其他社会组织。作为劳动者，按照国家法律规定必须是年满十六周岁，有就业要求与愿望，具有行为能力和权利能力的人，用人单位根据国家法律的有关规定选择劳动者，与之签订劳动合同，建立合法的劳动关系。用人单位包括法人、经济与社会组织、国家组织等，用人单位必须依据国家有关法律规定成立、开展活动，有固定的办公场所、一定的工作人员、组织的章程与制度、组织的资源状况等，能够为劳动者提供符合国家安全、卫生等标准和要求的工作场地、工作条件，按照国家规定，支付劳动报酬，缴纳社会保险及其他方面的费用，能够以自己的名义开展活动，并承担相应的法律责任。

2.劳动合同是双务合同

劳动合同的双方主体既享受一定的权利，同时又承担相应的义务，双方当事人主张各自权利是以履行相应的义务为前提的，不履行义务，不得主张权利。劳动合同双方当事人由于在社会和组织中的地位存在差距，双方的权利和义务并不处于对等的地位，在劳动合同中根据国家有关法律的规定，要求更多地保障劳动者的权利，保证劳动者的利益不受侵害。

3.劳动合同是要式合同

劳动合同的签订必须符合国家法律的规定，采用书面形式订立，这是劳动合同在劳动关系中的重要地位决定的。用书面形式可以更好地维护劳动者和用人单位的利益，有利于劳动合同的使用和管理，有利于劳动关系的协调。劳动合同制定的依据和劳动合同的内容也必须符合国家法律的规定，符合国家法律的基本精神，具备法律规定的条款。

4.劳动合同是诺成合同

劳动双方根据国家法律规定，经过平等协商，达成一致意见，签订劳动合同，互相作出各自的承诺，答应履行一定的义务，享受一定的权利。因此劳动合同是当事人双方互相承诺给对方一定利益的情况下订立的，违背承诺就要承担相应的民事责任和其他责任。

(三)劳动合同的内容

劳动合同的内容是双方当事人依法经过平等协商达成的有关权利和义务的条款。劳动合同条款根据国家法律规定和其他方面的情况分为法定条款与约定条款两部分。

1. 法定条款

法定条款是国家劳动法、合同法等相关法律规定的，在劳动合同中必须具有的条款，是关系劳动权利与义务的主要条款，缺少其中的任何条款，都是不完整、不合法的劳动合同。法定条款主要有：

(1)双方当事人。合同中表述清楚当事人的姓名、住址或办公地点、自然情况等基本内容。

(2)劳动合同期限。劳动合同期限是规定双方当事人权利主张和承担义务的有效期限，是实现权利的重要条件和保障。权利和义务并非无止境地存在，有一定的时间限制，也是有效利用人力资源、激励员工的重要因素。

(3)工作内容。工作内容是指劳动者在用人单位所承担的任务、履行的基本职责，包括劳动者在组织中的岗位、工种、工作场所、具体任务和要求、工作环境等内容。

(4)劳动薪酬。劳动薪酬是用人单位根据劳动者所提供的劳动数量与质量、完成的工作情况、为组织所作出的贡献的大小，以货币形式所支付的工资或报酬。该条款应明确规定组织员工所使用的工资制度、工资标准、支付形式、使用货币、支付时间、支付周期、工资计算、奖金福利规定等内容。

(5)劳动保护及劳动条件。劳动保护指用人单位保障劳动者的人身等方面的权利、防止伤害事故的发生所制定的规范、采取的措施和进行的技术、设备等方面的管理。劳动条件是用人单位为保证劳动者工作顺利进行，提供给劳动者的劳动组织、劳动制度、劳动工具、劳动设备、劳动工艺流程、劳动安全保障措施与制度、权利保障制度与措施的内容。

(6)社会保险。社会保险是国家法律规定的当劳动者因年老、伤病、残废、生育、死亡造成劳动能力丧失或失去工作岗位等客观情况下导致生活困难而从国家和社会获得的补偿和物质帮助的保障制度。它包括保险待遇支付的依据、保险项目、保险内容、保险额度、保险计算规定等内容。

(7)劳动制度。劳动制度是劳动者在劳动过程中必须遵守的行为规范、工作规定、技术程序等，也是组织的劳动纪律，包括国家制定的劳动法规、组织制定的组织制度。

(8)违约责任。当事人双方约定当一方违约给另一方造成伤害时所承担的法律后果，包括违约责任的内容、形式、追究违约责任的途径等内容。

(9)劳动合同终止。劳动合同终止是劳动关系解除、权利义务关系终止的情形，包括劳动合同终止的条件、终止的方式、终止的过程、终止的善后事宜处理等内容。

2. 约定条款

除了法律规定的条款外，双方当事人根据实际情况和需要，经过协商，约定一些条款，维护当事人的权利。约定的主要条款有：

(1)试用期。双方当事人为加强相互认识了解、对工作岗位有更深刻的认识，获得合格、合适、高素质的工作人员，根据工作环境、内容、条件、重要性等方面的要求，双方约定试用期。但是，试用期的时间必须符合国家法律规定，劳动法规定试用期限最长不得超过六个月。

(2)培训。培训是促进员工发展，提升员工各方面素质的重要途径，也是员工的基本权利。培训增加组织的成本，影响组织短期的工作和效益。有效合理的培训制度可以调动员工的积极性，开发人力资源。双方可以约定培训的投入、方式、服务期限、保证措施、待遇等内容。

(3)保密事项。劳动过程中涉及的商业秘密是组织中的重要资源和财富，秘密的公开将影响组织的利益。双方当事人可以就工作秘密事前进行协商，约定保密的事项、期限、责任等内容。

(4)补充福利与待遇。根据国家法律的规定，从组织的实际情况出发，实现组织的长远发展，双方约定补充养老保险、医疗保险、福利待遇等方面的事项。

(5)其他事项。双方当事人可以根据组织的实际情况，考虑当事人的实际需要，约定入托、用车、住房、出国等事项。

二、劳动合同的订立

劳动合同的科学合理，可以使人力资源有效地发挥作用，保护和激励员工，合理地开发资源。劳动合同的科学合理与合同的制定和管理密切相关。坚持科学的原则，严格遵循订立的程序，加强合同的管理。

(一)劳动合同订立的科学原则

1. 合法原则。劳动合同订立的合法原则是劳动合同的基本原则，它要求合同主体合法，合同的内容合法，合同订立的程序合法，合同的行使合法，对于违反合同的行为依法予以追究。

2. 平等原则。平等原则是指订立合同的当事人双方不论其规模大小，存在时间长短，技术力量情况如何以及出身、年龄、民族等方面情况如何，法律地位一律平等，在平等的基础上签订合同。

3. 协商一致原则。当事人双方在平等的基础上，自由表达自己的意见，经过充分地协商交流，对有关权利和义务等方面的基本内容达成一致意见，签订劳动合同。

4. 自愿原则。双方当事人在自主意识支配下，为了实现自身利益和愿望，在平等的基础上达成协议。不得强迫一方当事人在违背自己意志的情况下，被迫签订劳动合同。也不得欺骗当事人，使其在不知情的状态下签订劳动合同。

5. 科学原则。劳动合同双方当事人在签订合同时，应根据实际情况，实事求是，内容合理。

(二)劳动合同订立的程序

劳动合同订立的程序，是劳动合同订立时必须遵守的步骤、时间、顺序和形式，是订立劳动合同的重要方法。劳动合同订立过程也是双方当事人了解、认识、接受、奉献的过程。按照劳动合同订立的一般程序分为两个阶段：要约和承诺。

1. 要约。要约是当事人一方向特定的或不特定的另一方发出订立劳动合同的意思表示，提出要约的一方称为要约人。劳动合同的要约通常是由用人单位提出，通过招聘广告、大众传播媒介等发出自己的意思表示。要约是不断重复的过程，在要约过程中，双方在不断提出自己的意思表示、对双方利益进行整合、实现相互认可、最终形成一致性意见。

2. 承诺。一方当事人完全接受另一方的要约即为承诺，接受要约的一方称为受要约人。承诺表明劳动合同的成立，根据有关规定签订协议书后，劳动合同开始生效。

(三)劳动合同管理

加强劳动合同管理,充分发挥劳动合同在人力资源管理中的作用,明确双方的权利和义务,激励员工,实现员工与组织的共同发展。劳动合同管理主要包括以下内容:

1.建立劳动合同台账。为有效管理劳动合同,必须准确记录合同期的各种台账,根据情况进行分类归档。台账一般包括员工登记表、劳动合同、员工统计表、专项协议、福利待遇、解除劳动关系后的去向等内容。

2.劳动合同的调整。劳动合同随着环境的改变,即工作内容、手段、方式、技术、人员等方面情况的变化,要及时进行调整,更新其中的一些条款,变静态管理为动态管理。

3.劳动合同的公示。在合理有效前提下,公开劳动合同的一些资料和情况,提高员工的合同意识、权利意识、责任意识,加强员工与组织之间的协调和合作,利用其中的信息资料,促进组织的发展。

三、劳动合同的履行程序

劳动合同在履行的过程中,受许多方面因素的影响,劳动合同会发生一系列变化。

1.劳动合同的履行。劳动合同双方当事人根据合同的约定,诚实守信,按照实际情况,充分利用各方面资源,认真履行合同中的义务,维护自己的权利。

2.劳动合同的变更。劳动合同在履行的过程中因为某一事件的出现或约定事实的出现,双方当事人对各自的权利和义务进行变更,形成新的约定和条款。

3.劳动合同的解除。解除劳动关系,终止双方的权利和义务,结束双方的联系状况。解除劳动合同必须符合法律规定的情形,符合劳动合同的约定条款,解除程序、形式、结果合理。

4.劳动合同的终止。因为环境和组织、成员等方面发生了变化,某一事件的出现,使得劳动合同的履行没有实际意义,双方的利益都不能得到有效保护、实现,劳动合同即告终止。

第三节　劳动关系的协调与管理

通过签订劳动合同,劳动者与用人单位之间形成一定的劳动关系,这种关系的内容、性质、状态、变化等情况对于人力资源的开发、利用、激励、保障等方面有着重要的意义,因此要采取有效措施,利用各种资源,协调好劳动关系,加强对劳动关系的管理,以提高人力资源的利用水平。

相关链接 >>>

如何应对公司内部的派系之争?

三年前,刘哲带领自己的人马跳槽至Y公司,担任副总裁一职。初来乍到的他雄心勃勃,准备一显身手,大干一场。他希望帮助公司打败竞争对手,成为行业的领头羊。

Y 公司是一个电机制造企业，生产磁瓦、轴承、驱动轴等。刘哲进入公司后才发现，公司另外一位副总裁王浩掌握了其中两项主要业务——磁瓦与轴承，分配给自己的虽然有四项业务，但却是一些盈利模式还不清晰的业务部门。

王浩是公司总裁王炼的亲戚，在公司中地位稳固，深得总裁的信任。自从刘哲带领人马来到 Y 公司，公司自然而然就形成了两大派系：一派以王浩为首，另一派以刘哲为首。两个派系的员工，表面上大家和平相处，暗地里双方都在较劲。

年初，公司新成立了芯片产品部，由刘哲负责这个部门。芯片是公司非常看重的一项业务，刘哲深知自己责任重大。5 月份，芯片正式进入市场。直到 8 月份，芯片的销售情况一直良好。在这种情况下，公司认为芯片的市场潜力很大，于是推出了第二代芯片产品。

第二代产品的销售量并没有预料中的好，从 8 月份开始，芯片的销量一直下滑，原因是客户在使用第二代产品时，发现产品有一些小问题。因为技术部门掌握在王浩手中，刘哲找到王浩，希望他们能尽快解决这些问题。

王浩认为，影响销售量的并不是质量问题，而是产品部的销售工作没有做好，质量问题只是他们为销量下滑找的借口。第二代产品已经比第一代产品要先进很多，这些小问题并不会对产品的使用产生很大的影响，而且客户可以接受第一代产品，为什么不接受改良后的第二代产品呢？再说，改进技术并不是很容易的事情，技术部门还要研发其他的新产品，哪里有多余的人员和时间来专门做这个事情。

王浩答应刘哲会尽快改进技术方案。刘哲走后，王浩把事情告诉了技术部门的主管，要求他们以新产品的研发为主，有时间就改进芯片的质量问题。技术部门的主管见是芯片产品，也没有把它当作紧急事情来处理。

刘哲一直催促技术部门尽快解决问题，得到的答复却是“技术部门最近正在研发新产品，非常忙，产品的改进还需要一段时间”。

两个月后，客户对产品质量的投诉越来越多，产品的销售量继续下滑。无奈之下，刘哲向总裁王炼反映了这个情况，王炼当即要求技术部门立刻解决这个问题。一周后，新的技术方案出来了，产品质量稳定了很多。但是此时客户已经对新产品产生了怀疑，即使刘哲使出浑身解数，做了很多促销活动，也一直不见成效。

王炼原本对芯片产品寄予了很大的期望，现在因为两个派系之间的竞争，新业务一蹶不振。王浩和刘哲，都是公司的主力干将。两虎相争，不论谁胜谁负，最后的输家都是公司。

（资料来源：中国人力资源开发网）

一、劳动关系协调对人力资源的重要影响

协调是人们为实现共同目标而把各自的行动加以调整，是行动的互相配合、实现共同目标的过程。劳动关系的协调是在劳动过程中，为达到一定目标，引导组织、组织各部门、组织成员建立良好的协作与配合关系，以实现共同目标的行为。劳动关系的协调贯穿于人力资源管理的全过程，在人力资源管理中起着重要的作用。

1. 协调的劳动关系能够保证劳动过程稳定、正常地发挥作用，提高人力资源的利用

效率。

2. 能够克制消极因素，消除阻力，使全体人员充分了解组织的目标、计划、现状、任务、意义、文化等内容，以减少误解，避免摩擦与冲突，防止工作的脱节与重复，提高组织有限资源的利用率。

3. 节约资源，减少浪费，使组织的人、财、物、信息等资源得到充分利用，降低人力资源管理成本。

4. 沟通组织内外的关系，使劳动环境更加融洽、和谐，为劳动提供更多的支持与帮助，为劳动者提供更多的机会。

5. 劳动关系的协调可以使人力资源的各方面管理制度相互衔接，配套实施，有效地发挥规范作用，避免因规范的失效而造成人力资源的浪费与伤害。

二、劳动关系协调的原则、程序、方法与影响因素

劳动者在劳动过程中、在相关的行为中相互协作，齐心协力，共同实现组织与成员的共同目标，需要在劳动关系协调过程中坚持科学的原则，严格遵循协调的基本程序，采用合理有效的协调方法，建立有效的协调机制，才能保证协调的顺利进行。

（一）劳动关系协调的原则

劳动关系的协调必须坚持以科学的原则为指导。协调原则是劳动关系协调过程中的基本指导思想，是协调的最基本的方法。协调原则贯穿协调的全过程，是协调工作的灵魂，为协调提供准确的方向，也对整个协调行为进行约束。

1. 利益均衡原则。劳动关系如同其他社会关系一样，都建立在对利益的追求之上，人际关系的协调实质上是对利益进行均衡，当利益达到平衡或基本平衡时，人际关系才可能保持协调，才可能没有冲突。劳动关系是在劳动过程中形成的关系，也是人际关系的一种，只有在劳动过程中充分照顾劳动者的利益，实现劳动者付出与收益的平衡、劳动力资源的耗费与组织收益的平衡、组织内外的平衡，组织及其成员才能得到充分的发展。利益均衡实际上是处于不断变化的过程之中，处于不平衡与平衡的交替状态之中。

2. 信息沟通原则。信息沟通是实现利益均衡、关系协调的重要途径。通过连续不断的信息制造、收集、加工、处理、传递、使用、存储等环节，使组织成员对组织形成一定的认识，在沟通中实现相互了解，接受对方，投入感情，实现关系的和谐与相互支持。信息沟通既是传递情报的过程，又是交流情感的过程，有利于员工之间形成团队精神，提高员工的责任感。

3. 统筹兼顾原则。在劳动过程中，劳动关系涉及各方面的利益，受到许多方面因素的影响，包括组织整体利益、部门利益、不同员工之间的利益、社会利益、环境利益等，要求在协调劳动关系的过程中充分照顾各方面、各个时期、各部分的利益，统一考虑，全盘筹划，兼顾各方面愿望。

4. 合理合法原则。在协调劳动关系的过程中，协调的主体、内容、手段、方法、条件等方面必须符合国家法律的规定，符合组织的规章制度，不得采用非法手段、非法措施进行协调，不得损害当事人双方的合法利益，也不得互相串通、损害第三方的合法利益，不得损害社会公共利益。

5. 激励原则。在对劳动关系协调时，采取有效措施和手段，照顾各方面利益与愿望，充分激发各方面的积极性，是关系主体积极进行沟通、主动合作、实现劳动过程中的协作、提高行为效率的保障。

6. 有效性原则。对劳动关系的协调需要组织投入大量的人力、物力、财力及其他方面的资源，要有效利用这些资源，提高工作效率，实现协调的目标。

(二)劳动关系协调的基本程序

协调劳动关系的过程有一定的程序要求。只有遵循协调的基本程序，使协调行为符合活动的基本规律，提高活动的科学性、准确性，才能保证协调行为的高效率，使劳动关系更加协调，行动达到一致，实现组织与员工的共同目标。劳动关系协调的基本程序主要有：

1. 准备阶段。劳动关系协调之前需要一些准备工作，主要有：计划准备，根据有关情况，确定协调的目标，制定行动方案；信息准备，了解劳动关系现状，是否存在矛盾与冲突、程度如何、影响如何，产生的原因等；组织准备，安排合适人选，建立合理的组织机构，负责和协调劳动关系，做好组织准备工作；资源准备，准备齐全协调工作所需要的物资、设施、设备及其他所需物品，为协调工作创造良好的基础；还有其他方面的准备工作。充分的准备工作是保证协调工作成功的关键。

2. 协调阶段。劳动关系双方当事人首先各自提出自己的意见，提出自己的要求和建议，提出自己的主张；其次，对关系双方提出的主张进行分析、讨论、商议、调解，对双方利益进行均衡分配，统筹考虑，兼顾各方利益要求；第三，达成一致性意见，形成共同认识，改善关系状态，实现劳动关系的和谐；第四，签署协议，形成文件，指导劳动关系双方当事人的行为。

3. 执行阶段。执行协商后签署的协议，按照协议的要求，认真落实有关规定，实现劳动关系的协调；对协调行为进行总结，反馈协调过程的各个环节、各个方面，认真分析，查找问题，研究原因所在，提出改进方案，总结经验与教训，为以后的协调工作提供指导。

(三)劳动关系协调的具体方法

在协调的过程中，协调的效果大小、效率高低与协调的方法密切相关。要根据劳动关系的具体情况及环境情况，选择合理的协调方法来协调劳动关系。劳动关系的协调方法主要有：

1. 会议协调法。这是在劳动关系协调和其他关系协调过程中广泛采用的方法。选择合适的环境作为会场，关系协调者、劳动关系双方当事人或代表共同参加，在会议上表达自己的意见和主张，进行充分的协商，最终达成一致性意见，签署共同遵守的协议。

2. 组织协调法。由劳动关系双方派出代表，组成一定的机构，就双方有关问题进行讨论，协商、达成一致意见，实现关系的改善和发展。

3. 信息协调法。许多矛盾的产生是因为沟通障碍、信息流动不畅通、互相之间不了解情况，产生误会，引起矛盾和冲突，使关系恶化。通过公开更多的相关信息，使劳动关系双方加强了解，消除误会，改善关系。

4. 第三方协调方法。劳动关系双方当事人由于冲突比较激烈，难以面对面地进行协商时，可以寻找双方都能够接受的第三方进行协调，第三方站在公正的立场上对劳动关系进行调节，实现关系的和谐。

5. 法律协调法。根据国家有关法律规定，对劳动关系进行协调，具体情况在后面讲述。

(四)劳动关系协调的影响因素

劳动关系的协调工作受许多方面因素的影响，要正确认识、分析、处理这些影响因素，以改进协调工作，提高协调行为效率，协调好劳动关系。劳动关系协调的影响因素主要有：

1. 当事人因素。当事人的心理、知识、能力、经验、地位、数量、成分、结构等方面因素影响协调工作的开展。

2. 环境因素。环境中的社会文化、习惯、自然情况、经济水平、政治因素及其他因素影响协调工作。

3. 沟通因素。沟通渠道发生障碍，沟通信息的短缺，沟通环节的增多，沟通方式的不合理，沟通环境的不良，沟通技术的落后，沟通制度的限制，沟通的心理障碍等，都是影响劳动关系协调的因素。

第四节　建立新型和谐的劳动关系

劳动关系如同其他的社会现象，始终处于不断的变化过程中。随着社会的进步和发展，尤其是经济的快速发展和教育事业的发展，劳动者知识水平的提高、经济地位的改善等，这一切都促进了劳动关系的进步和发展，劳动关系的内容、性质、作用、存在的环境等方面开始有了新的变化。在新的社会环境下建立新型的稳定的劳动关系，对促进组织的持久发展，增强组织的核心竞争力有着重要意义。

一、劳动关系发展的影响因素

劳动关系状态受许多因素的影响，呈现出不同的变化，研究这些影响因素，分析它们对劳动关系的影响，对协调劳动关系、解决劳动争议具有重要意义。

1. 经济发展因素。社会经济的发展和进步，对劳动关系的发展有深刻的影响。经济发展水平的提高，使劳动者的生活水平得到改善和提高，解决了劳动者的生存需要，使劳动者对组织的依赖性相对降低。社会分工的细化，出现许多新的行业，为劳动者提供了更多的选择机会，因此在现代组织中，员工流动率不断上升，甚至有的组织出现招工难和技工荒的情况。

2. 教育文化因素。在劳动关系中，各种问题的分析与解决同双方当事人的教育水平、社会的教育水平密切相关。随着教育水平的提高，劳动者的素质水平发生了改变，其知识、能力、技能等方面有了进步和提高，这影响劳动者对组织、任务、工作的认识和态度，也影响劳动者与组织之间的劳动关系。

3. 管理思想的进步。不断丰富的管理实践和不断发展的管理理论，促进了劳动关系的发展和进步。从泰勒在科学管理理论中把员工看作经济人或经济动物开始，梅奥在人际关系理论中把员工看做是社会人，行为理论把员工看作自我实现人，对员工进行激励，充分发挥员工的作用，到现在系统管理理论把员工看作复杂人，受到许多因素的影响，管理者在不同的管理思想的指导下，采用了不同的管理方式对劳动者进行管理，也形成了不同的劳动关系。

4.组织体制的构建。组织管理体制的改革与发展，促进了劳动关系的进步与发展。随着社会和组织的发展，经济组织的规模越来越大，由家庭作坊到小型企业，由小型企业到中型大型企业，再发展到公司、集团公司、跨国公司，组织的体制不断发展。在新的组织结构和体制中，劳动者不再是原来意义上纯粹的劳动者，劳动者也可以拥有组织的股票，成为投资人，劳动者不仅获得薪水，还可以分享利润。

5.生产力的发展。社会生产力的发展其中也表现在劳动者身上，表现在劳动者的劳动能力和其他能力方面。这种能力的发展提高了劳动者在劳动过程和劳动关系中的地位，使劳动者可以享受更多的权利，获得更多的利益，实现劳动者全面和持续的发展。

6.劳动者社会地位的提高。国家制定的关于劳动管理和劳动关系协调的法律规范、制度办法，在许多方面维护了劳动者的权益，提高了劳动者的社会地位，这也促进了劳动关系的稳定和发展。

7.劳动力市场的形成与发展。市场机制在社会资源配置过程中发挥着基础性作用，劳动者人力资源的配置也受市场机制的影响。健全的市场机制为劳动者价值实现、能力发挥、需要满足提供了条件，劳动者在劳动力市场上有了更多的选择和机会，这也给劳动关系带来了影响。

8.劳动的意义变化。随着社会物质财富的积累，也因为人的生产能力的提高，导致劳动者自身发生一系列变化。劳动对劳动者的重要性、意义、内涵，劳动者对用人单位的认识、态度、投入付出等方面都发生改变，劳动对人具有了新的意义，劳动成为人的第一需要，这引起劳动关系的新的变化。

二、劳动关系的新内容

1.由单纯的雇佣关系发展为雇用、合伙、合作等综合关系，形成相互协作、相互依赖、共同发展的关系。用人单位投资主体多元化发展，使雇员加入投资者行列，成为企业等组织的投资者，企业的发展对劳动者有了特别的意义，劳动者不再是纯粹的劳动者，在组织中的身份发生变化，在劳动过程中也发生变化，原来更多的冲突和矛盾关系发展为协调与合作关系。

2.由被动关系发展为主动关系。由于组织对员工的影响越来越大，涉及员工生产生活的许多方面，劳动者对组织的关心程度不断提高。劳动者与组织之间在过去形成的对抗、对立、不合作的消极关系，逐渐改变为团结、参与、合作的积极关系，员工在组织中逐渐形成奉献精神。员工多方面参与组织工作，充分发挥自己的作用，形成新的劳动关系。

3.劳动关系中劳动者权益保障方面的规定不断扩大。由于劳动者自身的发展和进步，也由于社会、经济、文化等方面的变化，劳动者在劳动过程中提出了越来越多的合理要求，国家也在不断制定完善有关劳动方面的法律法规，并严格执行这些劳动法规，以保护劳动者利益，协调劳动关系。

4.劳动关系管理的科学化、合理化程度不断提高。在现代组织中，设置劳动管理机构越来越科学合理，制定了一系列合理的规章制度对人力资源进行管理。对人力资源的重视、开发利用、激励与保护使劳动关系管理更加科学化、现代化。

微型案例 >>>

私企的劳资关系冲突

我国私营企业劳资关系中的矛盾与争议不断增多，甚至有的已演变成劳资冲突。导致冲突的主要因素有：

1. 劳动力供求因素，劳动力供给大于需求的态势，造成了劳动力市场上的"寻低竞争"；

2. 制度和体制因素，目前我国对确保社会平等和社会公正的制度建设仍处于缺损状态，也尚未建立起一套与市场经济和私营企业发展相适应的以劳资双方自治为核心的劳资关系体制；

3. 政府因素，一些地方政府为了获得有利的竞争地位，较多地考虑了对资本的吸引力，而有意无意地忽视了对相关社会政策、员工权益的维护；

4. 劳资双方的素质因素。

（资料来源：北京劳动法律网）

三、建立新型的劳动关系

（一）建立新型劳动关系的原则

1. 合法原则。建立新型的劳动关系必须符合国家有关法律的规定，遵循国家法律要求，保护劳动者的合法权益。管理劳动关系和解决劳动冲突也应坚持合法性原则，按照国家法律规定的程序、条件，对劳动关系进行协调。

2. 动态原则。劳动关系处于不断变化的社会环境中，劳动者、用工单位、劳动条件、劳动内容、生产技术等方面不断发展变化，在劳动过程中形成的劳动关系也处于动态变化过程中，所以要在不断发展变化中建立和完善新的劳动关系。

3. 有效原则。充分利用劳动者的人力资源，发挥组织有限的物质资源，加强对劳动关系的调查、协调、规范管理，利用现有条件建立新型的劳动关系。

4. 科学原则。新的劳动关系也是符合客观情况、符合客观规律的劳动关系。建立新的劳动关系必须实事求是，根据社会、组织、员工的实际情况，确定其内容、途径和方法。

5. 系统原则。劳动关系及其周围影响因素形成更加广泛的社会大系统，其中包含许多的构成要素，这些要素相互作用、相互影响，形成一个有机整体。建立新的劳动关系必须坚持系统原则，才能保证建立完整科学的劳动关系。

（二）建立新型劳动关系的途径

1. 劳动关系现状及所处环境的调查。建立或维护良好的劳动关系，首先要了解组织的劳动关系现状，这是建立新型劳动关系的基础和前提，是保证行为科学、合理、有效的基本措施和手段。调查了解劳动关系现状以及所处的社会环境，首先要做好充分的准备工作，建立专门组织机构，安排专业的工作人员，准备充分的物质材料，做好相关信息情报的收集工作，制定有关行动方案，合理安排人力、物力、财力，选择调查了解的对象；其次，选择合理的调查方法，借助科学的调查工具进行调查；第三，对劳动关系现状进行调查，收集有关数据，分析劳动关系典型事件，对劳动关系的建立、维持、冲突解决等方面信息进行收集；第四，对收集的信息资料进行整理、分析，对劳动关系现状进行准确判断。

2. 建立新型劳动关系的目标。在对劳动关系现状进行分析的基础上，根据社会发展趋势和组织的发展战略，发现劳动关系存在的问题，充分考虑各方面的影响因素，提出劳动关系的期望状态，确定建立更高程度的公平、合理、新型劳动关系的目标。

3. 劳动关系当事人的相互沟通。建立畅通的信息沟通渠道，确保组织与员工之间更深刻更广泛的了解，可以在更多问题上达成共识，增强组织的凝聚力和核心竞争力，为组织和员工的发展创造更多机会和良好条件。实行信息公开制度，对非机密性信息材料进行公开；实行事件公示制度，为员工了解组织创造良好条件，使员工对组织认识更深刻，从感情上能够接受组织，热爱组织，与组织同舟共济，同心同德。

4. 在组织活动过程中建立新型的劳动关系。在组织开展各项活动中，除了完成组织的有关目标，履行组织的相关责任外，建立新型良好的劳动关系也是组织活动的目标和内容，是组织活动的重要方面。所以，要根据客观情况，分析各方面需求，采取合情合理的措施，建立良好的劳动关系。

5. 对劳动关系的经常性监控调整。劳动关系是一种复杂的社会现象和系统，并且受多种因素的影响，始终处于不断的变化之中。为此，需要建立相应的机构，配备合适的人员，按照既定的程序，采用合理的方式，对劳动关系进行监控，控制不良事件，解决出现的危机，应对面临的挑战，调整好劳动关系。

（三）建立新型劳动关系的方式方法

1. 调查方法。建立新型劳动关系需要对劳动关系现状进行认识分析，而准确认识劳动关系，关键在于采用科学的认识方法，选择合理的调查方法对劳动关系进行调查。组织可以采用观察法、问卷法、典型事件法、重点事件法、普查法、会议法等进行调查。

2. 反馈控制法。劳动关系的不断变化和发展，需要对劳动关系的有关事件及解决情况进行追踪调查，收集充分、完善、有效、准确的信息，采取合理措施，对事件及事件的解决进行控制，保证问题得到彻底的解决，建立良好的劳动关系。

3. 参与方法。实行民主参与是改善和发展组织关系、劳动关系的有效方式。在民主参与的过程中，双方的意志得到充分表现，各方面利益得到考虑和保护，从而解决彼此隔离造成的误会和矛盾，消除影响劳动关系的因素，建立更和谐更融洽的劳动关系。

4. 目标管理法。建立从最高层到最基层、涉及各方面和各环节的关于劳动关系的目标，将目标进行分解，形成各机构各部门的工作责任，并将其列为工作考核目标内容之一，在组织中有效实施执行。

本章小结

本章内容是人力资源管理所有内容的基础部分和最终结果部分。人力资源管理活动的开展在实质上都表现为对劳动关系的协调与改善，保护和提高劳动双方的利益，实现劳资双方的共同发展，使组织目标和个体目标得到充分实现。为此，本章从劳动关系的实质、发展演变、劳动关系的管理、劳动合同的管理、劳动关系的协调、新型劳动关系的建立等方面进行了充分论述。

复习思考

1. 劳动关系发展的基本情况如何？
2. 劳动关系管理的基本原则是什么？
3. 如何协调劳动关系？
4. 如何建立新型的劳动关系？

实训设计

1. 实训项目：模拟劳动争议仲裁。
2. 实训目的：通过模拟劳动争议案例，让学生理解劳动法和劳动争议仲裁程序。
3. 实训内容：

(1)确定仲裁案例，模拟劳动过程。

(2)教师应帮助学生把握案例中争议的焦点问题，并做适当的引导。

4. 实训考核：模拟仲裁结束后教师进行点评，并根据每组学生的实际表现评分。

案例分析

1990 年 11 月，老马由北京某书店调入北京某集团公司，档案随之移交到集团公司。1990 年 5 月某集团公司在广州与外商合资成立了分公司，12 月 3 日老马受集团公司的委派到广州分公司任副总经理，工资福利由分公司支付。1996 年 5 月分公司转制，与某集团公司脱离隶属关系，同时，老马回到集团公司等待安排工作。由于集团公司法定代表人多次更换，安排岗位的事一拖再拖。老马不得已只好在外单位又找份工作，有时还到某集团公司催促其安排岗位。2004 年 12 月 3 日某集团公司更名，某集团公司也从未给老马缴纳社会保险费，时间一长，某集团公司否认与老马存在劳动关系。老马于 2005 年 10 月 23 日向劳动争议仲裁委员会提出申诉请求。

（资料来源：北京劳动法律网）

案例思考

老马与某集团公司还存在劳动关系吗？原因是什么？

第十一章

人力资源管理信息系统

学习目标

知识目标

☞了解人力资源管理信息系统的含义、业务流程和发展阶段。

☞掌握人力资源管理信息系统的功能模块。

☞掌握人力资源管理信息系统建设的三种方式。

☞掌握人力资源管理信息系统选择的注意事项。

☞掌握人力资源管理信息系统供应商选择的方法。

技能目标

☞能够从网上成功下载免费试用版人力资源管理信息系统软件(或在线成功申请试用),并能够通过分模块的试用,掌握人力资源管理信息系统的基本操作技能。

引导案例 >>>

人力资源管理软件市场潜力无限

据华信惠悦2005年对国内(包括香港、台湾地区在内)289家企业的调研显示:目前只有42%的企业采用了人力资源管理信息系统(其中采用ERP内部的人力资源管理模块的占8%,采用外部人力资源管理软件包的占34%);由外部顾问或软件厂商根据客户需求而开发或内部自行开发的占32%;而26%的企业目前还没有应用任何人力资源软件系统。与澳大利亚68%的企业已经采用了人力资源管理信息系统相比,还有很大差距。而这也正是人力资源管理软件的市场潜力所在。

2005年初,IDC对人力资源管理信息系统的报告分析认为:到2005年,中国人力资源管理软件市场规模将达到1亿~1.5亿美元,到2007年,全球人力资源服务开支将增长到1 033亿美元。从地区角度看,美洲和欧洲、中东和非洲地区将来一直到2007年都是对全球人力资源服务开支贡献较大的地区,但亚洲地区将是混合年增长率最快的地区。

上述资料说明,中国的人力资源管理软件(即人力资源管理信息系统)市场潜力巨大,同时也说明越来越多的企业开始采用人力资源管理软件,那么企业应该如何去认识人力资源管理软件?如何去建设自己的人力资源管理软件呢?

第一节　人力资源管理信息系统概述

人力资源管理工作涉及员工的招、育、用、留等多个环节，每个环节都有许多的事务需要处理，都会产生大量的信息，如何快速有效地处理好这些具体的事务和信息，提高对企业人力资源的服务水平，这是人力资源管理工作成功的关键。提高企业人力资源管理工作的整体效率，提高员工的满意度，人力资源管理工作需要从繁琐事务管理走向战略决策管理、从针对员工群体的共性管理走向满足员工需求和激发员工潜能的个性管理，这就需要人力资源管理人员从众多琐碎事务中解放出来，也需要企业全体员工共同参与到人力资源管理工作中来。现实的迫切需求为企业人力资源管理信息系统的产生播下了生命力旺盛的种子，信息技术的迅猛发展为企业人力资源管理信息系统的产生提供了肥沃的土壤和优良的气候条件。

一、人力资源管理信息

(一)人力资源管理信息的含义

人力资源管理信息是反映企业人力资源状态及其发展变化特征、人力资源管理状态及其发展趋势的各种消息、情报、文字、语言、符号等具有一定知识性内涵的信号的总称。贮存人力资源管理信息的计算机光盘、磁盘，以及具有文字形式的文件、报表、档案等则是人力资源管理信息的载体。产生、收集、统计、分析、保存、输出人力资源管理信息的员工则是人力资源管理信息操作的主体。人力资源管理信息具有普遍性、客观性、流动性、不完全性、时效性、共享性和可开发性等特征。

人力资源管理的过程实际上是对人力资源管理信息不断进行加工、利用的过程。正是依靠人力资源管理信息的持续传递和反馈，人力资源管理才能有的放矢地开展和进行。有效的人力资源管理是借助于大量而准确的人力资源管理信息的传递和沟通来实现的。人力资源管理信息是人力资源管理的生命线。

(二)人力资源管理信息的构成

1.基础类信息

人力资源管理基础类信息是指人力资源及与人力资源相关的组织结构、组织规章等方面的变化较少的静态数据，主要有两大类，一类是员工个人属性数据，如姓名、性别、学历等；另一类是企业数据，如企业组织结构、职位设置、工资级别、管理制度等。

相关链接 >>>

员工个人属性方面的数据

人力资源管理信息的基础类信息通常包括以下十二类：

1.自然状况。工作部门(单位)，姓名(编号)，性别，年龄，民族，党派，参加工作时间，现从事专业(工人工种)，婚姻，健康状况。

2.所受教育状况。文化专业，毕业学校，毕业时间，学位名称，授予学位的部门与时间，各种证书，外语语种及水平。

3.工作经历与能力状况。曾做过哪些工作(部门,时间),担任过的职务及任职时间,工作调动的原因与时间,操作技能,表达能力,管理能力,兴趣特长。

4.进修培训状况。学习类别,学习方式,进修培训部门,科目,时间,成绩。

5.工作现状。目前所属部门,岗位,职级,工作绩效评价,适应性。

6.收入状况。标准工资金额,薪金,津贴,总收入,职务外收入。

7.家庭背景及生活状况。家庭主要成员姓名,性别,年龄,文化程度,工资,部门,职务。

8.社会工作与行政职务状况。职务名称,级别,任免时间。

9.专业技术职称状况。专业技术职称名称,取得资格的途径(评审考试,其他)及批准资格的部门与时间。

10.技术等级状况。技术等级,技术职称,取得技术职称的时间,批准的部门。

11. 出国出境状况。出国出境时间及目的,所去国家或地区名称,回国时间。

12. 特殊信息。特殊贡献,特殊技能,离休,退休,辞职,停薪留职,辞退,开除,擅自离职,死亡。

2.业务类信息

业务类信息是指人力资源管理具体业务流程在日常管理工作中不断产生与积累的新数据,如新员工入职登录的数据、薪资数据、绩效考核数据、培训数据、考勤休假数据等。这些数据将成为企业掌握人力资源状况、提高人力资源管理水平以及提供决策支持的主要数据来源。

3.决策支持类信息

决策支持类信息是建立在基础类信息和大量业务类信息组成的人力资源管理信息数据库基础之上的用来支持战略性人力资源决策的信息的统称,它主要通过对前述两大类信息的统计和分析而获得,如员工的整体工资状况、员工的流失情况及可能原因、岗位的人力资源配置状况等。这类信息,不仅能提高人力资源的管理效率,而且便于企业高层从总体上把握人力资源情况。

二、人力资源管理信息系统

(一)人力资源管理信息系统的含义

人力资源管理信息系统(Human Resource Management Information System,简称为HRMIS)是对企业人力资源进行全面管理的人、设备设施和管理软件相结合的系统,它综合运用各种信息技术,同时与现代化的管理理念和管理手段相结合,辅助管理者进行人力资源决策和管理,它不仅是一个技术系统,更重要的是一个管理系统。能动性强的人、以计算机和互联网为平台的技术支持系统、以人力资源管理软件为运行载体的数据库系统是该系统的三个核心构成要素。

在现实中,人们往往更加关注人力资源管理信息的收集、加工、传输和运用,因而人们习惯于将以人力资源管理软件为运行载体的数据库系统称为人力资源管理信息系统。本章所阐述的人力资源管理信息系统也就取此义。人力资源管理信息系统可以收集、保存、统计、分析企业中的人力资源管理信息,帮助企业更好地进行人力资源管理。

(二)人力资源管理信息系统的业务流程

企业人力资源管理包括以下业务工作:人力资源规划、工作分析、招聘与录用、培训与开发、绩效管理、薪酬福利管理、员工岗位异动管理、员工关系管理等。这些业务之间存在着密切的联系，其业务流程图如图 11-1 所示。

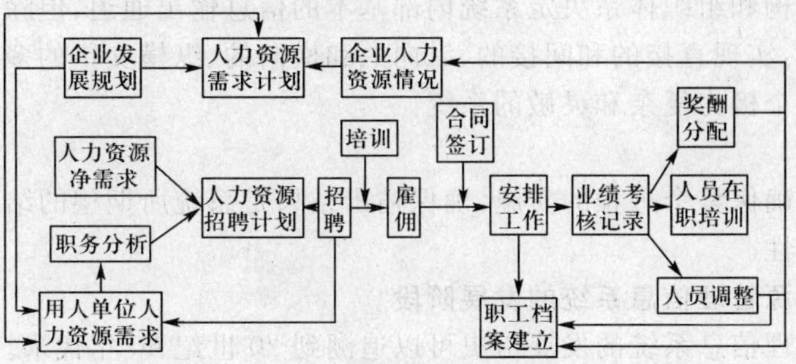

图 11-1　人力资源管理信息系统业务流程图

(三)人力资源管理信息系统数据的运行过程

企业人力资源管理工作各业务流程中的具体数据的运行过程，一般经历四个阶段：输入、转换（加工）、输出、反馈控制。如图 11-2 和图 11-3 所示。

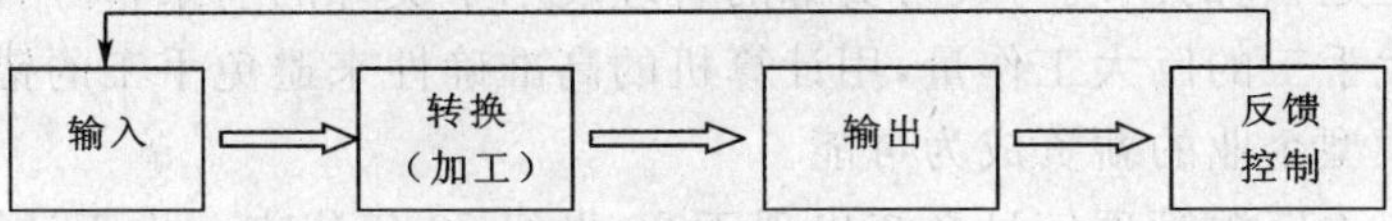

图 11-2　人力资源管理信息系统数据的运行过程

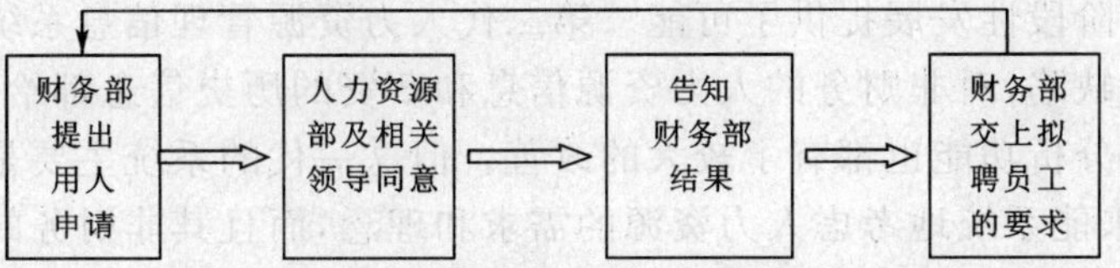

图 11-3　企业财务部提出用人申请的数据运行过程

1. 输入

向人力资源管理信息系统提供原始信息或第一手数据，即为输入。输入的信息主要包括组织和员工个人两方面的情况。信息输入是人力资源管理信息系统运行的第一步，也是重要的基础。原始信息的质量和信息系统其他环节的工作质量，在很大程度上取决于输入信息的真实性、完整性、及时性。

2. 转换

转换是指对输入的信息进行加工，使其对组织更为有用。原始的信息难以计数，作为管理决策使用的信息量，受人们接收信息能力的限制，不可太多。因此必须把大量的信息分成恰当的层次，并且使最高管理层获得少而精的反映出最基本最重要情况的信息。信息的加工处理，就是用科学的方法，对大量的原始信息进行筛选、分类、排序、比较和计算，去伪存真，使之系统化、条理化，以便保管、传送和使用，节省人力、财力和时间，提高管理效能。信息的加工还包括信息分析，即通过对大量信息资料的研究，及时揭露矛盾，发现问题的苗头，对人力资源管理活动进行评价。

3. 输出

输出是指将加工好的信息用报表、报告、文件等形式提供给系统外部，如工资单。信息只有从信息源及时传送到使用者那里，才能起到应有作用。信息能否及时发出和到达，取决于信息传输的功能。信息的输出，要建立自己的输出通道系统，形成信息流和信息网。管理组织机构和组织体系决定系统内部基本的信息输出通道，但除此以外，信息系统还通过多条渠道，实现直接的和间接的、纵向的和横向的、纵横交错的多方面联系。可见，信息输出网是一个极为复杂和灵敏的系统。

4. 反馈控制

反馈控制可确保整个过程的实施，确保输出结果是系统所期望的结果，这样亦可提高整个系统的有效性。

（四）人力资源管理信息系统的发展阶段

人力资源管理信息系统的发展历史可以追溯到20世纪60年代末。由于当时计算机技术已经进入实用阶段，同时大型企业用手工来计算和发放薪资既费时费力又非常容易出差错，为了解决这个矛盾，第一代的人力资源管理信息系统应运而生。当时由于技术条件和需求的限制，用户非常少，而且那种系统充其量也只不过是一种自动计算薪资的工具，既不包含非财务的信息，也不包含薪资的历史信息，几乎没有报表生成功能和薪资数据分析功能。但是，它的出现为人力资源的管理展示了美好的前景，即用计算机的高速度和自动化来替代手工的巨大工作量，用计算机的高准确性来避免手工的错误和误差，使大规模集中处理大型企业的薪资成为可能。

第二代的人力资源管理信息系统出现于20世纪70年代末。由于计算机技术的飞速发展，无论是计算机的普及性，还是计算机系统工具和数据库技术的发展，都为人力资源管理信息系统的阶段性发展提供了可能。第二代人力资源管理信息系统基本上解决了第一代系统的主要缺陷，对非财务的人力资源信息和薪资的历史信息都给予了考虑，其报表生成和薪资数据分析功能也都有了较大的改善。但这一代的系统主要是由计算机专业人员开发研制的，未能系统地考虑人力资源的需求和理念，而且其非财务的人力资源信息也不够系统和全面。

人力资源管理信息系统的革命性变革出现在20世纪90年代末。由于市场竞争的需要，如何吸引和留住人才，激发员工的创造性、工作责任感和工作热情已成为关系企业兴衰的重要因素，人才已经成为企业最重要的资产之一。“公正、公平、合理”的企业管理理念和企业管理水平的提高，使社会对人力资源管理信息系统有了更高的需求；同时由于个人电脑的普及，数据库技术、客户/服务器技术，特别是Internet/Intranet技术的发展，使得第三代人力资源管理信息系统的出现成为必然。第三代人力资源管理信息系统的特点是从人力资源管理的角度出发，用集中的数据库将几乎所有与人力资源相关的数据（如薪资福利、招聘、个人职业生涯的设计、培训、职位管理、绩效管理、岗位描述、个人信息和历史资料等）统一管理起来，形成了集成的信息源。友好的用户界面，强有力的报表生成工具、分析工具和信息的共享使得人力资源管理人员得以摆脱繁重的日常工作，集中精力从战略的角度来考虑企业人力资源规划和政策。

（五）人力资源管理信息系统的特点

1. HRMIS是企业管理信息系统（MIS）的一个子系统

HRMIS作为企业管理信息系统的一个子系统，达到了与生产计划与控制子系统、财务管理子系统等的连接，符合数据流程的要求，同时又保持了HRMIS的独立性。

2. 信息集中管理

HRMIS是从人力资源管理的角度出发，用集中的数据库将几乎所有与人力资源相关的数据(如薪资福利、招聘、个人职业生涯的设计、培训、职位管理、绩效管理、岗位描述、个人信息和历史资料等)统一管理起来，形成了集成的信息资源库。

3. 方便快捷处理信息

HRMIS可在网上启动审批流程，即在网上经过一定的批准程序即可生效。对于培训、假期申请、报销等日常的行政事务也可作类似处理。这样不仅减轻了人力资源管理人员用于数据采集、确认和更新的工作量，也较好地保证了数据的质量和数据更新的速度。而且由于Internet不受时间和地理位置的限制，即使经理远在国外，他也可以及时地处理其员工的各种申请，不会因为人不在公司而影响工作。同时，公司的各种政策、制度、通知和培训资料也可通过这种渠道来发布，有效地改善了公司内部沟通途径。

4. 统计分析功能

HRMIS可以管理较全面的人力资源和薪资数据，具有灵活的报表生成功能和分析功能，使得人力资源管理人员可以从繁琐的日常工作中解脱出来，同时综合性的报表也可供企业决策人员参考，如生成按岗位的平均历史薪资图表，员工配备情况的分析图表，个人绩效与学历、技能、工作经验、接受过的培训等关系的分析图表等。

(六)人力资源管理信息系统的功能

1. 提高HRM部门的工作效率

影响HRM部门工作效率的因素主要包括每月的工资计算与处理、员工的考勤休假处理、员工考评数据的处理、员工基本信息管理等业务内容。这些事务往往要持续占据HRM人员的大量时间。手工操作不仅效率低下，而且容易出错。因此，对HRM部门而言，引入人力资源管理信息系统能够极大地提高他们的工作效率，使管理人员从日常事务中解脱出来，考虑更具战略意义的问题。在现实中，这使得HRMIS中的员工信息管理功能模块、薪酬管理功能模块、人事服务功能模块等成为HRM部门采购软件时的首选。

2. 规范HRM部门的业务流程

通过建立HRMIS，既可以将各模块分散的信息进行集中管理，还可用集合企业内外专家智慧而设计的系统工作程序来规范HRM部门的业务流程，包括招聘管理流程、绩效管理流程、员工培训与发展流程、员工职业计划、离职流程等。另外，人力资源管理业务流程还可以与企业其他系统的业务流程进行融合，如实施了ERP工程的企业，人力资源部的工资统计信息就能与财务部的工资发放信息进行一体化融合，各个部门分散的员工考评信息就可与人力资源部汇总的综合考评信息进行一体化融合。通过不同部门业务流程的融合，人力资源部就能与直接创造价值的部门保持快速便捷的联系和良好的合作关系，从而真正参与企业的战略性经营管理。

3. 为企业与员工提供增值服务

从西方发达国家成熟的商业模式来看，人力资源管理的理念之一是将企业中的员工视为重要的企业资源，人力资源管理工作就是将这些资源加以有效地开发和利用，使之成为提高企业核心竞争力的重要推动力。

人力资源部必须为直接创造价值的部门努力创造达到目标的条件，才能赢得相应的尊敬。企业内的其他部门、经理人员、员工都应视为人力资源部门所服务的“客户”，如何为这些客户提供增值服务、能否提供增值服务是事关 HRM 部门未来的发展战略问题。比如,如何根据企业战略制定人力资源战略;如何通过合理的招聘技术与测评技术为企业选择合适的人才;如何通过工作分析技术以及相应的绩效管理体系来提升组织与个人绩效;企业领导如何能方便地了解企业人力资源的各种状况;直线经理如何参与自己部门的人力资源管理;员工如何从规范的人力资源管理中受益等问题。这些问题都是需要 HRM 部门花心思去考虑并解决的。而人力资源管理信息系统则提供了人力资源规划、总经理自助服务、直线经理自助服务、员工自助服务等功能,并能集成招聘技术、人才测评技术、职务分析技术以及绩效管理体系等 HRM 技术特征比较明显的功能,因而一定能帮助 HRM 工作者更好地为企业与员工提供增值服务。

第二节　人力资源管理信息系统的建设

一、人力资源管理信息系统的功能模块

不同的企业由于管理理念、管理流程、管理事务不同,其对人力资源管理信息系统的功能要求也不同。一般情况下,企业人力资源管理信息系统由以下几项功能模块构成。

(一)人员信息管理功能模块

人员信息管理是人力资源管理中最基本的日常工作,管理各类人员(包括在职人员、离退休人员及其他人员)的基本信息及变动信息,提供标准、灵活、完善的人员信息。人员信息管理功能模块是人力资源管理信息系统功能发挥的基础,为其他各项功能模块提供支持。人员信息管理功能模块主要包括以下工作内容:

(1)记录员工的基本信息,主要有编号、姓名、性别、出生年月、工作岗位、工作经历、学习经历、获奖情况、照片、联系方式、家庭信息等;

(2)记录合同信息——签订劳动合同、培训合同,记录签订情况、终止情况,合同期到期提醒,补偿金及违约金的计算;

(3)记录考勤信息——自动记录员工的出勤状况,并与薪酬管理系统相链接;

(4)记录绩效信息——登记员工日常工作完成情况,并与绩效管理系统相链接;

(5)记录岗位异动信息——记录员工转岗信息、转岗原因等;

(6)记录员工离职信息——记录员工离职情况、离职原因并进行统计分析,生成离职员工详细的资源使用清单、财务处理清单、工作交接清单、培训情况清单、离职通知单,终止考勤和薪资发放等,信息从在职人员库转入离职人员库。

(二)组织管理功能模块

组织管理的目的就是有效发挥管理者群体的作用,形成整体大于部分之和的优势,使有限的人力资源形成最佳的综合效果。人力资源管理信息系统的组织管理功能模块主要包括以下工作内容:

(1)定义各级组织机构、职级、岗位、职责;

(2)定义岗位性质、工作职责范围及内容、与工作相关的人的活动、工作特征、所采用的工具、设备、器材和辅助设施、工作的任职要求;

(3)定义岗位的工作业绩等级、产值大小、待遇等级;

(4)对岗位进行定编、人员定岗；

(5)根据岗位空缺，生成人员需求情况。

(三)人力资源计划功能模块

人力资源计划的目的就是根据企业发展战略，科学预测人力资源的供给和需求状况，为组织的发展提供人力资源保证。人力资源管理信息系统的人力资源计划功能模块主要包括以下工作内容：

(1)根据企业战略发展规划，生成人力资源总体规划及相应配套规划；

(2)分析现有人力资源状况，优化各岗位人力资源配置；

(3)生成人力资源管理成本分析及预算。

(四)人才招聘与测评功能模块

人才招聘与测评的目的就是通过科学的测评手段，获取可能长期在公司服务的适用人才，并树立公司的良好形象，吸引更多优秀人才。人力资源管理信息系统的人才招聘与测评功能模块主要包括以下工作内容：

(1)根据组织设计、职位分析形成一套人才测评子系统；

(2)根据企业年度人力资源计划与部门人力资源需求计划，制订招聘计划；

(3)随时显示职位空缺信息，以及职位说明、对职位的具体要求、申请该职位的必备条件等；

(4)分类建立应聘人员档案库，并可查询、检索；发送电子邮件或打印通知单，将结果通知应聘人员；

(5)与录用人员签订合同，有关数据自动转入员工信息库；

(6)将未录用人员转入企业后备人才库。

(五)培训与开发功能模块

现代人力资源管理专家认为，对员工的培训是一项有高额回报的投资。培训与开发也成为员工选择就业单位的重要指标之一。人力资源管理信息系统的培训与开发功能模块主要包含如下内容：

(1)完成员工的培训进修申请审批、备案以及网上培训等；

(2)进行培训需求的管理和评估，根据经营发展战略确定培训需求，从绩效管理系统导入培训需求，制订培训规划与相应的培训实施计划；

(3)对实施的培训项目进行记录管理、查询和统计；

(4)提供培训协议管理；

(5)对培训课程、培训师资进行评估，对培训效果进行跟踪；

(6)对培训费用进行管理，设置预警显示；

(7)对培训进行统计分析，如成本、效果分析等。

(六)绩效考评功能模块

绩效考评功能是人力资源管理的核心职能之一，为人员任用、调配、晋升、培训、薪酬等提供依据。人力资源管理信息系统的绩效考评功能模块主要包括以下内容：

(1)绩效评价与岗位信息相结合，与直线部门共同完成员工的绩效评价；

(2)合理选择评价指标，形成评价表；

(3)对不同评价人对同一评价对象的多张评价量表根据权重自动计算评价结果，进行分析,生成评价意见。

(七)薪酬管理功能模块

薪酬管理的目的就是通过科学设计薪酬,吸引和留住企业需要的优秀员工,激励和凝聚员工,降低员工流动率,控制运营成本,提高企业经济效益。人力资源管理信息系统的薪酬管理功能模块主要包括以下内容:

(1)定义薪酬项目的计算方式,并计算每月处理数据;

(2)计算税金;

(3)根据考勤信息调整员工的薪酬;

(4)生成薪酬明细表和统计分析表;

(5)与财务管理系统相连,自动完成相应处理。

(八)人事服务功能模块

人事服务的目的就是宣扬价值标准和行为规范,形成良好的组织文化,促进组织凝聚力的产生。人力资源管理信息系统的人事服务功能模块主要包括以下工作内容:

(1)通过政务公开,员工可以查询到各项人力资源管理的规章制度、通知等;

(2)员工可在线查看人力资源需求信息、个人当月薪资及薪资历史情况、个人福利累计情况、个人考勤休假情况、个人绩效评价结果;

(3)员工可通过意见箱与 HRM 部门进行沟通;

(4)可提交个人培训、休假等申请,进入相应管理模块;

(5)员工可通过交流论坛,自由发表意见,形成组织民主开放的管理理念;

(6)利用宣传榜,弘扬先进人物和先进事迹,形成组织积极向上的创业氛围。

(九)系统维护功能模块

系统维护是人力资源管理信息系统的重要模块之一,它与上述八个模块的功能是相关的。系统维护功能模块主要包括以下工作内容:

(1)可完成构建数据库、编辑指标代码和单位部门编码、查询上机日志、设置用户权限和执行数据交换、转库等工作;

(2)用户可根据本单位实际需要修改指标代码,增加管理内容,实现个性化管理;

(3)提供日志管理功能,可记录用户使用系统的一些基本操作信息,增强了系统的安全性;

(4)提供用户管理功能,可以对用户进行功能授权、记录授权、人员库授权和子集指标授权;

(5)能够进行数据和结构的收发,满足上下级数据一致;

(6)具有数据备份和恢复功能,可实现定时自动备份;

(7)能够转换其他相关软件的数据,使人力资源管理信息系统与企业财务管理信息系统、生产管理信息系统实现良好对接;

(8)在应用程序中提供 Word 、Excel 、Office 等办公软件的连接,帮助用户分析、查看、计算人力资源管理数据,辅助生成人力资源管理的各种报表等。

二、人力资源管理信息系统的建设方式

知识经济时代要求充分尊重知识型员工、激发知识型员工的工作热情、挖掘知识型员

工的潜能，因而需要人力资源管理工作者和各级管理者为知识型员工提供更具个性化的人力资源管理项目的服务，搞好这些服务必然要处理大量繁琐的事务和信息。所以，人力资源管理工作者迫切需要借助于一套科学适用的管理信息系统来“简化”工作，提高效率。

一般来说，企业可以选择以下三种方式来建设自己的人力资源管理信息系统。

(一)企业分散式自主开发方案

在实际工作中由于业务需要，企业人力资源管理人员根据自己掌握的信息技术和既有的技术条件，一边工作、一边开发、一边使用，逐步开发建立起人力资源管理信息系统。这种系统的优点是：因具备应用软件的开发条件，根据工作需要由具备软件开发能力的人力资源管理人员通过实用程序的开发和应用，可以提高信息的重复使用率和工作效率，减轻自身劳动强度，所以人员开发系统的积极性、主动性较高；边开发边使用、开发与应用同步进行，见效快；由于程序功能的针对性很强，而且功能单一，也不需要专门集中培训；一般不需要另外投资，对系统的实施过程的组织要求不高。其缺点是：信息系统的功能性不够完善，需要不断补充和完善；数据的规范性不好，不同的应用程序之间，容易造成信息数据格式不一致，形成信息孤岛；信息的共享性差，业务部门之间存在较多的重复性劳动，维护起来比较困难。

(二)软件公司专业开发方案

企业经过多方搜索信息、综合权衡，选择费用、功能、层次等方面都比较适合自己的人力资源管理信息系统软件，并聘请出售该软件的公司针对本企业人力资源管理工作的实际需求，对该公司提供的初始性人力资源管理信息系统进行针对性的再开发。该方案的优点是：信息系统开发过程标准、规范，系统功能齐全，开发速度较快，性能可靠，系统支持与维护容易；在企业人力资源主管部门内部各个业务单元以及下级单位之间，由于使用统一的管理信息系统，可以很好地做到信息共享，减少重复劳动，提高信息的利用率，而且信息的准确性高、一致性好。其缺点是：一次性投资较大，需要严格有效的组织和制度保障，新老系统交替需要一定的时间来适应，这其中包括人员和设备两方面的能力适应，才能保证人力资源管理工作的顺利进行；相关人员必须进行相应的技术培训，它是新系统应用成败的关键；系统的功能扩展灵活性较差，一般需要软件开发公司的后续支持，而现实中软件公司的后续支持一般都不太好。

(三)企业集中式自主开发方案

对于规模较大、信息技术硬件设施条件好、人力资源管理工作规范、具备一定高素质人力资源管理人才和信息技术人才的企业来说，可以由企业人力资源管理部门会同信息技术部门，根据企业实际制定人力资源管理信息系统开发的技术标准、规范，各个业务部门和不同的管理层次在统一的技术标准和技术规范之下分步构建与完善人力资源管理信息系统。这种方案的优点是：统一的技术标准能够做到信息的格式统一，提高信息的共享性，能够有效地避免信息孤岛的产生，减少部门之间的重复劳动，提高工作效率；统一规划能够提高系统的开放性，有利于系统结构的稳定和接口的统一，使系统性能得到优化，应用程序开发比较规范、便于维护；避免了一次性集中投资，人力资源管理人员能够随着系统的开发和应用逐步学习和适应，避免了新旧系统交替对使用人员的集中培训要求；功能模块开发与应用同步进行，见效快，更容易调动管理人员应用系统的积极性；系统功能扩展灵活，能够很好地适应人力资源管理的各种不同需求。不足是：开发周期长，对专业人员进行系统规划的要求较高。

上述三种开发方案，各有优缺点，随着信息技术的迅猛发展、软件开发的“傻瓜化”和人力资源管理工作的规范化，越来越多的、有实力的企业会选择第三种开发方案。这是一种可行的优化方案，只要加强对管理信息系统开发工作的领导和组织协调，就可以避免前两种方案的缺点和不足，并且其特点是非常适用人力资源管理工作的性质和企业的实际情况，具有很好的适用性和灵活性。当然，对于大多数中小企业来说，选择第二种开发方案，也是很好的，因为将来人力资源管理信息系统软件供应商会更加技术专业化、服务经常化。

三、人力资源管理信息系统建设中存在的主要问题

当前，有很多企业的人力资源部门开始了本单位的人力资源管理信息化建设，但实践中却碰到了不少困难，无论是自主开发还是购买商业软件，大多经历过失败，甚至是以失败告终。究其原因，企业在人力资源管理信息系统建设中大多存在以下五个方面的问题。

（一）人力资源管理软件的开发常常跟不上人力资源管理模式的变化

一个企业要想使人力资源管理信息系统实施成功，必须具备三个条件：畅通的网络、坚实的基础、规范的流程。而目前大多数企业三个条件都不能完全具备，管理基础非常薄弱，还处在“以传统管理为主，管理流程逐步规范，逐步与国际先进理念接轨”的阶段。在这种背景下，管理模式不断变化，人力资源管理软件的开发常常跟不上管理模式的变化，即便开发商注意到这个问题，开发的软件有了灵活的结构，但往往处理不好“软件的灵活”与“操作的简便”之间的关系，开发出来的产品用户难以理解，更谈不上自由操作。

（二）缺少规划，各自为政，数据源不一致，难以辅助决策

这一点是用户当中普遍存在的问题，人力资源管理的每个业务部门使用着不同的软件，或上级下发，或找人开发，或购买单机商品软件，各部门自己维护自己的数据库，这样使用软件的结果是：

1. 维护吃力，同一个数据发生变动要维护好几个数据库，本来就没有专人，所有内容都要自己部门来维护，时间一长或工作一忙，就维护不了；

2. 不同的部门软件维护的情况不一样，指标口径、指标理解不一样，报到领导那儿的数据就会出现不一致的情况，领导不知该采用哪个数据，更谈不上利用数据进行有效决策了。

产生这一问题的主要原因是缺少组织规划，另外认识上也有误区，有些单位因为不了解计算机技术，以为网络化管理、数据共享以后，数据的安全性就得不到保证。事实上，只有实现人事信息的网络化管理，数据才真正有了安全保障。

（三）目标定得过高，追求一步到位，造成停滞不前

一些企业在进行人力资源管理信息化的过程中常常有这样一种情况，该单位根据管理需要决定要建设人力资源管理信息系统，责成相关部门去做。这样每一个部门都提出许多个性化需求，大家都有这样一种心理：难得单位立项，一定要趁此机会把需求提全，一步做到位，加长使用期，以免以后重复开发。在这种心态下，往往倾向选择一套大而全的“完美”软件。事实上，这是不现实的，成功的人力资源管理信息化过程应该循序渐进、分步实施，先打基础，建立基础数据库，后谈应用，使数据达到共享，应用良好。

正确的人力资源管理信息化进程应该分为三个步骤。首先,从行政事务管理、组织机构管理、薪酬福利管理入手,提高人力资源管理的工作效率。这三部分工作会占用管理者大量时间,手工操作不仅效率低,而且容易出错。因此,人力资源管理信息化首先要解决的是如何提高工作效率。其次,从招聘管理、绩效管理、培训管理三个方面规范人力资源管理的业务流程。只有在对人力资源管理相关工作职能完全覆盖并划分清楚后,才能对其具体的流程进行优化。最后,从员工发展、职业生涯规划、人力资源成本评估、人力资源战略决策等方面开展战略性人力资源开发。以上三个步骤可谓环环相扣,紧密相连,如果第一步还没有实施好,就去做第二步、第三步,就像"没有打地基就直接盖三层楼"一样。事实上,如果单位人力资源的信息化管理还没有网络化,仍处于单机操作阶段,那么距第二个步骤就比较远了,招聘、绩效、培训都是网络环境的流程管理,要求使用人员必须熟悉网络的应用,前提是本单位已经在网络环境下建立了良好的基础数据库并应用良好。

(四)不顾现实状况,追求数据集中管理,增大了失败的隐患

一些企业在了解了集中管理的优点后,总是希望能够进行集中管理,而忽略了自身的实际情况。实际上,对于一些完全垂直管理的单位,规模适中,计算机应用水平较高,网络环境较好的单位是可以进行集中管理的。但有些行业,尤其是一些规模较大的全国性行业或本身对下级单位管理权限不高的单位,就不一定适合集中管理了,理由如下:

1. 数据量越大,尤其达到十几万或几十万条记录时,对网络条件及系统的性能要求极高,一般的用户很难达到;

2. 基层单位人事工作者的软件应用水平参差不齐,有些人少的单位维护数据的意识薄弱,这样就会影响整个网络的运行质量;

3. 投入巨大,人事数据与经营业务数据相比,及时性往往要求没有那么高。因此,对于这样的用户应采用分布式管理或混合式管理,待各方面条件成熟后,再考虑集中式管理也不迟。

(五)过于依赖销售商提供的顾问

当前,几乎所有人力资源管理软件的销售商都提供软件实施的顾问。诚然,由他们提供必要的培训和咨询是有益的,但过分依赖他们是不可取的。除了费用和时间方面的因素之外,企业的相关设置不可能一成不变,而销售商提供的顾问不可能长时间地熟悉某个企业人力资源管理信息系统的详细设置。企业应该立足于自己,建立包括计算机人员和人力资源管理人员在内的项目核心小组,只有他们才是企业可以长久依靠的对象。

四、人力资源管理信息系统建设的注意事项

由于人力资源管理信息系统管理的是所有与人相关的数据,信息量大,变化频繁,内部关联性较弱,数据的采集、确认、更新和检查都比较困难,而且其管理的信息与员工的切身利益密切相关,特别是工资计算不能有任何错误,因此,实施工作尤为繁琐和困难,其难度和工作量远远大于一般人的预计。根据众多企业实施的经验,为了最大限度地提高企业的人力资源管理水平,成功地实施人力资源管理信息系统,一般需要特别注意以下七个方面的问题。

(一)主要领导的理解和全力支持

人力资源管理信息系统的开发和应用是一项复杂的系统性工作,牵涉面广,业务内容

复杂，没有强有力的组织保证，优质高效地实现人力资源管理信息化是难以想象的，领导的重视与支持是搞好人力资源管理信息系统开发的前提，这一点非常重要。同时，采用人力资源管理软件，需要在充分考虑回顾企业政策的基础上，根据先进的人力资源管理理念，从程序到操作进行全面改进。所有这些工作，如果没有企业决策层的参与是很难实现的。另外，人力资源管理信息系统的实施不只是人事部门或信息管理部门的事，为了保证数据的完整、准确和及时，需要企业内各个部门和全体员工的积极配合。

（二）搞好培训工作

要想使人力资源管理信息系统真正地发挥应有的效用，必须通过培训转变员工（特别是中高层领导）的思维方式和行为方式。要让他们学会并习惯于通过系统来进行科学的管理，而不是决策凭感觉，分析凭经验。培训不仅要使中高层领导明白采用人力资源管理信息系统的好处，更重要的是使他们了解系统的功能和系统的运行方式，学习软件系统中蕴涵的先进理念，主动积极地反思现行的体系，探讨改进的方案。另外，还要对系统开发、使用、维护人员开展好相关的技术培训工作。

（三）改进企业的相关制度和信息结构

由于历史的原因和条件的局限，很多企业现行的相关制度、人事相关信息的组成和报表不尽合理和科学。而实施人力资源管理信息系统正好提供了一个非常好的契机，企业可以借此机会来回顾自身不合理、不科学或不符合国家相关法律和规章的地方，重新合理地组织人事相关信息和报表，从而减少企业运行的潜在风险，将人力资源部门员工的工作放在刀刃上。因此，实施人力资源管理信息系统不应只是单纯地将现行的制度和报表计算机化，而是应该充分地回顾本企业的相关政策和信息组成，去掉不合理的成分，将改进的建议报告给企业的决策领导并争取付诸实施。

（四）明确项目的实施目标

在项目的初期，应该明确整个项目的实施目标和计划，需要采集的数据，需要保留的历史信息，现有数据如何规范化，以及项目实施的时间和进度安排等等。

（五）组织精悍的项目实施小组

项目实施小组人员的组成应包括企业管理人员、人力资源管理人员、计算机专业人员，他们将负责整个项目的组织协调、进度控制、数据分析和数据有效性的检查，提供相关建议，培训其他人员，建立系统和检查各部门的运行程序。项目实施小组应明确每个小组成员的工作职责，他们也将是企业运行人力资源信息管理系统的主要骨干和技术支持。

（六）测试人力资源管理信息系统的功能

项目实施小组在明确实施目标和进度后，一项重要的任务就是根据实施目标全面测试购买的或自主开发的人力资源管理软件，争取在三个月内将信息系统95%的错误解决掉。由于人力资源管理信息系统需处理的信息关系非常复杂，各企业的需求也不尽相同，再加上软件的成熟度不高，必然存在较多的错误。如果不在项目实施的初期解决这些问题，随着问题的不断暴露，不仅会浪费大量的人力，更严重的是会使他人失去信心，严重影响工作的进展。

（七）建立科学的程序性文件

新系统在运行后无疑会迫使一部分员工改变已经熟悉了的工作方法和习惯，学习包括计算机知识在内的新知识、新方法、新程序，一部分人的利益也许会受到影响。在系统的实施过程中，很多企业由于有关人员素质较低、工作责任心不强，加上某些管理人员的随意指挥，会造成系统的实施和运行事倍功半，降低了系统的功效。所以，除加强培训外，建立必要的科学的程序性文件，做到有章可循，减少和杜绝各种特例情形，才能为人力资源管理信息系统的实施和正常运行提供有效的保证。

五、人力资源管理信息系统的选择

当前，越来越多的企业通过选择人力资源管理软件来建设自己的人力资源管理信息系统，因而，如何选择好软件就成为一个大家十分关注的问题。

企业在选择人力资源管理信息系统之前，首先要对企业的人力资源构成现状、人力资源管理现状以及期望效果预先进行分析和准确定位。同时，要做好数据调整和相应人员的业务培训。然后，再选择与公司实际相符合的系统模式。在选择时不仅依据技术服务、产品价格、产品知名度等经验判断得出结论，而且要对产品的性能特色、二次开发功能、售后服务等提出要求。好的系统应该是一套高效率、多功能、易学易用的解决方案。为了取得良好的效果，可以将以下特征作为评价、选择人力资源管理信息系统（软件）的参考依据。

(一)系统的完整性和集成性

人力资源管理信息系统要具备全面涵盖人力资源管理的所有业务功能，且每个功能模块都应基于完整而标准的业务流程与大量配套表格来设计，是用户日常工作的信息管理平台；对职工原始数据的输入工作只需进行一次，其他模块即可共享，以减少重复录入工作；它既可作为一个完整的系统使用，也可将模块拆分单独使用，在必要时还能扩展集成。

(二)系统的简洁易用性与灵活性

人力资源管理信息系统应该采用导航器界面，直观体现主要工作内容，且能引导用户按照优化的人力资源管理流程进行操作；一个界面就能显示所有相关信息，并操作所有功能，基本没有弹出式对话框；有强大的查询功能，可灵活设置任意条件进行组合查询；支持中英文（或其他语种）实时动态切换；并可根据用户需求随时进行客户化功能改造及更改界面数据项的显示。

(三)系统的网络功能和自助服务功能

人力资源管理信息系统的日常管理工作不应受地理位置限制，应该在任何联网计算机上经身份验证后都可以进行操作；应支持集团型企业用户，提供异地、多级、分层的数据管理功能；总部及各项目领导可以通过互联网，随时查阅公司或项目人力资源管理信息，如在线查看公司人力资源配置及成本变动情况、薪资平衡表、组织绩效/员工绩效等各种与人力资源相关的重要信息；业务部门经理可以管理所在部门人员和分布在各项目的本专业人员的人力资源管理信息，实现专业技术人员的职能化管理；项目人事经理通过 Web 版授权，可以管理项目所有人员的信息；员工本人通过 Web 版个人账号，可以实现自助服务功能，如在允许权限内在线查看企业及个人信息、修改部分个人信息，注册内部培训课程、提交请假/休假申请，与 HRM 部门进行电子方式的沟通，等等。

(四)强大的报表/图形输出功能与智能化服务

人力资源管理信息系统应该能够提供强大的报表制作与管理工具，用户可直接设计各种所需报表,可快速完成各种条件报表的设计,能随时进行设计更改;提供完善的图形统计分析功能,输出的统计图形可直接导入 MS Office 文档中,快速形成 HRM 工作报告;各种报表可输出到打印机、Excel 电子表格及 ASCLL 文本文件(如提交给银行的文件)。系统的自动邮件功能可直接通过电子邮件发送信息给相关人员,极大地降低了管理人员的行政事务工作强度;系统还应设置提醒功能,以便用户定时操作,使得管理者变被动为主动,有效提高员工对人力资源部门工作的满意度。

(五)系统的开放性与安全性

人力资源管理信息系统要提供功能强大的数据接口,轻松实现各种数据的导入导出及与外部系统的无缝连接;同时支持所有主流关系型数据库管理系统及各种类型的文档处理系统,可方便引入各类 Office 文档,并存储到数据库中。为了提高安全性,对关键数据要进行加密存储,即使是系统管理员也无法直接读取数据;设定用户对系统不同模块的不同级别的操作权限;建立日志文件,跟踪记录用户对系统每一次操作的详细情况;建立数据定期备份机制并提供数据灾难恢复功能。

六、人力资源管理信息系统供应商的选择

人力资源管理信息系统是由软件公司设计提供的,软件供应商的资金、技术、经验、人才、信誉等因素,对软件的质量影响很大,所以,选择人力资源管理信息系统在很大程度上就是在选择人力资源管理软件供应商。

(一)明确企业现状及其对人力资源管理信息系统的整体要求

企业首先要明确的是:企业现在是否需要建设 HRMIS? 为什么需要? HRMIS 能具体解决我们什么样的问题? 在哪些方面能给我们的人力资源管理工作带来改进? 实施系统的整个周期有多长? 企业的发展趋势及其对 HRMIS 的动态要求是什么? 企业具备什么样的硬件条件? 企业是否拥有实施 HRMIS 的专业人才? 等等。

(二)根据预算,选择相应层次的 HRMIS 供应商

企业建设 HRMIS 时,一般会有项目的预算。如果企业高层对 HRMIS 的价值认识得比较深刻,相应的项目预算会比较充足,选择时就要考察较高层次的 HRMIS 供应商,以便得到高质量的产品和服务。如果企业规模较大,而相应的 HRMIS 预算有限,选择时就要兼顾高层次供应商和中低层次供应商。因为 HRMIS 的模块很多,项目金额一般跟企业选择的模块和系统的复杂程度有关,企业业务复杂,对 HRMIS 的需求就越高,如果选择中低层次供应商,即便在预算范围内上了所有模块,但软件和服务满足不了企业需求,系统用不起来,反而造成浪费;不如选择高层次的供应商提供的部分模块,将来再逐步地增加其他模块,其实很多企业主要是利用了 HRMIS 的人员信息管理、考勤管理、薪资管理模块的功能。如果企业对 HRMIS 的要求比较简单,则不妨选择中低层次供应商,可以一次性上全系统。

(三)设计详细需求,考察供应商提供的 HRMIS 功能

不言而喻,考察供应商 HRMIS 的功能是系统选型中的重中之重。所以企业要做好相应的准备工作,首先对企业现有人力资源管理流程进行分析,细化自身的需求,最好逐一体现在对系统功能的要求上。不过很多企业的 HRM 人员缺乏这方面的经验,设计详细需求比较困难,这种方法比较好的原因,就是可以请供应商帮助企业整理需求,从中也

正好考察供应商在行业内的经验。对照需求，就比较方便考察供应商产品的功能了。优秀的供应商，一般会把整理后的 HRMIS 的详细需求作为今后系统验收的依据。这样 HRM 人员就不用担心供应商在功能上达不到要求了。

(四)评估供应商的美誉度

了解完供应商产品的功能，就要比较供应商的实施能力，这一点从供应商已有的用户中可以了解到。根据供应商提供的典型用户名单，可以打电话咨询了解，如果觉得不方便，也可以让供应商提供用户的联系方式(但要防止供应商与该用户“合谋”)。优秀的 HRMIS 供应商，会有一大批成功的实施案例，企业就可以很方便地了解到他们的用户，或是针对企业感兴趣的某家用户进行调查了解，甚至要求供应商提供参观交流的机会。这种方法，在系统选型的最后阶段，尤其是在企业拿不定主意的时候，最能帮助企业考察供应商的美誉度。优秀的供应商往往是能经得住考验的。

(五)了解供应商的实施步骤和服务方式

在考察供应商的同时，可以要求供应商提交相应的 HRMIS 项目方案书，其中就要包括实施的步骤和服务的方式。通过对各个供应商提交的方案书的内容进行研究，可以判断该供应商在 HRMIS 实施上的专业化程度，也可以选取企业认为最稳妥的实施方法和服务方式，从而降低 HRMIS 实施和维护的风险。

(六)选择一个可以长期合作的供应商

随着企业人力资源管理的发展，企业 HRM 人员对 HRMIS 的认识会逐步提高，其对 HRMIS 的需求也会不断提高，因而再好的产品都会满足不了不断发展变化的需求，这就需要企业和供应商保持良好长期的合作关系，一起不断地完善系统。要想发现这样的供应商，就需要企业在与供应商的销售人员和技术人员的交往中去发现，从供应商大量的客户和成功案例中去了解。

本章小结

人力资源管理信息是反映企业人力资源状态及其发展变化特征、人力资源管理状态及其发展趋势的各种消息、情报、文字、语言、符号等具有一定知识性内涵的信号的总称。一般由基础类信息、业务类信息和决策支持类信息三部分构成。

人力资源管理信息系统(Human Resource Management Information System，简称为 HRMIS)是对企业人力资源进行全面管理的人、设备设施和管理软件相结合的系统，它综合运用各种信息技术，同时与现代化的管理理念和管理手段相结合，辅助管理者进行人力资源决策和管理，它不仅是一个技术系统，更重要的是一个管理系统。能动性强的人、以计算机和互联网为平台的技术支持系统、以人力资源管理软件为运行载体的数据库系统是该系统的三个核心构成要素。

人力资源管理信息系统由一系列相互联系的业务流程构成，其数据运行遵循一定的程序，其发展经历了三个阶段。

人力资源管理信息系统的功能有：提高 HRM 部门的工作效率；规范 HRM 部门的业务流程；为企业与员工提供增值服务。

人力资源管理信息系统的功能模块包括人员信息管理、组织管理、人力资源计划、人才招聘与测评、培训与开发、绩效考评、薪酬管理、人事服务、系统维护等九个功能模块。

人力资源管理信息系统的建设方式主要有三种:企业分散式自主开发方案;软件公司专业开发方案;企业集中式自主开发方案。

人力资源管理信息系统建设中存在的主要问题:人力资源管理软件的开发常常跟不上人力资源管理模式的变化;缺少规划,各自为政,数据源不一致,数据中重复信息较多且口径不统一,难以辅助决策;目标定得过高,追求一步到位,造成停滞不前;不顾现实状况,追求数据集中管理,增大了失败的隐患;过于依赖销售商提供的顾问。

人力资源管理信息系统建设的注意事项:主要领导的理解和全力支持;搞好培训工作;改进企业的相关制度和信息结构;明确项目的实施目标;组织精悍的项目实施小组;测试人力资源管理信息系统的功能;建立科学的程序性文件。

选择人力资源管理信息系统(软件)的参考依据:系统的完整性和集成性;系统的简洁易用性与灵活性;系统的网络功能和自助服务功能;强大的报表/图形输出功能与智能化服务;系统的开放性与安全性。

人力资源管理信息系统供应商的选择:明确企业现状及其对人力资源管理信息系统的整体要求;根据预算,选择相应层次的 HRMIS 供应商;设计详细需求,考察供应商提供的 HRMIS 功能;评估供应商的美誉度;了解供应商的实施步骤和服务方式;选择一个可以长期合作的供应商。

复习思考

1. 什么是人力资源管理信息?它由哪些内容构成?

2. 人力资源管理信息系统的含义是什么?特点是什么?经历过哪些发展阶段?其业务流程是怎样的?

3. 人力资源管理信息系统的功能有哪些?

4. 人力资源管理信息系统一般包括哪些功能模块?

5. 人力资源管理信息系统建设中存在哪些主要问题?

6. 企业建设人力资源管理信息系统时需要注意什么?

7. 企业选择人力资源管理信息系统(软件)时有哪些依据可以参考?

8. 企业选择人力资源管理信息系统供应商时应该考虑哪些问题?

实训设计

1. 实训项目:人力资源管理软件功能模块解析及试用。

2. 实训目的:提高学生通过网络搜索人力资源管理软件的能力;促进学生加强对人力资源管理信息系统各模块的把握;使学生了解人力资源管理软件的运行框架,并掌握初步的运用能力。

3. 实训内容:学生通过网络搜索人力资源管理软件;下载一个免费试用版或免费推广版的人力资源管理软件并安装运行及初步运用。

4. 实训考核:一份以上(含一份)人力资源管理软件供应商名单及供应商简介、软件简介;在实训室安装并运行、运用一套下载的人力资源管理软件。

案例分析

马鞍山钢铁集团公司人力资源管理信息系统

（一）马鞍山钢铁集团公司（简称“马钢”）简介

马钢是我国特大型钢铁联合企业之一，安徽省最大的工业企业，位于长江之滨，地理位置优越，交通快捷便利，素有“江南一枝花”的美誉。1993 年，马钢作为我国首批 9 家规范化股份制试点企业之一，成功地进行了股份制改制，重组分立为马鞍山马钢总公司和马鞍山钢铁股份有限公司，马鞍山钢铁股份有限公司分别在香港联交所和上海证券交易所上市。1998 年，马钢总公司改制为马钢（集团）控股有限公司。经过 50 余年的艰苦创业、自我积累和滚动发展，马钢形成了铁、钢、材 800 万吨配套生产规模，总资产近 300 亿元。2001 年马钢在全省率先突破销售收入 100 亿元大关，2003 年铁、钢、材产量分别达到 544.6 万吨、605.9 万吨和 556.3 万吨，集团实现销售收入 167 亿元，实现税后利润 27.9 亿元，在国内冶金行业居第二位。

（二）马钢人力资源管理信息系统的主要功能

（1）充分利用网络的优势，获取及时、准确的人力资源管理信息系统的基础数据，以便于上级领导实时把握企业的命脉，根据人力资源的实情，及时制定应对策略；

（2）通过系统对人力资源部分管理业务进行流程化管理；

（3）为各级领导提供浏览信息的平台；

（4）为职能部门浏览本单位的基本信息提供平台；

（5）分级浏览人事基本信息的各类报表；

（6）按权限查询、打印基本信息和各种统计报表、名册、登记表；

（7）灵活方便的信息查询分析系统，充分利用多种信息表现形式，为各级领导和管理人员的决策提供必要的信息支持；

（8）实现与马钢其他 4 个信息管理系统（ERP、门禁系统、住房公积金管理系统、医疗保险系统）及马鞍山市劳动合同管理系统的接口和数据通信。

该系统由和勤和马钢联合实施，通过先进成熟的计算机、网络、数据库及通信技术建立一个“准确、及时、标准、高效、安全”的全功能、多层次、科学化的人力资源管理信息系统，实现马钢人力资源的优化和管理进步。

（三）项目背景

随着马钢成为千万吨钢铁生产规模的企业，为了满足马钢成为国际化企业集团的需求，原有人力资源管理模式已经不能良好地支撑企业发展。因此，迫切需要一套能够为企业人力资源管理业务提供良好支持的管理信息系统。

（四）系统介绍

1. 模块范围

系统包含机构与编制定员管理、人员基本信息、统计报表、查询分析、薪酬保险、党务管理、专业技术人员、培训管理、职业技能鉴定、合同管理、领导人员管理、关键指标查询、招聘管理、内部网站、绩效管理共计 15 个模块，为企业的人力资源管理工作提供全方位的支持。

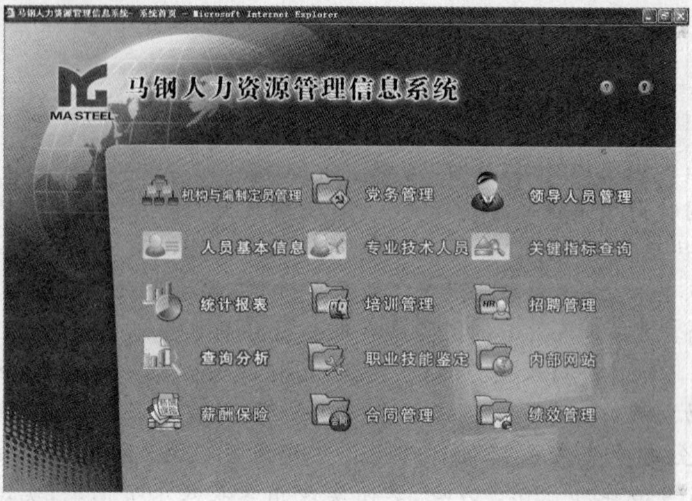

2. 系统特点

(1)支持大集中式人力资源数据库：总部、直属单位及分(子)公司根据该单位的层次管理要求和人员规模做延伸设计；

(2)统一信息标准，适应企业现状：统一的信息资源规划，统一的人力资源基础数据库；

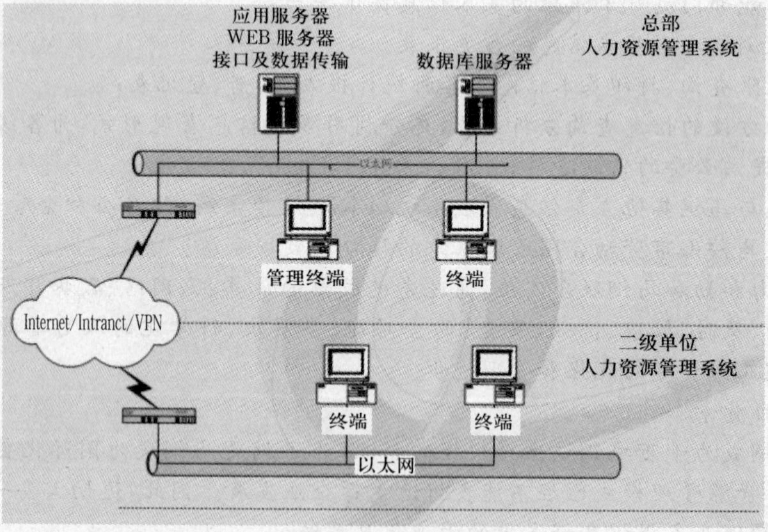

(3)灵活定制，适应企业长期发展需要：指标、代码，系统权限(机构、功能、指标、报表、查询主题、记录)，企业工资制度，系统输出(登记表、花名册、统计报表、查询分析)；

(4)强大的决策支持能力，适应企业制定战略需求：在马钢新区建设工作中，本系统已在人力资源战略规划决策中起了重要作用；

(5)三点(机构、岗位、人员)支撑，两腿(人事管理、薪酬管理)走路；

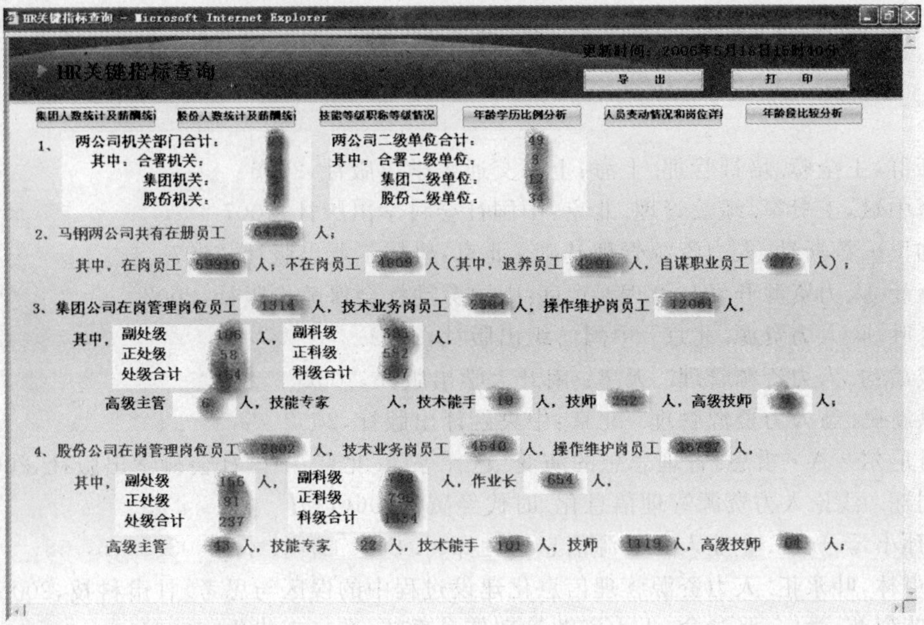

(6)全面用户构成：集团公司领导、人力资源业务管理领导、人力资源业务人员、全部企业员工；

(7)管理范围：各类员工约 70 000 人、各级机构约 7 500 个、各级岗位约 15 000 个，集中部署，基本涵盖全部人力资源业务。

3. 实施范围

系统覆盖马钢的 23 个机关处室，49 个二级单位，6.5 万名正式职工。共有超过 2 000 个业务用户，使用范围从集团领导到各生产车间的人事员。并包括跨地域的系统访问(采用 VPN 实现)，高峰时期系统并发用户超过 150 人。系统还为全部员工开通了自助用户。

4. 项目成效

(1)马钢 HRMIS 为企业人力资源管理工作提供了多层次的强力支持；

(2)马钢 HRMIS 体现了企业人力资源管理工作的管理思想，支撑了企业人力资源管理模式；

(3)马钢 HRMIS 系统是基于和勤 HRMIS 解决方案，按照马钢业务要求定制的系统，全方位地满足了企业人力资源管理工作的现有需求；

(4)马钢 HRMIS 系统是灵活可定制的，可满足企业长期发展的需要。

案例思考

1. 马钢为什么要建立人力资源管理信息系统？

2. 马钢建立人力资源管理信息系统的方式是怎样的？

3. 马钢建立的人力资源管理信息系统由哪些模块构成？你认为其中哪些模块是一般的人力资源管理信息系统所不具备的，并请说明理由。

参考文献

[1] 汪群,王全蓉.培训管理.上海:上海交通大学出版社,2006

[2] 李中斌,王贵军.绩效管理.北京:中国社会科学出版社,2007

[3] 加里·德斯勒.人力资源管理基础. 北京:机械工业出版社,2007

[4] 赵曼.人力资源开发与管理. 北京:中国劳动社会保障出版社,2002

[5] 肖胜萍.人力资源.北京: 中国纺织出版社,2002

[6] 戴昌钧.人力资源管理. 天津: 南开大学出版社,2002

[7] 谌新民.新人力资源管理. 北京:中央翻译出版社,2002

[8] 丹尼尔·A·雷恩.管理思想的演变.赵睿等译.北京:中国社会科学出版社,2000

[9] 周翔. 浅论人力资源管理信息化.时代经贸,2006(12)

[10] 孙小琴,庞胜.企业人力资源信息管理探讨.机电工程技术,2003(3):57-58

[11] 卢林,叶永正.人力资源管理信息化建设过程中的误区与思考.甘肃科技,2005(9)

[12] 苏列英,党宁,张妙俞.人力资源管理信息系统.商场现代化,2006(11)

[13] 刘俊平,陈静,袁宗福.人力资源管理信息系统的功能设计. 南京工程学院学报(社会科学版),2004(4)

[14] 孙飞燕.我国企业人力资源管理信息化现状及探讨.当代经理人,2006(4)

[15] 方妖莉.企业人力资源管理信息系统的设计与实现.昆明理工大学学报,2000(2)

[16] 王金海,马霞霞.浅析企业人力资源管理信息系统的开发建设.冶金丛刊,2004(5)

[17] 黎晗.现代企业人力资源管理信息系统研究.科学技术与工程,2006(6)